Birgit Schneider
Der Anfang einer neuen Welt

Birgit Schneider

Der Anfang einer neuen Welt

Wie wir uns den Klimawandel erzählen, ohne zu verstummen

 Matthes & Seitz Berlin

Inhalt

Einleitung: Der Anfang einer neuen Welt. Wie wir uns den Klimawandel erzählen, ohne zu verstummen 7

1. Den Klimawandel wahrnehmen 17

2. Das Klimawissen fühlen 63

3. Politik der Bilder? Vom Wissen und Handeln 119

4. Klimawandel ist Kulturwandel 167

5. Den Klimawandel vorstellen und erzählen 217

Danksagung 267

Anmerkungen 269

Einleitung: Der Anfang einer neuen Welt. Wie wir uns den Klimawandel erzählen ohne zu verstummen

Mit 12 Grad Celsius im landesweiten Durchschnitt war der Jahreswechsel von 2021 zu 2022 der wärmste seit Beginn der Wetteraufzeichnungen in Deutschland. Als ich diese Information aus den Radionachrichten in eine kleine Runde von Freunden werfe, ernte ich verschiedene Reaktionen. Einer meint: »Jetzt komm doch nicht damit!« Er greift mich an, weil ich die Stimmung am Tisch verhagle. Er möchte das Gespräch im Keim ersticken. Ihm ist die Tatsache der globalen Erwärmung durchaus bewusst, doch drängt er dieses Wissen so weit wie möglich aus seinem Leben heraus. Die anderen denken viel über den Klimawandel nach. Sie überlegen sogar, wie sie einen Beitrag leisten können, ihn zu verlangsamen. Daraus entspinnt sich eine Diskussion über das Fehlen einer wirksamen Klimapolitik und darüber, wie schnell rigide Maßnahmen gegen die Ausbreitung der Corona-Pandemie ergriffen wurden. Doch bald stockt das Gespräch. Zu groß, fast unfassbar groß sind die Dimensionen. Jeder neue Wetterrekord verweist auf das Ende der uns vertrauten Welt. Es gibt keine Wörter mehr, mit denen wir verarbeiten können, was wir wissen. Alle verstummen. Schnell das Thema wechseln. Auch mir geht es oft so, obwohl ich mich seit langem mit genau diesem Thema beschäftige.

Das Sprechen über das Wetter hat seine Unschuld verloren. Schnell gerät es zum Gespräch über die globale Erwärmung. Dann sind die apokalyptischen Reiter nicht fern: *Ich selbst kann sehen, wie die Wälder in Folge der Dürre der letzten Jahre unter Stress leiden. Abermals erzielte die durchschnittliche Jahrestemperatur einen Rekord. Die Waldbrände in fast allen*

Teilen der Erde sind verheerend – inzwischen auch in Europa. Selbst in der Arktis. Die zerstörerische Flut im Südwesten Deutschlands wird nicht die letzte gewesen sein. Das Schmelzen in den Polargegenden schreitet immer schneller voran, es übertrifft sogar die schlimmsten Prognosen. Und trotzdem tut keiner was!

Die Realität sieht heute anders aus, als man noch vor wenigen Jahren erwartete. Die Corona-Pandemie und die Maßnahmen gegen sie sowie der Einmarsch Russlands in die Ukraine sind Ereignisse, die zumindest in Mitteleuropa unvorstellbar waren. Sie verschaffen uns eine gemeinsame Erfahrung: die Erfahrung des Anfangs einer neuen Welt. Epochenbruch, Zäsur und Zeitenwende sind die Worte, die den Anfang dieser neuen Zeit benennen sollen. Sie helfen, die Bruchstellen in der Kontinuität unseres gesellschaftlichen und privaten Lebens zu fassen. Es ist äußerst schwierig, in einer Zeit über Klimawandel und Zukunft nachzudenken, in der der Horizont durch so viele gleichzeitige und miteinander verbundene Krisen finster verhangen ist. Viele Menschen haben andere, viel drängendere Sorgen als die Klimakrise. Unsere Aufmerksamkeitsressourcen reichen nicht aus, alle gegenwärtigen Probleme in ihrem Ausmaß und ihren Auswirkungen angemessen wahrzunehmen: ein Krieg, der sich auch in Deutschland angesichts von Energieengpässen, verbaler und materieller Aufrüstung, beschossenen Atomkraftwerken und sabotierten Pipelines spürbar zuspitzt; gleichzeitig eine Pandemieerfahrung, die noch nicht vorbei ist. Und über allem stehen Artenkrise und Klimakrise. Heute zu sagen, welche Dimensionen der Bruch besitzt, den wir gerade erleben, ist kaum möglich, da der Horizont immer wieder entgleitet. Wer die Klimapolitik im historischen Rückblick betrachtet, stößt immer wieder auf Ereignisse, oft gute Gründe, die von der jeweiligen Gegenwart angeführt wurden, um Handlungen ins Morgen zu verschieben. Dabei hat sich fast jede Gegenwart als Zeitenwende empfunden. Und trotzdem könnte es sein, dass die Qualität der gegenwärtigen Krisen in ihrer mehrfachen Zuspitzung und Vernetzung eine andere ist als die der früheren Epochen.

Denn die Folgen der Erderwärmung rücken uns immer mehr auf den Leib. Mit jeder Flut oder Hitzewelle kippt die Stimmung in eine Abwärtsspirale, an deren Ende viele verstummen, weil jenseits dieser Entwicklungen eine destabilisierte Welt aufscheint, die uns Angst macht. Dies erscheint zunächst widersprüchlich, denn seit ein paar Jahren gibt es wenige Themen, über die so viel geredet wird wie über den Klimawandel. Die globale Erwärmung ist ein Gemeinplatz geworden. In Deutschland hat die Bewegung Fridays for Future seit 2018 bewirkt, dass das Thema fast jeder, fast jedem und nahezu täglich gegenwärtig ist. Doch selbst wenn darüber so viel gesprochen und geschrieben wird, gibt es eine Schwelle, über die all diese Wörter nicht gelangen. Es ist, als müssten wir mit der Diagnose einer unheilbaren Krankheit leben. Ein Drama ohne Happy End. Schnell in den Modus der Hoffnung wechseln: *Jeder kann etwas tun. Die Techniken sind doch da!* Doch der Zweifel bleibt. Denn es sind keine Lösungen in Sicht, die mit dem Tempo der Erwärmung Schritt halten können – jedes Jahr erreichen die Emissionen einen neuen Rekord. Folgeprobleme technischer Lösungen sprengen ebenfalls jeden Rahmen, und schließlich ist das Phänomen auch noch global. Weiterhin gilt: Schnell das Thema wechseln, um der Resignation keinen Raum zu geben! Zu düster und hoffnungslos sind diese Vorstellungen.

Ich habe 2007 begonnen, mich intensiv mit der Frage zu beschäftigen, wie die Vorstellung vom Klimawandel von der Wissenschaft in die Gesellschaft hinein wirkt. Damals hatte ich gerade eine Forschungsarbeit im Bereich der Medien- und Kulturwissenschaften abgeschlossen, die mich in die Archive des 18. Jahrhunderts geführt hatte. Mich faszinierten die frühen wissenschaftliche Karten und Datenbilder, insbesondere jene, die Unsichtbares sichtbar machen, indem sie abstrakte Daten in Linien übersetzen. Nun wollte ich ausloten, ob ich – eine historisch arbeitende Geisteswissenschaftlerin – einen Beitrag zu einem aktuellen und politischen Thema leisten könnte: die Visualisierung, also Sichtbarmachung von Klima durch die Wissenschaften, historisch wie aktuell. Aus diesem Interesse ist *Klimabilder* entstanden, ein Buch, in dem ich diese Geschichte anhand von Bildern aus verschiedenen Wissenschaften bis in die Gegenwart nachzeichne.

Meinen ersten Kontakt mit dem Thema hatte ich jedoch bereits 1991. Damals, ich war im letzten Schuljahr, hatte ich schon vom Klimawandel gehört. Ich erinnere mich gut an den untypisch warmen und windigen Februar. Das Bild, in dem sich im Sturm die Zweige der Bäume bogen, an denen bereits Knospen trieben, fühlte sich falsch an. Weil es so warm war, schlief ich an meinem Geburtstag mit Freunden unter freiem Himmel auf dem Dach einer Burgruine. An diesem Wintertag Anfang Februar stieg das Thermometer auf 17 Grad, gefroren haben wir trotz dünner Schlafsäcke nicht. Das untypische Februarwetter verunsicherte mich.

Mein spärliches Wissen hat sich damals mit dem Erlebnis eines untypisch warmen Wintertags verknüpft und starke Gefühle bewirkt. Wieso habe ich die Nachrichten zum Thema Klimawandel so ernst genommen? Hatte ich vielleicht vom ersten Bericht des Weltklimarats gelesen, der im Jahr zuvor, im August 1990, erschienen war? War es mein damals bereits aufkeimendes Umweltbewusstsein, auf das diese Meldung traf? Im Sommer zuvor hatte ich mich mit meiner Freundin zu einem internationalen Workcamp an der Ostseeküste angemeldet, das *Rettet die Ostsee* hieß. Wir verkleideten uns als Muscheln, Plattfische oder Robben und spielten in den Häfen das Sterben der Tierwelt nach, um die Menschen vor Ort über den schlechten Zustand der Ostsee zu informieren.

Im Rückblick fällt mir auf, dass meine Gefühle bereits damals in Katastrophenszenarien globalen Ausmaßes eingeübt waren. Die Angst vor einer globalen Erwärmung löste nur meine damals sehr ausgeprägte Angst vor einem Atomkrieg oder weiteren Reaktorunglücken ab, also die Furcht vor dem nuklearen Winter und totaler Zerstörung, mit der viele damals aufwuchsen. Das war meine Version der »No-Future«-Stimmung der 1980er Jahre, der Stimmung jener pessimistischen Generation, die vom Kalten Krieg geprägt war und am gesellschaftlichen Fortschritt zweifelte. Der einzige Gedanke, der mich damals immer wieder tröstete, stammte von meiner hochgeschätzten Großtante, die den Zweiten Weltkrieg als Krankenschwester in Berlin überlebt hatte. Sie meinte zu meinen Ängsten: »Die Zukunft wird immer ganz anders, als wir sie uns vorstellen.« Ich verstand dies als die schlichte, aber hilfreiche Erkenntnis, dass meine Furcht zwar begründet sei, die Realität sich aber anders entfalten werde, als ich es mir vorstellen konnte. In dem Buch, das ich hier zur Diskussion stelle, möchte ich die Vorstellungen überprüfen, die unsere Ängste vor dem Klimawandel begründen.

Seit den 1990er Jahren wuchsen die meisten Kinder ohne die Angst vor einem Atomkrieg auf – und das nicht, weil die Gefahr seitdem verschwunden wäre. Diese Sorge wurde jedoch langsam durch eine andere ersetzt: die globale Erwärmung. Ich selbst recherchierte das Thema in den 1990er Jahren nicht systematisch weiter, ich kaufte keine einschlägigen Sachbücher, Wikipedia gab es noch nicht, auch Googeln war keine Option. Mein Wissen blieb lange unzusammenhängend, ich bezog es aus Zeitungen, aus Fernsehen und Radio. Über Jahre rückte es in den Hintergrund, war eher ein Grundrauschen, das von anderem überdeckt wurde. Die 1990er Jahre waren eine Zeit des Aufbruchs, nach dem Ende des Ostblocks bestimmt von der These vom »Ende der Geschichte«.

Der Klimawandel rückte erst im Verlauf der 2000er Jahre auch jenseits wissenschaftlich interessierter Kreise und politischer Gremien ins breite deutsche Bewusstsein. Damals begannen einige zudem, sich aus kultureller Perspektive mit ihm zu beschäftigen. Es erschienen die beiden US-amerikanischen Filme *The Day After Tomorrow* (Roland Emmerich, 2004) und *An Inconvenient Truth* (Davis Guggenheim, 2006), die in ihrer Auswirkung auf die Öffentlichkeit nicht unterschätzt werden dürfen. Aber auch auffällig viele Künstler:innen begannen in dieser Zeit, das Wissen vom Klimawandel für Museumsbesuchende zu übersetzen. Der Klimagipfel in Kopenhagen 2009 schien das Momentum für einen tiefgreifenden Wandel zu sein, auch wenn er dann viele bitter enttäuschte. In der Folge war der Klimawandel als wissenschaftliches, kulturelles und politisches Thema nicht mehr wegzudenken, die meisten hatten eine Vorstellung von den Gefahren einer globalen Erwärmung gewonnen.

In diesem Buch schlage ich einen Bogen vom abstrakten Klimawissen zu den Wahrnehmungen und vielfältigen Gefühlen, die beim Thema Klimawandel aufkommen. Ich beginne dort, wo sich viele Menschen sorgen. Ausgehend von diesen Irritationen zeige ich, in welche Erzählungen der Klimawandel eingebettet ist, wie wir über ihn denken und sprechen. Denn die globale Erwärmung erzählt uns die gegenwärtige Welt neu, sei es als dramatische Endzeit des Menschen oder als Zeit möglicher Transformationen, sei es als wissenschaftliche Erkenntnis oder gefühlte Befürchtung.

Es macht jedoch einen großen Unterschied, wie wir uns den Klimawandel erzählen – nicht nur im Bereich unserer eigenen Vorstellungen, Hoffnungen und Ängste, sondern auch und vor allem auf dem Feld der Politik. Diesen Unterschieden werde ich anhand von Beispielen aus Wissenschaft, Politik, Geschichte und Kultur nachgehen. Ich möchte verdeutlichen, welche Erzählenden und welche Sichtweisen es gibt, welche Erzählungen zielführend sind, um zum Handeln zu kommen, aber auch, was es bedeutet, den Mut zur Hoffnungslosigkeit aufzubringen, um mit dem Wissen um die Effekte der menschengemachten globalen Erwärmung weiterleben zu können.

Wenn sich das Klima ändert, hat das Einfluss auf die Kultur, Klimawandel bedeutet Kulturwandel. Indem ich mit ökologischem Wissen, aber kulturwissenschaftlichem Interesse auf das Thema blicke, kann ich, anders als die Klimaforschung, zeigen, was Klimawissen für uns kulturell bedeutet. Es bedeutet, dass sich die Art und Weise verändert, wie wir uns die Welt erzählen und wie wir uns in dieser Welt sehen und erleben. Wobei ich im Rahmen dieses Buches mit »wir« nicht den Menschen als Universalie meine, sondern ausdrücklich die Menschen hier in Deutschland und Europa, also Menschen in stark konsumierenden, CO_2-intensiven Industrienationen westlichen Typs. So lässt sich fragen, welche alten und neuen Vorstellungen, Visionen und Geschichten sich mit dem Klima und der globalen Erwärmung verbinden. Eine wichtige Einsicht ist, dass die naturwissenschaftliche und die kulturelle Sicht auf die Welt untrennbar miteinander verwoben sind und sich gegenseitig beeinflussen.

Dabei trete ich dafür ein, keine vorschnellen Schlüsse zu ziehen und keine Sichtweise übereilt zu bewerten. Stattdessen lade ich dazu ein, die Widersprüchlichkeiten, von denen unser Leben im Klimawandel geprägt ist, erst einmal zu sehen, anzuerkennen und zunächst auszuhalten. Die Wirklichkeit ist voller Dissonanzen, mit denen gerade die Menschen, die viel vom Klimawandel wissen und sich um ihn sorgen, täglich umgehen müssen. Dazu zählt die Frage, warum sich im Namen des Klimawandels und der ökologischen Krise keine so tiefgreifenden Maßnahmen wie die begründen lassen, die zur Bekämpfung einer Pandemie ergriffen werden.

Ich habe in den letzten zehn Jahren zahlreiche Gespräche mit unterschiedlichen Menschen zu der Frage geführt, wie sich der Klimawandel vermitteln lässt, welche Rolle dabei die Wissenschaft spielt und wie in der Öffentlichkeit über ihn gesprochen wird. Diese Menschen kamen aus der Glaziologie oder Kartographie, der Wissenschaftstheorie und der Visualisierung, der Kommunikationsforschung, der Psychologie, der Literaturwissenschaft oder der Soziologie, aber auch aus Politik, Energiewendeberatung und Klimaforschung. Alle, die sich von Berufs wegen mit dem Thema intensiv beschäftigen, haben jeweils andere Antworten gefunden, um zu erklären, warum der Klimawandel als globale Krisenlage, die uns bereits seit mehr als dreißig Jahren begleitet, nicht zu einer wirksameren Klimapolitik geführt hat. Und ich habe immer wieder mit Studierenden im Rahmen zahlreicher Seminare über dieses Thema gesprochen, über ihre Ideen und Sorgen. Diese Gespräche haben, abgesehen von vielen Lektüren und Vorträgen, dieses Buch stark geprägt.

Die Fragestellungen der einzelnen Kapitel sind lose an den vier einfachen und doch grundlegenden Fragen Immanuel Kants entwickelt, die er vor 200 Jahren an die Philosophie stellte – *Was kann ich wissen? Was soll ich tun? Was darf ich hoffen? Was ist der Mensch?* Ich nutze diese Fragen und erweitere sie gleichzeitig dort, wo ihre Einteilung zu rigide erscheint. Im ersten Kapitel *Den Klimawandel wahrnehmen* beschreibe ich, wie inzwischen auch Menschen ohne viel Wissen den Klimawandel erfahren und worin der Unterschied von Klima und Wetter besteht. Hier plädiere ich für eine Phänomenologie des Klimas, die nicht nur wissenschaftliches Erkennen, sondern auch die subjektive Wahrnehmung als Wert begreift. Das zweite Kapitel *Das Klimawissen fühlen* handelt davon, wie durch die Klimakrise ausgelöste Gefühle wie Scham, Angst, Trauer oder Wut einer umfassenden Vorstellung vom Klimawandel im Weg stehen und inwiefern Gefühle wichtig sind, um ein neues Denken zu ermöglichen.

Die Erkenntnis der globalen Erwärmung wurde zuallererst wissenschaftlich erzeugt. Mit dem Wissen einher geht die Problematik von Glauben und Zweifel. Davon handelt das dritte Kapitel *Politik der Bilder? Vom Wissen und Handeln.* Das vierte Kapitel *Klimawandel ist Kulturwandel* erkundet, wer wir in einer Welt der ökologischen Krise als Gesellschaft sein wollen und inwiefern ein kultureller Blick auf das Klima Fragen des Klimakolonialismus berücksichtigen muss.

Die Frage, was überhaupt gehofft werden darf und kann, ist mit den Erzählungen verknüpft, in die wir die globale Erwärmung einbetten. Darum geht es im letzten Kapitel *Den Klimawandel vorstellen und erzählen.* Hier betrachte ich kritisch, welche Erzählungen vom Klimawandel und ökologischen Krisen es gibt, wie deren Geschichte die Imagination begrenzt und was der Ruf nach neuen oder nach positiven Narrativen bedeutet.

Dieses Buch besteht aus fünf Essays, die aufeinander aufbauen, aber auch einzeln gelesen werden können. Es folgt bewusst nicht der lehrreichen Struktur zahlreicher Bücher auf diesem Feld, die durch die Dreiteilung in Ursachen, Folgen und Lösungen strukturiert sind – oftmals mit einem Kapitel »Was der Einzelne tun kann« am Ende. Mein Fokus liegt auf den zu wenig beachteten Ideen und ungewöhnlichen Sichtweisen, die uns Möglichkeiten vor Augen führen, nicht zu verstummen und uns einen Reim auf die Geschehnisse zu machen. Ich biete weniger Ratschläge, die uns befähigen sollen, »besser«, also zum Beispiel überzeugender, über den Klimawandel zu reden, andere von seiner Bedeutung zu überzeugen oder zu klimafreundlichem Handeln anzuregen. Mich interessiert vielmehr, wie wir uns selbst ermöglichen, das Thema umfassender zu denken, welche inneren Vorstellungen uns hierbei leiten und wie eng und festgefahren diese sind. Dann lässt sich besser sehen, welche Perspektiven wir noch einnehmen können und welche Räume es gibt, um den Blick zu weiten. Es geht mir also um »Streckübungen« der Imagination und der Gefühle, wie es der Philosoph Günther Anders nannte. Daraus könnten Fragen nach einer »wirksamen« Klimakommunikation oder -politik folgen.

Hierzu werde ich mich auf andere Autor:innen aus diesem Feld beziehen, die bereits bedeutsame Beiträge geleistet haben und meiner Meinung nach im deutschsprachigen Raum zu unbekannt sind. Ich sehe meinen Beitrag mithin darin, auf die oft unbeachtete Vielfalt und Kreativität aufmerksam zu machen, die es bereits gibt, um eine Welt im Klimawandel zu denken. Und ich möchte zeigen, warum noch mehr Vielfalt, Kreativität und Blickwechsel unerlässlich sind, um die Ohnmacht und radikale Hoffnungslosigkeit, die dem Thema innewohnen, zu überwinden.

Kreative Vielfalt im Erzählen jenseits der Wissenschaft – sei es in Form des Dramas, der Tragödie oder gar der Komödie und Burleske, mit Bildern oder Worten oder in ganz anderen Medien – ist ein wesentlicher Bestandteil des Weges hin zu einer Ermächtigung, die zum Handeln führen kann. Denn um den Mut aufzubringen, die Hoffnungen auf eine Rettung der alten Welt fahren zu lassen, brauchen wir in einer Zeit der multiplen Krisen Erzählungen. Und wir benötigen das szenarische Denken, wobei es nicht darum gehen kann, alles von einem Standpunkt aus zu erzählen, sondern anhand vieler unterschiedlicher Standpunkte.

Noch zwei Bemerkungen zur Form des vorliegenden Textes: Zitate aus englischsprachiger Literatur habe ich, wenn es keine Übersetzungen gab, selbst ins Deutsche übertragen. Ich gendere im Text in der Regel (aber nicht immer) und folge hierbei den Vorschlägen von www.genderleicht.de, wissend um die stilistischen und grammatikalischen Schwierigkeiten und das Problem, dass es in der deutschen Sprache keine Lösung gibt, die alle gleichermaßen zufriedenstellt.

Berlin, November 2022

1. Den Klimawandel wahrnehmen

Wie man den Klimawandel in Deutschland erleben kann

Seit ein paar Jahren müssen wir nicht mehr weit reisen, um die Auswirkungen des Klimawandels mit eigenen Augen zu sehen. Wir müssen keine abschmelzenden Gletscher im Hochgebirge bewandern, nicht in Korallenriffe hinabtauchen oder die vereisten Pole besuchen. Wir können den Klimawandel fast überall in Deutschland direkt erfahren. War er bisher weit entfernt oder abstrakt, so ist er nun nahe und konkret erlebbar.

Ein Waldspaziergang im Sommer in Deutschland. Es gibt weite Flächen, auf denen tote Fichten in die Höhe ragen. Spaziergänger etwa im Schwarzwald, Spessart oder im Harz können auf sie treffen. Zuerst kam die Dürre, dann gab der Borkenkäfer den geschwächten Bäumen den Rest. Viele liegen wie Streichhölzer am Boden. Fichten, die ursprünglich nur in Hochgebirgen wuchsen, wurden seit dem 19. Jahrhundert erfolgreich in ganz Deutschland angepflanzt. Nun verabschieden sich die Förster von diesen Bäumen. Doch nicht nur der Forst ist bedroht, die Dürre betrifft auch urwüchsige Wälder. Die *Heiligen Hallen* beispielsweise, einer der ältesten Buchenwälder Deutschlands auf der Mecklenburgischen Seenplatte, konnten im Sommer 2020 nur auf eigene Gefahr betreten werden. Die Trockenheit schädigt die alten Buchen, es herrscht Astbruchgefahr. Was bedeutet es, dass ich die Auswirkungen der Klimaveränderungen so direkt erleben kann?

Seitdem ich begonnen habe, auf die Pflanzen zu achten, sehe ich plötzlich überall verdorrende Vegetation. Maisfelder, vertrocknet vor der Ernte. Dünn und kraftlos belaubte Büsche an den Straßenrändern und Schienen, die bereits im August aussehen, als wollten sie alle Blätter abwerfen. Auch in den Städten erblicke ich überall Kronenschäden, also Bäume, die nur noch teilweise oder viel lichter als sonst belaubt sind. Vor allem die oberen Äste, die zum Himmel wachsen, sind kahl. Die Blätter sind löchrig, braun an den Rändern, verbrannt von der sengenden Hitze. Viele Bäume haben gar keine Blätter mehr, vor allem junge Exemplare sind bereits tot. Wenn ich mit meinen Mitmenschen über die ausgezehrte Natur spreche, erfahre ich, dass manche das Dürsten der Pflanzen und ihren Hitzestress nahezu körperlich mitempfinden. Sie fühlen mit den Pflanzen, egal ob sie einen Garten besitzen oder nicht. Manche beginnen, die Stadtbäume vor ihrer Tür zu gießen. Im Jahr 2022 brauchten viele Gärten bereits im März Wasser, weil es einfach nicht regnen wollte. In meiner Straße, an deren Rand Ahornbäume und Linden wachsen, wurden die verdorrten Teile der Kronen kürzlich mit dröhnenden Motorsägen beschnitten. Die gestutzten Bäume sind nun viel kleiner und lichter als noch vor einigen Jahren. Oder sie wurden gefällt. Ihre Baumkronen, die so wichtig sind für das Stadtklima, sehen amputiert aus. Wenn der Herbst kommt, scheint es in den letzten Jahren so, als vertrockneten die Blätter bereits an den Bäumen. Sie rollen sich gelb und braun zusammen, bevor sie abfallen, als wäre das Laubwerk erleichtert, endlich seine Pflicht getan zu haben.

Das lässt an die Dichtung des 19. Jahrhunderts denken, die so oft von Naturerlebnissen handelt. Insbesondere die romantische Lyrik begründete ein tief empfundenes Naturgefühl. Die Romantik prägte auch spätere Dichter wie Theodor Storm. Ein Gedicht von ihm, das mir zufällig in die Hände fiel, heißt *Ein grünes Blatt* und stammt aus dem Jahr 1852: »Ein Blatt aus sommerlichen Tagen,/ ich nahm es so im Wandern mit,/ auf daß es einst mir möge sagen,/ wie laut die Nachtigall geschlagen,/ wie grün der Wald,/ den ich durchschritt.« Das verdorrte Blatt meines letzten Sommers, wovon erzählt es mir? Nicht von einem gesunden, grünen

Leben, sondern vom Trockenstress des Waldes. Was erzählt es mir über die Zukunft der Wälder? Und was sagt es mir über unser Verhältnis zur Natur? Oder sehe ich vor allem, was ich weiß?

Ja, wir sehen (nur), was wir wissen. Verzerrt mein Wissen um die menschengemachte globale Erwärmung meine Wahrnehmung, so dass ich plötzlich überall meine, Anzeichen eines zerstörerischen Klimawandels zu erkennen? Vielleicht ist ja alles gar nicht so schlimm und ich sehe nur die Zeichen, die ich zu sehen erwarte. Dies ist die gängige Art und Weise, in der wir die Welt wahrnehmen. Wir sehen, was zu unseren Deutungen und unserer Weltsicht passt. Meine eigenen Wahrnehmungen werden durch die Interpretationen des Wetters durch die Klimaforschung überlagert. Ihre roten Kurven, die in der Zukunft wie eine Wand ansteigen, aber auch die bedrohlich wirkenden roten Weltkarten tönen meine Sicht der Wirklichkeit. Das gleiche gilt für die regionalen Meldungen von neuen Wetterrekorden, die inzwischen fast täglich zu lesen sind. Auch sie bringen mich dazu, die Zahlen immer wieder mit meinem Erleben zu verknüpfen und abzugleichen. Ich frage mich, wieso viele so ruhig bleiben, denn ich selbst finde keine Beruhigung mehr, wenn ich die Anzeichen für den Wandel in meiner Umwelt sehe.

Wer einmal begonnen hat, auf die Zeichen der Trockenheit zu blicken, sieht überall ihre Auswirkungen. Auch die Brände, die Stürme und die Fluten scheinen die warnenden Datenbilder der Klimaforschung zu bestätigen. Inzwischen gilt auch ohne wissenschaftliche Bestätigung: Alle, die ihre Lebenswelt mit wachem Verstand wahrnehmen, können die Folgen der letzten Dürre- und Hitzesommer auch in Europa vor ihrer Tür sehen. Der Sommer ist nicht mehr grün, sondern bereits früh gelb und braun – und mitunter sogar kahl. Der Klimawandel ist wahrnehmbar.

Das, was einmal als »gutes Wetter« galt, ist heute mitunter Zeichen und Folge der globalen Erwärmung. Der Satz *Schönes Wetter heute, oder?* garantiert dann nicht mehr die harmlose Verbindung von Menschen, die sich ihrer gemeinsamen Atmosphäre versichern. Wenn Radiosprecher:innen gut gelaunt den zehnten Hitzetag in Folge als Freizeitwetter anpreisen oder einen 20 Grad warmen Tag Ende Oktober noch euphorisch als »spätsommerlich« titulieren, stellt sich das Gefühl ein, dass dies doch gleichzeitig eine schlechte Nachricht ist. Die Wörter passen nicht mehr zur Wirklichkeit. Der Wetterbericht jedoch geht in der Regel darauf nicht ein, er ist immer noch im Modus eines »normalen Wetters« verfasst, eines Wetters, von dem man klar sagen konnte, dass es gut oder schlecht ist. Er negiert den Hintergrund der globalen Erwärmung. Der Genuss eines heißen Sommerabends gerät in Dissonanz mit dem Wissen, dass diese Wärme gleichzeitig die Folge eines sich verändernden Klimas ist.

Über das Wetter zu sprechen, galt lange als unverfängliche Gesprächseinleitung. Es erfüllte eine nicht zu unterschätzende Funktion für Menschen, die in einem bestimmten Klima leben und die Erfahrung des Klimas als Personen wie als Kultur teilen. Sie versicherten sich, dass sie ein grundlegendes Erleben vereint und dass dieses Erleben im Rahmen von erwartbaren Grenzen verläuft. Der Satz *Das ist ja richtiges Aprilwetter!* steht für die Deckung von erlebtem Wetter und Erwartung. *Heute ist es für den Winter wirklich sehr warm!* beschreibt eine Ausnahme, die eine bestimmte Erwartung aus der Erfahrung vieler Winter voraussetzt.

»Climate is what you expect, weather is what you get,« so lautet ein englischer Aphorismus. Das Klima setzt den Rahmen für das, was wir erwarten, das Wetter ist das, was wir tatsächlich erleben. Diese Redensart definiert in aller Kürze prägnant den Unterschied und den Zusammenhang von Wetter und Klima. Lange wuchsen Menschen mit einem recht sicheren Gefühl für ihr Klima auf, für das, was innerhalb ihres Klimas als normal galt. »Die Vorstellung des Klimas hilft zu verhindern, dass die Welt auseinanderfällt«, so fasst der Geograph Mike Hulme diesen generellen Zusammenhang.[1]

Wenn jedoch mehrere Winter in Folge zu warm sind oder der April immer öfter zu trocken ist, verschwindet die Sicherheit eines »richtigen Wetters«. Die Schere zwischen Erwartung und Erlebnis geht immer weiter auf. Doch Menschen wollen auf ihr Klima vertrauen. Sie brauchen das Gefühl, dass es ihrem Leben einen erwartbaren Rahmen gibt. In den nördlichen Breiten ist die Vorstellung eines bestimmten Wetters zudem eng an die Jahreszeiten geknüpft. Sie sind der Deutungsrahmen des Wetters, sie liefern wie ein Spielplan die Eigenschaften, die Wetter typischerweise zu einer bestimmten Zeit im Jahr hat. Wenn das Wetter diese Erwartungen durchkreuzt und *macht, was es will*, ist dies durchaus im Rahmen des Erwartbaren. Die Ausnahme gehört zur Regel. Zu viel Regen und Fluten oder eine Zeit der Dürre gab es immer schon. Doch wenn dieser Rahmen immer und immer wieder und in immer kürzeren Abständen gesprengt wird, verschwindet das Vertrauen ins Klima, verschwindet die Sicherheit, dass das Klima meines Wohnorts weiterhin einen sicheren Rahmen für mein Leben bietet.

Potsdam erreicht mit 13 Grad den wärmsten 31. Dezember seit Beginn der Wetteraufzeichnung im Jahr 1893 – so lautete eine Nachricht am 31.12.2021. Der Wetterbericht ist das deutlichste Zeichen dafür, dass sich die vertraute Ordnung verändert, insbesondere, wenn er zur Kundgebung aktueller Wetterrekorde wird. Die Wendung *seit Beginn der Wetteraufzeichnungen* ordnet eine Temperatur statistisch ein. In der Tabelle aller gemessenen Temperaturen an Silvester seit der Begründung der Wetterstation auf dem Telegrafenberg in Potsdam gab es keine Messung, die wärmer war. Inzwischen werden mehrmals im Jahr Informationen über Rekorde hinzugefügt: *Die Jahre seit 2018 waren in Deutschland drei extreme*

Hitze- und Dürrejahre in Folge. 2018 war das wärmste Jahr seit den ersten Wetteraufzeichnungen. Seit dem Jahr 1988 wird es in Deutschland stetig wärmer. Der April war in den letzten Jahren jeweils der trockenste Monat. Die Rekorde sind ein deutliches Zeichen dafür, dass das Klima nicht mehr das ist, was wir erwarten. Doch werden sie wie die Meldungen zu olympischen Siegen oder über den Dax ohne Einordnung und Erklärung, wie es zum Stil neutraler Nachrichten gehört, verkündet. Mit den Gefühlen, die diese Information auslösen, bleiben wir allein.

Wenn unsere Vorstellungen von einem charakteristischen Wetter einer bestimmten Jahreszeit brüchig und unzuverlässig werden, macht sich das Gefühl breit, dass sich schlechterdings alles verändern könnte. Dass sich nach der Flut im Sommer 2021 im Westen Deutschlands und in Belgien viele Menschen Katastrophenwarn-Apps auf ihre Mobiltelefone geladen haben, ist Ausdruck eines neuen Verhältnisses zu einem Klima, dem man nicht mehr vertraut. Doch auch wenn Wetterwarnungen zum Bestandteil der täglichen Risikoeinschätzung werden, bleiben gerade die besonders alarmierenden Warnungen für viele abstrakt und surreal. Wenn die bekannte natürliche Ordnung radikal umstürzt, wie bei katastrophenartigen Unwettern oder Fluten in Regionen, die diese bislang nicht oder nicht in diesem Ausmaß kannten, kann man mit der Wissenschaftshistorikerin Lorraine Daston von »Horror, Terror und Wunder« sprechen, also von Reaktionen wie Grauen, Schrecken und ungläubigem Staunen. Andere Reaktionen seien dem Ausmaß dieser Zerstörungen nicht angemessen.[2] In der Psychologie heißen diese Zustände Schock und Trauma.

Die Erfahrung von Extremwettern haben Menschen in Europa jedoch schon häufiger gemacht. Serien von sehr kalten Wintern oder extrem regenreichen Sommern, die zu Überflutungen von Städten führten, sind ein fester Bestandteil der Geschichte. Besonders verstörend waren jedoch plötzliche Klimawechsel von einem Jahr zum anderen, ausgelöst durch Vulkane. Der Staub, der bei einem Ausbruch in die Atmosphäre gelangt, schirmt das wärmende Licht der Sonne ab. Die Konsequenzen eines solchen Vorfalls waren in den Jahren 1816 und 1817 in Westeuropa und Nordamerika spürbar. Es war die fundamentale Erfahrung eines »falschen« Wetters. Damals kam es plötzlich zu einer starken Abkühlung. Der Sommer verwandelte sich in einen nasskalten, zum Teil sogar verschneiten Herbst. Das hatte zur Folge, dass Ernten ausfielen, Lebensmittelpreise stiegen und eine große Hungersnot ausbrach. Auch die Sonnenuntergänge sahen plötzlich anders aus, an vielen Tagen waren sie blutrot. Anders als heute kannte damals niemand den Grund für den plötzlichen Wandel, was besonders verunsichernd war. Erst Jahrzehnte später sollte man herausfinden, dass der Ascheausstoß des Vulkans Tambora in Indonesien die Jahreszeiten in großen Teilen Europas und Nordamerikas massiv beeinflusst hatte. Damals jedoch wusste niemand, ob das Wetter je wieder »normal« werden würde. Mary Shelleys Roman *Frankenstein* steht für die unheimliche Wirkung dieses Sommers. Dass er in jenem außergewöhnlichen, nebligen und kalten Sommer entstand, ist ästhetisch bedeutsam, weil es eine Verbindung zwischen der konkreten Wetterwahrnehmung und der düsteren Stimmung des Romans gibt. Auch wenn die Gründe für ästhetische Entscheidungen natürlich komplexer sind, ist sich die Literaturwissenschaft einig, dass der Roman ohne jenes »Jahr ohne Sommer«, das Shelley mit Freunden auf einer Insel in einem schweizerischen See erlebte, anders aussähe oder gar nicht entstanden wäre.

Die Ausnahmejahre mit besonders abweichendem Klima führten aber auch zur modernen Wetter- und Klimaforschung, die sich auf Daten stützt. 1816 nahm der Physiker Heinrich Brandes die wenigen meteorologischen Messreihen seiner Zeit zur Hand, um erstmals das Wetter in eine Wetterkarte zu übertragen. Auch er rätselte, wie sich die Erfahrung des sonderbaren Sommers 1816 einschätzen ließ, er fand zu diesem Jahr jedoch kein Datenmaterial. Damals gab es in Europa noch kein funktionierendes Messnetz – das erste Messnetz war wegen der politischen Umwälzungen im Gefolge der Französischen Revolution 1792 eingestellt worden. Deshalb begann er auf der Basis von über 30 Jahre alten Daten Wetterkarten für jeden einzelnen Tag des Jahres 1783 zu zeichnen – einem Jahr, das ebenfalls aufgrund eines Vulkanausbruchs auf Island, wie wir heute wissen, von Extremwettern geprägt gewesen war und zu dem die Daten der über dreißig Messstationen des ersten Messnetzes in Europa vorlagen. Auch die erste bekannte Klimazonenkarte auf der Basis von Wetterdaten stammt aus den Jahren ohne Sommer – ihr Autor war Alexander von Humboldt. Bereits damals waren unnatürlich erscheinende und besorgniserregende Wetterlagen die Motivation zu neuen Forschungen.

Als die Zeit dieser Verunsicherung endete und die Jahreszeiten wieder dem gewohnten Muster folgten, begründeten viele Städte große Erntedankfeste wie etwa den Cannstatter Wasen, seit 1818 ein großes, mit dem Münchener Oktoberfest vergleichbares Herbstfest. Im historischen Vergleich drängt sich die Frage auf, was es bedeutet, wenn wir zukünftig ein »Jahr ohne Winter« nach dem anderen erleben, die Gründe kennen und auf keine Änderung hoffen können.

Die Jahreszeiten verschieben sich

Das Klima kann man auf verschiedenen Skalen wahrnehmen. Ein wichtiges Raster für diese Wahrnehmungen sind die Jahreszeiten. Wenn sich ihre Erfahrung immer weniger mit unseren Vorstellungen deckt, wird unsere Normalität instabil. Dies ist in den letzten Jahren geschehen. Das gegenwärtige Erleben der Jahreszeiten hat oft nur noch wenig mit unseren Vorstellungen von Frühling, Sommer, Herbst und Winter zu tun, die wir aus früheren Erfahrungen oder aus Geschichten, Kalenderblättern und Volksliedern kennen.

Einige Beispiele: Inzwischen baden wir oft noch Ende September im See. Im Winter kommt in den meisten Regionen kein bleibender Frost auf. Die meisten Weihnachtsfeste sind verregnet. Der April bescherte in den letzten Jahren immer wieder bereits sommerliche Temperaturen. Der Sommer reiht Hitzefrei-Tage mit Rekordtemperaturen von bis zu 42 Grad aneinander, unterbrochen durch sogenannte tropische Nächte, in denen sich die Luft nicht unter 20 Grad abkühlt. Wetterlagen bleiben über lange Zeiträume stabil, sie wechseln nicht mehr so häufig. Dies ist die Folge des sich abschwächenden Jetstreams, so die wissenschaftliche Erklärung. Dann wiederum gibt es sehr kalte und verschneite Februarmonate, die Zweifel säen: Sind wir Zeugen eines Klimawandels oder von Wetterwechseln? Was ist der Unterschied zwischen beiden? Die bekannten Muster jedenfalls verändern sich.

Die Veränderung der Jahreszeiten lässt sich nicht allein an Wetterfaktoren wie Temperatur und Niederschlag ablesen, sondern auch am Verhalten von Tieren und Pflanzen. Die Verhaltensmuster der Tiere und die Blühzeiten der Pflanzen stehen für die phänologischen Jahreszeiten. Hier können wir beobachten, dass Obstbäume inzwischen rund zehn Tage früher als sonst blühen und Zugvögel nicht mehr nach Süden ziehen. Die Einteilung in Jahreszeiten ist nicht nur eine astronomische, sondern gründet auch auf diesen Vorgängen auf der Erde im Jahresverlauf.

Überall dort, wo es Jahreszeitenklimate gibt, begannen in den vergangenen fünfzig Jahren Frühling und Sommer immer früher, der Herbst setzte später ein und der Winter wurde kürzer. Dadurch haben sich die Blütezeiten der Pflanzen verschoben. In Japan wird aufgrund der großen kulturellen Bedeutung des Kirschblütenfests seit dem Jahr 812 ein Kalender über die Blütezeiten der Kirsche in Kyoto geführt. Ihre Blüte gilt als Symbol für Erneuerung und Lebenskraft. In den letzten Jahren erreichten die Bäume ihre volle Blüte immer früher. Im Jahr 2020 war es bereits am 26. März so weit, so früh wie noch nie seit über 1200 Jahren. Normalerweise blühen die Bäume erst Mitte April. Auch in Deutschland werden die Blühzeiten von bestimmten Bäumen beobachtet. Hier gilt die Haselnuss als Zeichen des Frühlingsbeginns. Ihre Blütezeit, die seit den 1950er Jahren aufgezeichnet wird, verschob sich pro Jahrzehnt um mehr als vier Tage. Inzwischen blüht die Haselnuss 23 Tage früher als vor fünfzig Jahren, nämlich nicht erst Mitte März, sondern vielerorts bereits am 20. Februar oder gar, wie im Jahr 2022, bereits im Januar. Aus den Daten zu Blühzeiten und gestiegenen Temperaturen folgt, dass der Winter hierzulande inzwischen ungefähr drei Wochen kürzer ist, als er es noch vor wenigen Jahrzehnten war. Der Sommer wiederum dauert inzwischen zwei Wochen länger. Er hat sich auf der Nordhalbkugel um mehr als vier Tage pro Jahrzehnt verlängert.

Doch wer keinen Garten hat, keine Vogelbeobachterin ist oder nur selten Zeit in der Natur verbringt, nimmt wenig von diesen Verschiebungen wahr. Sie werden vielleicht nur daran spürbar, dass Allergiker:innen immer früher im Jahr unter Heuschnupfen leiden.

All diese Veränderungen haben signifikante Auswirkungen auf die Vegetationsruhe im Winter, die Tiere und Pflanzen zur Regeneration und Erneuerung brauchen. Aber sie wirken sich auch auf die abgestimmte Taktung von Blühzeiten und Insekten aus sowie darauf, wie anfällig Pflanzen auf späten Frost reagieren. Wenn Obstpflanzen wie Apfelbäume oder Weinreben früher blühen, weil das Frühjahr mild beginnt, sind sie durch kurze Kälteeinbrüche gefährdet. 2017 beispielsweise gab es aus diesem Grund europaweit deutlich weniger Obst. Doch wenn die Jahresuhr aus dem Takt gerät, finden auch Insekten kein Futter, Pflanzen werden nicht bestäubt, Zugvögel finden keine passende Nahrung.

Der Sommer könnte am Ende des Jahrhunderts ein knappes halbes Jahr andauern, so prognostizieren es Klimaforscher:innen.[3] Der Winter wäre dann nur noch einen Monat lang. Ein halbes Jahr Sommer, fast 180 Tage! Das klingt für viele nach einem nicht enden wollenden Glück, da die Stimmung üblicherweise unter einem langen, grauen und kalten Winter leidet. Doch bekommen wir diesen zukünftigen Sommer nur um den Preis fundamentaler Störungen der Lebensbedingungen von Pflanzen und Tieren – also unserer eigenen Umwelt.

Wie die persönliche und die wissenschaftliche Wahrnehmung dieser Veränderungen zusammenwirken könnten, zeigt ein Beispiel. Auf der Grundlage von Untersuchungen, die darlegen, wie sich das Klima in verschiedenen Regionen der Welt verändern wird, haben Klimaforscher:innen das Konzept der »Städte-Analogien« entwickelt. So haben sie berechnet, welche Städte im Jahr 2050 ein analoges Klima haben könnten, wenn wir von 2 Grad durchschnittlicher Erwärmung ausgehen. Das bringt erhebliche Verschiebungen mit sich. Berlin hätte das Klima von San Marino in Italien, Paris das Klima von Istanbul, London das Klima von Barcelona, Wien das Klima von Tiflis und München das Klima von Mailand. Diese Analogien verbinden unsere eigenen Vorstellungen vom Klima in verschiedenen Städten mit wissenschaftlichen Daten – also unsere Klimawahrnehmung und die Klimaforschung – und sind deshalb für die Klimawandelkommunikation besonders produktiv. Gleichzeitig verschleiern die Städteanalogien aber, dass etwa die Berliner Tiere und Pflanzen dem Klima von San Marino nicht angepasst sind sowie dass die Verschiebung mit zunehmenden Extremwetterereignissen einhergeht.

Die kulturelle Wahrnehmung der Jahreszeiten

Wie wird sich unsere Kultur verändern, wenn wir einen so langen Sommer haben? Was ändert sich, wenn unsere alten inneren Bilder vom Sommer oder Frühling nicht mehr zu den neuen Erfahrungen passen? Unsere Vorstellungen der Jahreszeiten werden seit vielen Jahrhunderten überliefert und sind tief in unserer Kultur verankert. Das Bewusstsein der Jahreszeiten und die Vorstellungen von ›unserem‹ Klima gehören zusammen. Sie gründen sich auf Wahrnehmung und Erleben. Das Jahreszeitenklima strukturiert das Leben kulturell. Die Einteilung in klar voneinander unterscheidbare Abschnitte mit charakteristischen Eigenschaften garantiert eine Ordnung für das Leben. In Ritualen, die an bestimmte Jahreszeiten gebunden sind – wie das Maibaumfest, das Glühweintrinken oder Feuerbräuche, mit denen der Winter ausgetrieben wird – zeigt sich dieser kulturell gewachsene Zusammenhang am deutlichsten. Dieses Bewusstsein ist nicht allein ein körperlich erfahrenes oder intuitives Bewusstsein, sondern gleichermaßen symbolisch und kulturell.

Die kleine Eiszeit, also jene Jahrhunderte, die im Holozän kälter als andere Jahrhunderte waren, dauerte bis ins 20. Jahrhundert. Die Winter in Europa waren über einen Zeitraum von siebenhundert Jahren kälter als das Holozän sonst. Das ist eine lange Zeit, um Kulturen zu prägen. Während dieser Jahrhunderte waren die Winter in der Regel lang, schneereich und von anhaltenden Frostperioden im Bereich zweistelliger Minusgrade begleitet.

Die Menschen mussten ihre Tätigkeiten auf die Jahreszeiten abstimmen. Es war existenziell für sie, sich auf die besonders kalten Winter vorzubereiten. Nur wer Brennmaterial und Lebensmittel eingelagert hatte, konnte die dunklen Monate überstehen. Wärme gab es allein durch Öfen, auch künstliches Licht war teuer. Es gab Tätigkeiten und Erlebnisse, die den Winter sehr klar von den anderen Jahreszeiten abgrenzten. Jenseits der Arbeit prägten Lieder, Essgewohnheiten und jahreszeitenspezifische Tätigkeiten wie Schlitten- oder Schlittschuhfahren das zyklische Erleben des Jahres viel stärker als heute. Gemäldeserien wie *Die Jahreszeiten* von Pieter Bruegel aus dem 16. Jahrhundert liefern ein plastisches Bild davon, wie abhängig viele Tätigkeiten von meteorologischen Perioden waren. Im Bild, das den Monat Februar darstellt, sieht man, wie Menschen in einem kahlen Wald Weidenruten schneiden, andere reparieren ihre Dächer. Die Segelschiffe liegen noch ungenutzt vor der Küste, die Äcker sind vom Regen überschwemmt. Noch weit bis in die zweite Hälfte des 20. Jahrhunderts hinein gehörten Eisschollen auf großen Flüssen, zugefrorene Seen, Eisblumen an den Scheiben oder der Hauch im unbeheizten Schlafzimmer zum Wintererleben. All diese Erfahrungen haben das kulturelle Gedächtnis geprägt.

Insbesondere beim Winter zeigt sich, wie die traditionellen Vorstellungen und die Gegenwart auseinanderklaffen. Alte und neuere Kinderbücher und Märchen beschreiben und zeichnen den Winter immer noch als verschneite Landschaft. Auch viele bis heute gesungene Volkslieder handeln von großer Kälte und Schnee. Lieder wie *Ach bittrer Winter, was bist Du kalt* (16. Jahrhundert) oder *Schneeflöckchen Weißröckchen* (19. Jahrhundert) erscheinen heute wie aus der Zeit gefallen, weil das in ihnen gespeicherte Erleben für die meisten nur noch Geschichte ist.

Um etwas über die Veränderung der Jahreszeiten und ihre kulturellen Auswirkungen zu erfahren, lohnt ein Blick auf die Musik, weil sie ein Medium ist, das Stimmungen besonders gut einfangen kann. Wer untersuchen möchte, wie sich der eigene Eindruck der Jahreszeiten von denen in früheren Jahrhunderten unterscheidet, kann zum Beispiel die berühmte Komposition von Antonio Vivaldi *Die vier Jahreszeiten* aus dem Jahr 1725 hören. In den wie die Monate eines Jahres in zwölf Sätze gegliederten Violinkonzerten verwandelte Vivaldi Wetterereignisse, jahreszeittypische Geräusche und Tätigkeiten in Musik. Zu hören sind murmelnde Bäche, säuselnde Winde, das Rauschen von Blättern, losbrechende Stürme und ein Sommergewitter. Musikalisch porträtiert die Musik die Jahreszeiten – mit Instrumenten, aber auch mit Vogelstimmen, Jagdliedern und Bauerntänzen sowie saisonal gebundenen Tätigkeiten wie dem Schlittschuhlaufen oder dem Sitzen am Kamin. Heute erscheinen die vier Konzerte wie ein altes, verblasstes Kalenderblatt. Denn dass Menschen die Jahreszeiten in der Musik Vivaldis erkennen konnten, lag an der geteilten Erfahrung von kulturell überlieferten Vorstellungen und den eigenen Erlebnissen, die über lange Zeit vergleichbar blieben.

Heutige Musik, die Wetter in Zeiten des Klimawandels zum Thema macht, klingt anders, auch handelt sie nicht vom Kreis der Jahreszeiten, sondern von Destabilisierung. In mehreren Fällen werden Stürme musikalisch bearbeitet, indem Wetterelemente wie der Wind zu Protagonisten und Akteuren werden. Laurie Anderson beispielsweise thematisiert in *Landfall*, eingespielt von den Streicher:innen des Kronos Quartetts in Kombination mit elektronischen Instrumenten, ihr Erlebnis des ungewöhnlichen Hurrikan Sandy im Herbst 2012, der Teile der Ostküste der USA verwüstete und für dessen bislang einmalige und außergewöhnliche Entwicklung unter anderem die Erderwärmung über den Meeren verantwortlich war. Viele Künstler:innen nehmen seit einiger Zeit wiederum Wetterdaten zum Ausgangspunkt für Musik, um »den Klimawandel hörbar zu machen«. Nathalie Miebach beispielsweise porträtierte Stürme zunächst in eigenen Wettermessungen, wie etwa einen Hurrikan an der Ostküste der

USA während mehrerer Stunden. Die Daten von Windstärke, Luftdruck und Temperatur übertrug sie in einem zweiten Schritt in ›begreifbare‹, bunte, komplexe Korbgeflechte. Beides, die Flechtskulpturen und die Notationen, dienten dann Musiker:innen mit klassischen Instrumenten als Grundlage für ihre Improvisationen. Das Landesjugendorchester Berlin wiederum spielte 2022 das Programm *Listening to climate change* mit klassischer Musik seit dem 18. Jahrhundert in chronologischer Reihenfolge, angereichert mit Kompositionen aus Klimadaten im zeitlichen Verlauf, die das Soundkollektiv kling klang klong musikalisch interpretierte. Dabei änderte sich die Musik stilistisch durch die Jahrhunderte – mit dem Klima.

Auch bei Vivaldi gibt es Momente, in denen das Wetter zu einem gewaltvollen Akteur wird, etwa wenn das Sommergewitter sich zum dramatischen Sturm wandelt, der sich musikalisch auftürmt. Doch anders als bei Anderson oder Miebach bleiben diese Phänomene bei Vivaldi eingehegt in den Gang der Jahreszeiten, das Verängstigende wird immer wieder befriedet.

Zunehmende Unabhängigkeit von den Jahreszeiten in der Moderne

Wenn sich die Jahreszeiten spürbar verschieben, ist dies ein deutliches Zeichen dafür, dass die uns bekannten Lebensbedingungen im Wandel sind. Doch im Alltag tangiert uns dieser Wandel kaum, denn wir sind ihm nur bedingt ausgesetzt, da wir uns meist gar nicht im Freien aufhalten. Die Kulturgeschichte der westlichen Industrienationen ist gleichbedeutend mit einem Prozess, bei dem sich die Menschen immer mehr vom Außenklima emanzipiert haben, Klimakapseln und gläserne Kuppeln sind seit über fünfzig Jahren utopische Orte des technischen Fortschritts – sei es auf dem Mond, dem Mars oder auf der Erde. Eine zwangsläufige

Anpassungsgeschichte ist dies nicht, denn andere Kulturen haben die Beziehung zwischen sich und der Umwelt ganz anders gestaltet. Dieser Wandel geht vonstatten, während sich die Menschen durch zivilisatorische Entwicklungen wie den Welthandel oder fortgeschrittene Klimatechniken von den Jahreszeiten immer unabhängiger machen.

Diese Prozesse haben Einfluss auf die Klimawahrnehmung: Wir besitzen inzwischen Heizungen und Klimaanlagen, die uns die Jahreszeiten kaum mehr spüren lassen, weil es in unseren Wohnungen immer ungefähr gleich warm ist. Zudem verbringen wir die meiste Zeit in klimatisierten, gut gedämmten Innenräumen von Häusern oder Verkehrsmitteln. Und wenn wir nach draußen gehen, tragen wir hochentwickelte Funktionskleidung mit Fleece, Membranschichtungen und Feuchtigkeitsmanagement oder mit Daunen gefüllte Mäntel, die keinen Windstoß mehr an uns heranlassen. Unsere Lichtquellen ersetzen die Dunkelheit während des Winters durch immerwährende Helligkeit, warmes Wasser ist ständig verfügbar. Auch unsere Essgewohnheiten haben sich von den regionalen Klimabedingungen entkoppelt. Es ist bereits lange normal, jede Obst- und Gemüsesorte unabhängig von den lokalen Jahreszeiten, aber auch von der Klimazone, in der wir leben, kaufen zu können. Die lokalen und jahreszeitlichen Bezüge zu Nahrungsmitteln sind gekappt. Einen Vorrat für den Winter legt niemand mehr an. Auch das Reisen macht uns von den Jahreszeiten unabhängig. Touristen sind Klimatouristen, wenn sie die Jahreszeiten ihrer Heimat gegen die einer anderen Region eintauschen. Unsere existenzielle Abhängigkeit von den Jahreszeiten hat sich immer mehr gelöst, im Alltag ist sie kaum noch spürbar.

Die Paradoxie dieses vom Klima weitgehend unabhängigen Lebensstils liegt darin, dass die moderne Lebensweise eine CO_2-intensive Lebensweise ist. Gerade dadurch, dass sich die Menschen durch technische Fortschritte immer unabhängiger von den Witterungen machen, steigern sie die globalen Emissionen von CO_2. Gut zehn Prozent der Treibhausgasemissionen gehen auf das Konto des Heizens. Für Kühlungstechniken spricht man heute vom »Klimaanlagen-Paradox«. Je wärmer es wird, desto mehr drehen die Menschen ihre Kühlanlagen nach oben, desto größer wiederum ist ihr Beitrag zur globalen Erwärmung, und so ad infinitum. Die Regulierung der Innenräume erwärmt das Außenklima.

Die Klimakapseln, welche die technische Antwort auf sich ändernde oder extreme Klimate sind, versprechen die Unabhängigkeit von den Temperaturen draußen. Wobei ein Exkurs verdeutlicht, wie die Standard-Raumtemperatur von Büros und anderen Gebäuden nicht für alle das Gleiche bedeutet: Die Bestimmungen zum optimalen Innenraumklima in den USA beruhen auf einer Studie der 1960er Jahre. Mit dieser wollten Forschende herausfinden, wann sich jemand in einem Innenraumklima am wohlsten fühlt. Dieser Jemand war ein 70 kg schwerer Mann von 40 Jahren. Für ihn sind 22–24 Grad im Durchschnitt vorteilhaft. Der weibliche Metabolismus weicht von diesem Spektrum ab, so dass Frauen bei dieser Standardtemperatur oftmals frieren.[4]

Das Klimaerleben jedenfalls ist in heutigen, modernen Gesellschaften in der Regel nicht existenziell. Wenn Klima wahrgenommen wird, dann oft als Teil von Freizeitbeschäftigungen, für die wir uns eine zuverlässige Bühne oder schöne Kulisse wünschen. Aber auch wenn wir diese Wahrnehmungen im Alltag immer wieder aus dem Blick verlieren, bleibt inzwischen für viele eine große Verunsicherung, die der Wandel der Jahreszeiten als überliefertes Raster unserer Kultur auslöst.

Wetter ist nicht Klima: Können wir das Klima direkt wahrnehmen?

Der deutsche Meteorologe Heinrich Dove eröffnete sein Handbuch der Meteorologie aus dem Jahr 1837 mit dem Satz:

»Wenn Wochenlang der Himmel mit einem einförmigen Grau bedeckt ist, so werden am Ende auch wir trübe, wenn es endlich oben wieder hell wird, werden auch wir heiter. So sind wir ein treuer Spiegel des Himmels über uns, wir gehen ein in seine Launen, und jeder ist in diesem Sinne nicht nur Meteorologe, sondern so zu sagen die Meteorologie selbst.«[5]

Auch wenn ich nicht glaube, dass eine so eindeutige Beziehung zwischen Wetter und Gefühlen besteht, möchte ich in Abwandlung dieses Zitates fragen: Können wir in diesem Sinne auch alle Klimatolog:innen sein? Können wir auch ein mehr oder weniger treuer Spiegel des Klimas und des Klimawandels sein? Oder ist Klima etwas, was wir zwar in seinen Wandlungen der vergangenen Jahrzehnte als Erlebnis in unserer Erinnerung abgelagert haben, was wir aber trotzdem nicht in der gleichen Weise wahrnehmen können wie das tägliche Wetter?

Forscher:innen auf dem Feld der Klimakommunikation sind sich seit langem darin einig, dass der Klimawandel ein grundlegendes Wahrnehmungsproblem für die Öffentlichkeit besitzt. Weil Klimawandel als wissenschaftlicher Gegenstand abstrakt ist und damit auch die Bedrohungslage abstrakt bleibt, ließ sich der notwendige Bewusstseinswandel als Basis für klimafreundliche Politik und Lebensstile nur schwer einfordern. Das Thema würde nur in Form von Zahlen und zukünftig drohenden Veränderungen vermittelt, sei aber nicht direkt erlebbar. Dies sei ein Problem, weil abstraktes Wissen nur schwer konkrete Handlungen begründet.

Doch bleibt der Widerspruch bestehen, dass ein einzelnes Wettererlebnis kein Klimaerlebnis ist, selbst wenn sich die Klimawandelfolgen immer spürbarer entfalten. Dass der Klimawandel abstrakt ist, liegt an der physikalischen Definition des Klimabegriffs seit dem 19. Jahrhundert. Denn Klima ist – wissenschaftlich betrachtet – ein statistischer Langzeit-Gegenstand, es resultiert aus der »Buchhaltung der Meteorologie«.[6] Deshalb lassen sich Klima und Klimawandel auch nur indirekt anhand von Kurven, Tabellen und Mittelwerten erfahren. Wetter wiederum ist das, was gerade passiert. Was wir also erfahren, ist das jeweilige Wetter, es sind die Auswirkungen des Klimawandels, jedoch niemals der Klimawandel selbst.

Auf dieser Definition basiert die Aussage, dass Wetter kein Klima ist. Diese Unterscheidung wird immer wieder von Meteorolog:innen und Klimaforscher:innen betont. Auf einer deutschen Internetseite eines privaten Wetterdienstes steht zum Beispiel, es sei »völliger Blödsinn« den Schnee vor der eigenen Tür oder einen einzelnen Sturm mit dem Klimawandel zu verbinden, »denn wenn wir vom Klima sprechen, müssen wir immer mehrere Jahrzehnte betrachten.«[7] Ob ein bestimmtes Wetterereignis die Folge der globalen Erwärmung ist, darüber könne nur spekuliert werden. Es gibt zahlreiche Erklär-Videos zu diesem Unterschied, die zeigen, dass diese Deutung in unserer Wissensgesellschaft die einzig richtige ist. Zum Beispiel der kurze Beitrag des Meteorologen und Wettermoderators Sven Plöger in der ARD-Reihe *Klimablick* mit dem Titel *Wetter ist nicht gleich Klima!* Wie wichtig ihm als Meteorologen diese Unterscheidung ist, sieht man daran, dass er immer wieder den Zeigefinger hebt, während er in besonders langsamer und eindrücklicher Sprache Wort für Wort betont: »Wetter ist das tägliche Geschehen, das, was sich in der Atmosphäre zuträgt, was Ihr auch fühlen könnt, was also unsere Emotionen, unsere Sinnesorgane anspricht. [...] Und Klima ist schlicht und einfach die Statistik des Wetters.« Alle müssten verstehen, dass Wetter und Klima etwas »vollkommen Unterschiedliches« seien. Jeder, der sich über Klimaforschung informiere, müsse den Unterschied kennen.

Wissenschaftliche Verfahren wie Messungen und Statistik, wie sie die Meteorologie kennt, stehen auf der einen Seite, körperliches Erleben auf der anderen. Als ich 1990 den eingangs erwähnten 17 Grad warmen untypischen Wintertag im Februar erlebte, konnte niemand wissen, ob dies bereits eine Auswirkung des Klimawandels war. Nicht nur erschien der Klimawandel damals in weiter Ferne. Einen einzelnen Sturm oder einen warmen Winter konnte die Forschung damals auch nicht sicher mit der globalen Erwärmung in Verbindung bringen. Das jeweilige Wetter blieb der regionale Einzelfall. Das ist inzwischen anders, weil aufgrund der fortschreitenden Erwärmung Extremwetterereignisse und untypische Wetterlagen viel sicherer als Klimawandelfolgen ausgemacht werden können. So waren etwa die mitunter sehr kalten Februarmonate der letzten Jahre letztlich die Folge der Erwärmung, weil kalte Luft aus den auftauenden Regionen nach Süden drückte. Aber einfach anhand des Wetters eines einzelnen Tages zu behaupten, den Klimawandel wahrzunehmen, ist ohne weitere Begründungen nicht haltbar. Der Klimawandel ist eine Sache der Wissenschaft, nicht konkret erlebbar, sondern nur sichtbar in den abstrakten Zahlen einer über große Zeiträume hinweg geführten Statistik.

Zu Beginn der Klimaforschung um 1800 jedoch bestimmte die wissenschaftlich-objektivierte Definition noch nicht den Begriff vom Klima. Klima wurde damals noch gleichwertig aus den Messungen von Instrumenten wie Thermometern oder Barometern abgeleitet sowie in seinen Auswirkungen auf die menschlichen Sinne und Gefühle betrachtet, ähnlich, wie es das eingangs angeführte Zitat nahelegt. Alexander von Humboldt, einer der Begründer der messenden Klimatologie, schrieb: »[D]as Wort Klima umfasst in seiner allgemeinsten Bedeutung alle Veränderungen in der Atmosphäre, *von denen unsere Organe merklich affiziert werden* [Hervorhebung B. S.]«.[8] Darunter verstand Humboldt alle dynamischen Zustände der Atmosphäre wie Luftfeuchtigkeit, Wind, Luftdruck, elektrische Spannung, Luftreinheit oder die Grade der Bewölkung. Diese Wetterphänomene, so geht Humboldts Definition weiter, hätten nicht nur Einfluss auf die Bodentemperatur, das Pflanzenwachstum und die Reifezeiten der Früchte, »sondern auch auf sämtliche Eindrücke [...], die die Seele vermittelst der Sinne in den verschiedenen Zonen aufnimmt«.[9]

Humboldt betont den Einfluss des Klimas auf die Menschen und begreift Klima als originär ästhetischen Gegenstand – also als einen Gegenstand der Sinne und der Wahrnehmung, etwas, das körperlich spürbar ist. Klima- und Wetterwahrnehmung werden nicht streng voneinander unterschieden. Ihm zufolge, so ließe sich schlussfolgern, waren die Menschen des 19. Jahrhunderts noch alle Klimatolog:innen, das Klima ging als »gestimmte Atmosphäre«[10] direkt in ihren Gefühlshaushalt ein. Sie erfuhren, verkörperten und spürten die unterschiedlichen Klimate auch ohne Wetterapps und Instrumente. Sie lebten eingetaucht und umhüllt vom Klima wie Fische im Medium Wasser. Denn in die Atmosphäre sind Menschen wie alle Lebewesen als Ganze eingetaucht, dies bestimmt ihre Existenz. Die Atmosphäre ist das Medium, in dem wir wahrnehmen und empfinden. Viele Phänomene des Wetters sind unsichtbar, aber spürbar. Wind etwa ist unsichtbar, sofern er keine Zweige bewegt oder Wolken vor sich hertreibt. Temperaturen lassen sich durch ein Fenster nicht einschätzen. Auf körperlicher Ebene aber zerrt Wind an Haaren und Kleidern oder er kühlt. Die Sonne wärmt die Haut oder führt zum Schwitzen, Kälte lässt einen frieren und zittern oder macht uns starr. Je nachdem, ob die Luft feucht oder trocken ist, verändert dies den Eindruck der Temperaturen.[11] Menschen sind *im* Wetter. Die Atmosphäre durchdringt alle Menschen in jeder Sekunde ihres Lebens, am deutlichsten, wenngleich meist unbemerkt, beim Atmen. Die Luft bildet ein Milieu, in das die Organismen eingetaucht sind und das ihr Befinden auf allen Ebenen affiziert. Das Wetter wiederum ist vom Klima bestimmt. Kein Raum auf der Erde ist ohne Klima, kein Leben ist unberührt von ihm.

So richtig und wichtig die hier angeführte Unterscheidung für jedes wissenschaftliche Sprechen ist, plädiere ich an dieser Stelle für eine Ambiguitätstoleranz, also dafür, trotz der Akzeptanz der wissenschaftlichen Definition den sinnlichen Wahrnehmungen nicht die Legitimation zu entziehen. Denn damit legt man fest, wer über Klima sprechen darf und wie gesprochen werden darf. Letztlich verbietet man einem anderen Sprechen den Mund. Es geht aber darum, beide Arten des Sprechens zuzulassen und nicht alle, die aus der Wirklichkeit ihrer Wetterwahrnehmung die Veränderungen des Klimas ableiten, als »naiv« oder uninformiert abzutun. Es geht darum, zwei Perspektiven zuzulassen. Denn andernfalls verzichten wir auf einen wichtigen Schlüssel für die Wahrnehmung der globalen Erwärmung, der für die meisten viel konkreter ist als die wissenschaftlichen Definitionen allein. Was dies bedeutet und welche Grenzen es hierbei gibt, werde ich im Folgenden aufschlüsseln. Dazu möchte ich zunächst knapp skizzieren, wie die Wissenschaft das Klima erkennt und wahrnimmt.

Wettermessnetze als globale Unternehmung

Klimaforschung ist eine beeindruckende grenzüberschreitende Unternehmung, die im 19. Jahrhundert vor allem von den alten Kolonialreichen und den frühen Industrienationen begründet wurde. Konferenzen zur Standardisierung der Messverfahren und der Aufbau und Betrieb eines Messnetzes waren Grundlagen dieser Forschungen. Wie bereits erwähnt, ist das Klima definiert durch unzählige Messreihen, die öffentlich zugänglich sind. Sie werden heute von mehr als 10.000 Messstationen weltweit erstellt, viele davon sogar seit mehr als einhundert oder zweihundert Jahren. In Deutschland gibt es allein rund 180 Stationen. Heute sind viele von ihnen automatisiert, die längste Zeit aber erhoben Mitarbeiter:innen alle Daten. Auf einer der ältesten Wetterstationen, der Wetterwarte auf dem Hohenpeißenberg in Bayern, führen Wetterassistent:innen seit 1781 täglich dreimal Messungen durch. In einer Anleitung zur Erhebung von Wetterdaten aus dem 18. Jahrhundert steht, dass die Beobachter die einzelnen Wetterphänomene in Form von kommagenauen Messwerten und knappen Symbolen in die monatlichen Tabellen eintragen mussten. Barometer- und Thermometerstände, Luftfeuchtigkeit, Windstärken, Regenmengen, der Stand des Mondes sowie eine Beschreibung des Himmelsbildes nach dem Grad seiner Bewölkung wurden von den Wetterassistenten detailliert aufgelistet. Aber auch optische Wettererscheinungen, welche die Assistenten beobachteten, wie Nebel, Hagel, Regen, Gewitter, Donner oder Regenbögen, fanden Eingang in die Tabelle. Nicht nur die Tabellen, auch die Instrumente waren damals bereits standardisiert, so dass die Daten später verglichen werden konnten. Die Menge an disziplinierten und pünktlichen Einzelmessungen, die so über die Jahre zusammenkam, ist unvorstellbar. Um Aussagen über das Klima treffen zu können, mitteln die Forscher:innen – vereinfacht gesagt – deshalb die Daten von tausenden Stationen über mehrere Jahrzehnte. Die Formulierung *seit den Wetteraufzeichnungen* meint in der Regel seit dem Jahr 1880 (manchmal 1860). Erst seit damals gab es ausreichend viele Wetterstationen in vielen Regionen der Erde, die einen Vergleich mit heutigen Daten erlauben. Das Wetternetz ist wie ein Wahrnehmungsorgan der Klimaforschung.

Wie sich das Klima auch vor der flächendeckenden Einrichtung dieses Wetternetzes verändert hat, wird über chemische Analysen ergründet. Auch am Ende dieses Prozesses stehen Daten. Wissenschaftler beobachten das Klima hierzu über natürliche Klimaarchive. Das sind zum Beispiel in der Arktis gewonnene Eisbohrkerne. Sie werden aus über drei Kilometern Tiefe gezogen und lassen die Zusammensetzung der Luft über 600.000 Jahre anhand ihrer Schichtung rekonstruieren. Wenn der Klimawandel aus abgelagertem Material wie Eis abgeleitet wird, spricht man von »Proxy-Verfahren«, also Verfahren, die nicht direkt, sondern vermittelt über Stellvertreter Klimaveränderungen erkennbar machen.

Auch die Sedimente von Seen, Baumringe oder der Rückgang von Gletschern dienen als natürliche Klimaarchive. Die Klimaforschung nutzt außerdem alle möglichen schriftlichen Archive, um Kenntnisse über das Klima vor dem 19. Jahrhundert abzuleiten, wie Schifffahrtsbücher und Protokolle oder Berichte über Extremwetterereignisse in historischen Aufzeichnungen. Nur im Zusammenspiel all dieser Forschungen entstand die inzwischen immer neu bestätigte sichere Erkenntnis des menschengemachten Klimawandels, der mit der Industrialisierung begann.

Erst im Auf und Ab der Kurven oder in den wandernden Linien der Klimazonen zeigt sich, wie sich das Klima in kleinen, jedoch messbaren Schritten wandelt. Dies war auch am Beginn der Klimatologie im 19. Jahrhundert so. Als Alexander von Humboldt 1817 die bereits erwähnte erste Klimazonenkarte der Nordhalbkugel zeichnete, tat er dies auf der Grundlage von gerade einmal 58 Messreihen, die von Havanna über Paris bis Petersburg reichten. In den geschwungenen Linien offenbarte sich die konkrete Lage der Klimazonen. So wie sich diese Lage erst durch immer neue Messungen und deren Visualisierung zeigte, wurde der Klimawandel zuerst in einer Messkurve sichtbar. Prominentes Beispiel ist hier die ästhetisch sehr dürftige Keeling-Kurve. Die Bedeutung von Kohlendioxid als Treibhausgas hatten Physiker bereits um 1900 theoretisch erforscht. Sie hatten berechnet, bei welchem CO_2-Anteil in der Atmosphäre – aufgrund menschlicher Emissionen – die Temperaturen ansteigen. Um die physikalische Theorie anhand der Realität mit Daten zu überprüfen, begann Charles D. Keeling Ende der 1950er Jahre, das CO_2 in der Atmosphäre auf einer Forschungsstation auf Hawaii regelmäßig zu erheben. Bald offenbarte sich ein kontinuierlicher Anstieg. Die Kurve klettert seit 1958 Jahr für Jahr in einer zittrigen Linie weiter nach oben. Das Zickzack, das die Linie beschreibt, macht den Vegetationszyklus der Jahreszeiten sichtbar, als würde die Erde ein- und ausatmen. Solche Kurven sind für jedes Klimawissen zentral. Erst die Kurven machten den menschengemachten Klimawandel wahrnehmbar.

In seinem Essay *Die seismische Form* (1983) behandelt Jean Baudrillard die Frühwarnsysteme der Geologie. Geolog:innen müssen aus ihren Instrumenten eine Wirklichkeit ableiten, die sie selbst nicht wahrnehmen können, indem sie anhand des Linienausschlags Erdbeben voraussehen. Die seismische Form der zittrigen Linien lässt sich mit den Datenlinien der Klimaforschung vergleichen. Auch sie zeichnen das Bild einer drohenden Gefahr. Baudrillard beschreibt, wie die Frühwarnsysteme möglicher Katastrophen im Hier und Jetzt die »symbolische Energie« und Kraft besitzen, reale Ereignisse zu produzieren. Denn die Warnsysteme ermöglichen es, die Ereignisse auf symbolischer Ebene zu antizipieren.[12] Wer die Seismographen falsch liest und es versäumt zu warnen, kommt vor Gericht. Nach dem Erdbeben von L'Aquila in Italien im Jahr 2009, bei dem mehr als dreihundert Menschen starben und über 67.000 obdachlos wurden, waren es bezeichnenderweise die Seismolog:innen, denen der Prozess gemacht wurde. Sie hätten die Zeichen falsch beurteilt und ihre Warnungen nicht eindeutig genug ausgesprochen. Die Angeklagten wurden zunächst zu langjährigen Haftstrafen wegen fahrlässiger Tötung verurteilt, die später revidiert wurden. Dieser Vorfall ist auch für Klimaforscher:innen beunruhigend, weil auch sie Menschen vor Risiken warnen.

Aus den Verfahren der Messung und ihrer Statistik ergibt sich unmittelbar einleuchtend: Anders als das Wetter – das ich heute, hier erlebe, also zum Beispiel windstille und sonnige 25 Grad Celsius – kann ich einen statistischen Wert wie die Durchschnittstemperatur der Erde oder auch nur eines Sommers an keinem bestimmten Ort *erleben.* Das Monatsmittel von 20 Grad Celsius für den Monat Juli an einem Ort in Deutschland ist eine wissenschaftliche Zusammenstellung aus Messdaten. Weil das Klima eine Statistik des Wetters ist, kann auch der Klimawandel nicht direkt wahrgenommen werden. Aus diesem Grund scheint es normal, über das Klima allein wissenschaftlich zu sprechen, also abstrakt anhand von Zahlen. Ohne die Verfahren der messtechnisch gestützten Forschung, die im 19. Jahrhundert die moderne Klimaforschung begründeten, hätten Gesellschaften lange nichts vom Klimawandel gewusst. Die Frage *Was kann ich wissen?*, auf die ein späteres Kapitel weiter eingeht, war lange allein an die Wetterdaten geknüpft. Insbesondere in Wissensgesellschaften, wie Deutschland eine ist, bildet die naturwissenschaftliche Sprache die Basis, um über den Klimawandel zu sprechen. Aus diesem Grund gilt er in journalistischen Medien oft noch immer als »Wissenschaftsthema«. Doch reicht diese Sprache nicht aus, um die Dimensionen des Wandels, den wir derzeit erleben, auch kulturell zu verstehen.

Abstrakte Ferne als Wahrnehmungsproblem

Von der Unmöglichkeit, den Klimawandel direkt wahrzunehmen, und dem abstrakten Wissen, welches das Klimawissen formt, war bereits die Rede. Für Bewohner:innen des Globalen Nordens scheinen die Auswirkungen des Klimawandels darüber hinaus zeitlich wie räumlich trotz der inzwischen immer deutlicheren Anzeichen wie Trockenperioden und Extremwetterereignissen immer noch weit entfernt. Die schleichende Zeitlichkeit der Klimakatastrophe wird mit der »slow violence« der globalen Erwärmung begründet, die ebenfalls dazu beiträgt, dass, wenn überhaupt, zu spät gehandelt würde. Die doppelte Ferne, zusammen mit der Sprache aus Zahlen, Risikowahrscheinlichkeiten und Kurven, steht dem Handeln entgegen. Denn wie können wir Maßnahmen gegen etwas ergreifen, das abstrakt und zeitlich wie räumlich weit entfernt ist, uns also nicht direkt betrifft?

So eindrucksvoll und deutlich auch das Abschmelzen eines Gletschers ist oder das Absterben der Korallenriffe, so wenig scheint dieser Prozess für viele, zum Beispiel mich selbst als Mitteleuropäerin, bedeutsam zu sein. Selbst wenn wir den abschmelzenden Aletschgletscher mit eigenen Augen betrachten oder Filme über das Korallensterben sehen, bleibt doch die Welt um uns herum weitgehend in ihrer gewohnten Form bestehen. Die Sonne geht weiter auf, der Frühling kommt und die Pflanzen wachsen. *1,5 Grad Celsius globale Erwärmung, 3,2 Millimeter Meeresspiegelanstieg pro Jahr, wieso sollte das für mich ein Problem sein?*

Das abstrakte, nicht körperlich erlebbare Datenwissen vermindert den Druck, vor Ort zu handeln. Schlimmer noch: Wenn eine Situation abstrakt und noch gar nicht eingetreten ist, lässt sie sich leichter klein- oder sogar zerreden. Es entsteht keine Dringlichkeit – ganz anders, als wenn einem das Wasser bereits bis zum Hals steht. In der Folge kann die Dringlichkeit der Lage insgesamt bezweifelt werden. Oder aber die Erkenntnisse der Wissenschaft werden als alarmistisch dargestellt und relativiert. Denn die Statistiken entbehren der direkten Erfahrung, sie genießen nicht nur Vertrauen, sondern erzeugen auch Misstrauen. Das kommt in dem Winston Churchill zugeschriebenen Diktum zum Ausdruck: *Ich glaube nur der Statistik, die ich selbst gefälscht habe.* Statistik wird zu einer brüchigen Wahrheitsform, wenn sie ins politische Feld gelangt. Deshalb greifen Klimawissenschaftsleugner:innen auch in erster Linie die Kurven und Verfahren der Klimaforschung mit ihrem strategischen Zweifel an. Denn für viele ist es in der Tat schwierig, sich ein Bild zu machen, wenn man mit wissenschaftlichen Verfahren nicht vertraut ist oder wissenschaftlichen Institutionen sogar skeptisch gegenübersteht. Oder wenn man dem eigenen »gesunden Menschenverstand« generell mehr traut als allem anderen – damit aber den eigenen Standpunkt absolut setzt. Was bedeutet es in diesem Kontext, eigene Erfahrungen von Wetter mit dem Klima zu verbinden?

Müssen wir den Klimawandel erst am eigenen Leib spüren und mit eigenen Augen sehen, damit wir handeln? Das zumindest wird immer wieder behauptet. Die Transformationsdesignerin und Architektin Saskia Helfert etwa sagt: »Wir sind ja nicht zuletzt deshalb so transformationsresistent, weil wir noch nicht so richtig am eigenen Leib spüren, was auf uns zukommt.«[13] Gilt auch hier der Leitspruch »Wir glauben nur, was wir selbst erfahren können?«

Müssen wir erst erleben, dass die Prognosen der Klimaforschung eintreten, um zu handeln, wenn es eigentlich bereits zu spät ist? Entscheidet sich an der Möglichkeit der eigenen Erfahrung, ob es eine »transformation by design or by disaster« geben wird, also eine im Voraus geplante oder eine, die den Folgen hinterherrennt?

Die Augenzeugenschaft ist die einfachste Form der Wahrheitsproduktion und für viele auch die überzeugendste. Auf dem Gemälde *Der ungläubige Thomas* (ca. 1600) von Caravaggio, das in der Bildergalerie in Potsdam hängt, sieht man, wie der auferstandene Jesus den linken Zeigefinger von Thomas an die Wunde seines Unterleibs führt. Was nicht sein soll und was er nicht wahrhaben möchte, glaubt Thomas nur, wenn er es selbst gesehen und gefühlt hat. Seine Stirn und die seiner bärtigen Begleiter sind von vielen Falten der Anstrengung zerfurcht. So sehen starrsinnige Zweifler aus. Da der Blick des Thomas schielend an der Wunde vorbeigeht, könnte es sogar sein, dass er es immer noch nicht glaubt. Dennoch setzt das Gemälde die Analogie *Sehen ist Begreifen* ins Bild, die zum Glauben führt.

Es gibt einen Artikel des US-amerikanischen Anthropologen Peter Rudiak-Gould, der für die Frage, wer eigentlich von sich behaupten kann, den Klimawandel zu erfahren, bedenkenswerte Aspekte liefert. Rudiak-Gould hatte sich bereits 2009 damit beschäftigt, wie Menschen auf den Marshall Islands, einer Inselgruppe im Pazifik, die globale Erwärmung wahrnehmen. Er gab seinem Aufsatz den Titel *Wir haben es mit unseren eigenen Augen gesehen. Warum wir uns über die Sichtbarkeit des Klimawandels uneinig sind.*[14]

Zu Beginn zitiert der Anthropologe unterschiedliche Äußerungen dazu, wie der Klimawandel erfahren werden kann. Entlang der wissenschaftlichen Unterscheidung von Klima und Wetter behauptet etwa der Klimatologe Mike Hulme: »Niemand kann den Klimawandel sehen oder fühlen, wie dieser passiert.« Ein anonym zitierter Korrespondent der BBC unterstreicht diese Sicht: »Man kann die globale Erwärmung nicht wirklich sehen.« Auch Janet Swim, die Autorin eines psychologischen Artikels zum Bewusstsein des Klimawandels, ist sich sicher: »Die Menschen erleben den Klimawandel nicht direkt.« Das Klima ist ein Gemisch aus Messdaten, es gibt es keinen Ort, an dem irgendjemand den Klimawandel *direkt* erleben kann.

Daneben stellt Rudiak-Gould Äußerungen von Menschen, die behaupten, den Klimawandel *direkt* zu erleben. Koloa Talake, ein früherer Premierminister von Tuvalu, sagte 2003 bereits: »Inseln, die früher unsere Spielplätze waren, sind verschwunden [...] Einige Wissenschaftler sagen, dass der Meeresspiegel nicht ansteigt, aber die Flut steigt. Wir haben es mit unseren eigenen Augen gesehen.« Oder Alan Parker, Angehöriger des Chippewa Cree Tribe und Direktor des Northwest Indian Applied Research Institute, schreibt 2006 in einem Bericht zur Lage der indigenen Völker am Pazifik: »Die Ureinwohner der Arktis und Subarktis spüren bereits die katastrophalen Auswirkungen der wärmeren Temperaturen durch das Schmelzen von Meereis, Permafrost und Gletschern sowie die Zunahme von Bränden, Insekten, Überschwemmungen und Dürren.« Die Bewohner:innen von Inselstaaten und der Arktis sehen seit langem, wie sich ihre Lebensgrundlagen aufgrund der Erwärmung verändern. Die arktischen Nationen haben bereits Ende der 1980er Jahre auf die signifikanten Veränderungen ihrer Umwelt durch Folgen der Erwärmung hingewiesen. Zu den Klimagipfeln kommen deshalb seit Beginn der Konferenzen immer Vertreter:innen dieser Nationen, die deutlich auf ihre Augenzeugenschaft hinweisen. Soll man ihre Wahrnehmungen des Klimawandels bestreiten, weil sie keine wissenschaftlichen Erkenntnisse sind?

Beide Sichten werden wie selbsterklärende Wahrheiten geäußert, obwohl sie unvereinbar sind. Sie gehen von gegensätzlichen Konzepten der Erfahrung des Klimawandels aus. Die beiden Seiten könnten nun beginnen, ihre jeweilige Sicht zu rechtfertigen. Die Wissenschaftler:innen könnten den Bewohner:innen der Pazifikinseln, Alaskas oder Grönlands mit der wissenschaftlichen Definition vom Klima entgegnen, dass sie die Folgen des Klimawandels, nicht jedoch den Klimawandel selbst wahrnehmen. Darauf würden die Bewohner:innen dieser Regionen wohl wiederholen, dass sie doch seit vielen Jahren bemerken, wie ihre Strände weggespült werden oder wie ihre Böden immer früher im Jahr schmelzen. Wie wichtig ist das wissenschaftlich korrekte Sprechen außerhalb der Wissenschaften? Wer und welche Erfahrung dürfen als Zeugen des Klimawandels gelten? Diese Frage stellt sich inzwischen für alle Regionen der Erde.

Die Frage, wer von sich behaupten kann, einen Zugang zur Realität des Klimawandels zu haben, trägt ein Machtgefälle in sich. Hierbei geht es um die Deutungshoheit des Begriffs Klima. So richtig die wissenschaftliche Deutung auch ist, sie verdrängt andere Wahrnehmungen, Erfahrungen und Ideen vom Klima. Wenn nur ihr Begriff gelten darf, zwingen die Wissenschaftler:innen – ob sie dies wollen oder nicht – anderen Menschen ihre Sicht der Dinge auf. Sie relativieren vom Standpunkt der vermeintlich neutralen Forscher:in das Erleben der Menschen vor Ort. Weil diese angeblich »nicht richtig sprechen«, hört ihnen keiner zu. Doch wer neben der wissenschaftlichen Definition des Klimas keine anderen Sichtweisen erlaubt, verkennt, wie wichtig es ist, über die eigenen Wahrnehmungen vom Klimawandel zu sprechen, subjektiv und vor Ort. Die globale

Erwärmung darf nicht allein als Sache der Forschung und in der Sprache der Wissenschaften behandelt werden. Vielmehr existieren viele Begriffe vom Klima, die in kulturellen Erfahrungen gründen. Von meinem Kollegen Maximilian Hepach zum Beispiel weiß ich, wie diese Problematik vor allem in der Übersetzung des Wortes Klima in andere Sprachen sichtbar wird.[15] Das japanische Wort ›fūdo‹, das der japanische Philosoph Tetsurō Watsuji 1935 für seine Abhandlung über die Verbindungen zwischen Menschen und Klima nutzte, kann nur unzulänglich mit ›Klima‹ übersetzt werden. Es bezeichnet vielmehr das gesamte natürlich-kulturelle Milieu, in das Lebewesen gestellt sind. Dasselbe gilt für den japanischen Begriff ›qi‹, der sich nur unzureichend als ›Klima‹ oder ›Atmosphäre‹ übersetzen lässt, weil er gleichermaßen Erfahrung und Ort ist.[16] Mike Hulme wiederum nennt den mashallesischen Begriff ›mejatoto‹, der über die Bedeutung von Wetter, Klima oder Luft hinausgeht, da er auch die Idee eines in die Atmosphäre eingetauchten Lebens umspannt.[17] Aber auch das deutsche Begriffsfeld aus ›Atmosphäre‹ und ›Klima‹ ist eng mit Gefühlen und Stimmungen verbunden, die der wissenschaftliche Begriff ausschließt.

Inseln im Pazifik, aber auch Orte in der Arktis, gelten seit über zwanzig Jahren als »Klima-Hotspots«. Das sind die Regionen der Erde, die bereits sehr früh die Folgen des Klimawandels erkennen ließen. Inselgruppen wie die Marshall Islands oder Tuvalu beispielsweise liegen auf der Höhe des Meeresspiegels. Deshalb sind sie selbst für den kleinsten Anstieg des Wassers besonders sensibel. Die Temperaturen wiederum steigen nicht weltweit gleichmäßig an. Über den Polen erfolgt ein signifikant höherer und schnellerer Anstieg als in den gemäßigten und tropischen Breiten, auch über den Meeren steigt die Temperatur höher als über dem Festland – Auswirkungen, die sich in Millimeterangaben des Meeresspiegelanstiegs oder im 1,5-Grad-Ziel nicht vermitteln. »Indigene Völker sind im globalen Klimawandel für den Rest der Menschheit das, was der ›warnende Kanarienvogel‹ für den Bergbau ist«, schrieb Alan Parker im bereits zitierten Bericht.[18] Die Kanarienvögel hören auf zu singen, wenn der CO-Anteil im Stollen steigt, also zu wenig Sauerstoff zum Atmen da ist. Ebenso bemerken Menschen auf den Inseln und in den nördlichen Teilen der Erde bereits die Realität der globalen Erwärmung, während sich der Rest der Menschen noch in Sicherheit wähnt. Doch auch die Wissenschaft fungiert als Kanarienvogel, auch sie erzeugt Frühwarnsysteme. Diese jedoch lassen sich erst mit Kenntnis wissenschaftlicher Methoden aus den Kurven und Zahlen ablesen und verstehen. Beide Zugänge sind wichtig.

Klimaungerechtigkeit in der Klimawahrnehmung

Die Veranstaltung *Arctic People/Climate Cultures* lud 2021 den Schriftsteller, Dichter und Politiker Aqqaluk Lynge aus dem grönländischen Teil der arktischen Nationen nach Berlin ein und stellte ihm die Frage: »Was sehen die Arctic People als Subjekte besonders exponierter Klimazonen?« Selbst den Inuit zugehörig, wurde er als Zeuge eingeladen, um den Blick der Industriekulturen durch die Postkolonisierten zu weiten. Lynge (*1947) erzählte, wie die Inuit bereits Ende der 1980er Jahre versucht hatten, sich Gehör zu verschaffen, weil sie schon damals deutliche Veränderungen ihrer Landschaften erlebten.

Er erzählte aber auch, warum aus der Perspektive der ehemaligen Kolonien die Folgen der Erwärmung eine zweite Vernichtung von außen sind. Die erste Vernichtung war die ihrer Kultur durch die Kolonisatoren seit dem 18. Jahrhundert. Die zweite findet durch die globale Erwärmung statt, abermals ausgelöst durch den gierigen Lebensstil derselben Länder. Nach seinem Bericht über die Lage der arktischen Länder wechselte Lynge in den Modus der Poesie. »Aber Gefahr droht aus allen Richtungen, denn jemand presst unsere Erde aus, leert ihre Adern. [...] Aber das, was du glaubst, das glauben wir nicht. Was du nicht weißt, wissen wir genau. Und was du weißt, wissen wir auch. Das ist unser arktischer Reichtum.«[19] Die Poesie folgt einer anderen sprachlichen Logik als die Berichte. Sie ermöglicht Worte für das Unvorstellbare zu finden, in diesem Fall die Auslöschung der Inuit-Kulturen seit der Kolonialisierung und nun durch den Klimawandel.

In der Frage, wer eigentlich behaupten darf, dass er oder sie den Klimawandel wahrnimmt, verbirgt sich deshalb ein machtpolitischer Kern. Weil der Klimawandel in den gemäßigten Breiten später und moderater wirkt als an den Polen oder in tropischen Zonen, spaltet er die Welt in eine altbekannte Ordnung. Die westliche Welt und der »Rest« der Welt, oftmals Länder mit Kolonialisierungserfahrungen, stehen einander mit ihren unterschiedlichen Wahrnehmungen und Verwundbarkeiten gegenüber.

Wenn Klimapolitik ausgehend von Zahlen und meist in englischer Sprache gemacht und kommuniziert wird, dann wiederholt das ungewollt alte Machtgefälle. Zugespitzt formuliert erklären westliche Akteure allen anderen, was bei ihnen passiert. Selbst wenn dies nicht ihre Absicht ist, reden sie über die Köpfe der lokalen Beteiligten hinweg und stellen ihre Weltsicht – die rationale, durch wissenschaftliche Verfahren erlangte Kenntnis von der Welt – als die einzig korrekte über die lokalen Welterfahrungen. Den Bewohner:innen der ehemaligen Kolonien bleibt nur, sich anzupassen – also Englisch zu lernen und in den Begriffen der Konferenzen zu sprechen. Nur so können sie einen Platz am Verhandlungstisch erlangen, nur so wird ihnen zugehört. Indem man allein die wissenschaftliche Definition des Klimabegriffs gelten lässt, werden zahlreiche Wahrnehmungen von Klima und Klimawandel ausgeklammert.

Parlament der Dinge: Schnee und Wasser als Zeugen am Rednerpult

Es gibt ein oft geteiltes Meme, welches einen Eimer gefüllt mit milchig trübem Wasser zeigt. Auf dem Wasser schwimmt eine Karotte. Der Titel lautet *Climate Change Snowman*. Nicht erst mit dem Signet des Eisbären sind insbesondere Schnee und Eis zum Symbol der Erwärmung geworden. Ihr Schmelzen lässt auf besonders greifbare Weise erfahren, was die Klimaerwärmung bedeutet. Das schmelzende Eis der Gletscher steht für einen unumkehrbaren Verlust und Vorboten der Klimakrise.

Schnee spielt aber auch für die schwierige Unterscheidung von Wetter und Klima immer wieder eine wichtige Rolle. Er kann zum Grund für Zweifel oder zum Argument für Klimawissenschaftsleugner:innen werden. Ein weiterer Cartoon notiert auf zwei Bildfeldern die Meldungen eines mit »Staatssender« beschrifteten Megaphons. »Die andauernden Kältewochen sind lokales Wetter und widerlegen nicht die Klimaerwärmung!«, lautet der Kommentar im ersten Bildfeld, in dem ein grimmiger Mann zu sehen ist, der meterhohen Schnee schippt. Im zweiten Bildfeld sieht man denselben Mann schwitzen. Aus dem Megaphon tönt: »Die andauernden Hitzewochen sind der Beweis für die Klimaerwärmung!« Der wissenschaftsskeptische Cartoon verkürzt die beiden Meldungen so, als würden Klimaforscher nur die Fakten auswählen, die »ihre« Wahrheit bestätigen. Die Evidenz von Schnee ist in den gemäßigten Breiten zum Kampfplatz um die Realitätseinschätzung einer Welt im Klimawandel geworden.

Der Verweis auf die eigene, lokale Erfahrung von Wetter und ihren Widerspruch zu Analysen der Klimaforschung gehört inzwischen zum gängigen Repertoire von Politiker:innen, die die Klimaschutzpolitik anzweifeln. Insbesondere auf die Rhetorik dieser Personen zielt der dringende Hinweis, Wetter und Klima nicht zu verwechseln. Auch im folgenden

Beispiel gehen Menschen von ihrer eigenen Wahrnehmung des Wetters aus. Doch was unterscheidet sie von den Äußerungen der Menschen auf den Marshall Islands, in Grönland oder Kanada?

Der republikanische Senator James Inhofe brachte im Februar 2015 einen Schneeball mit ans Rednerpult der Senatssitzung in Washington. Er wollte der Klimapolitik der Demokraten die Glaubwürdigkeit entziehen, indem er mit dem Schneeball der Forschung entgegentrat, die soeben herausgefunden hatte, dass 2014 das wärmste Jahr seit Beginn der Wetteraufzeichnungen war. Als er den schön geformten Schneeball aus seiner Frischhaltetüte befreite, sagt er: »Wissen Sie, was das ist? Das ist ein Schneeball. Er ist von draußen. Es ist also sehr, sehr kalt da draußen. Sehr untypisch für diese Jahreszeit.« Mit den Worten »Also, Mister Präsident, fangen Sie den!« warf James Inhofe den Ball in Richtung des Demokraten, um ihm in der Berührung einen umgekehrten Thomas-Moment zu bescheren, der die Demokraten in ihrem Irrglauben entlarven soll. Das Geschickte am rhetorischen Schachzug mit dem Schneeball liegt an seiner zwingend erscheinenden, direkten Evidenz, die aus der Verbindung von Glauben und Anfassen entsteht.

Der Glaube entsteht aus der Berührung, die Rhetorik zielt auf die eigene Erfahrung und den sogenannten »gesunden Menschenverstand«. Der Schneeball soll die abstrakte Kurvenevidenz der Forschung zum Schmelzen bringen, die aufwendigen Methoden der Wahrheitsfindung vom Tisch wischen. *Seht her, es gibt doch noch Kälte! Dann ist ja alles normal.* Wer sich gegen dieses Argument erhebt, muss schulmeisterhaft auftreten, muss erklären, was der Unterschied von Wetter und Klima ist und wieso ein kalter Winter in Washington leider nichts an der Vernunftwahrheit der globalen Erwärmung verändert. Bei Menschen, denen Wissenschaft zu kompliziert ist, kommt man gegen die rhetorische Geste des »Move-Talks« eines Schneeballs – also rhetorische Strategien, die weniger auf Worte als auf Gesten setzen – nur schwer an. Dabei wäre gerade der Senator qua seines Amtes verpflichtet, sich zu informieren und die wissenschaftlichen Erkenntnisse zu durchdenken. Auch den Unterschied von Wetter und Klima müsste er heranziehen, um zu erkennen, wieso es trotz Klimawandels in Washington kalt ist. Diese Ignoranz herrscht bis heute bei vielen mächtigen Politiker:innen. Der ehemalige amerikanische Präsident Donald Trump beispielsweise fiel immer wieder durch Bemerkungen auf, die sein Verständnis vom Klima einzig aus der eigenen Erfahrung belegen. Solange es an der Ostküste Schnee gäbe, sei der Klimawandel nicht real. Klimawandelfolgen seien einfach nur schlechtes Management.

Dies ist der Unterschied zwischen den Bekundungen von Klimawissenschaftsleugner:innen und den Äußerungen der Menschen etwa auf den Marshall Islands, die gleichermaßen von ihren eigenen Erfahrungen ausgehen: Während sich die Bewohner:innen der »Hot Spots« genau informiert haben und die Aussagen der Klimaforschung kennen, ist das regionale Argument eines besonders kalten Winters in den gemäßigten Breiten systemisch blind, also Unsinn. Der Überbringer der gefrorenen Botschaft vollführt eine klassische Strategie der Leugnung, die aus Rosinen-Pickerei besteht. Also darin, ein Einzelereignis, dem rhetorischen Prinzip des Pars pro Toto folgend, aus dem Gesamtzusammenhang herauszureißen und alle anderen Entwicklungen auszublenden.

Unabhängig von der systematischen Ideologisierung des Themas durch die Klimawissenschaftsleugner:innen in den USA ist es in der Tat für viele schwierig, das Wissen vom Klimawandel mit einer erlebten Realität vor Ort zu verbinden. Darauf gründet der oben erwähnte Cartoon, der die Deutung von Schnee und Hitze durch den »Staatssender« kontrastiert. Wie kann es sein, dass es in einer Zeit globaler Erwärmung an manchen Orten extrem kalte Winter gibt? Die Unterscheidung von Wetter und Klima lässt sich nur im Rückgriff auf die Meteorologie treffen. So war es die kalte Luft der abtauenden Arktis und der sich erwärmenden, kalten Zonen, die zu kalten Temperaturen am Ende des Winters in Europa führten. Es ist die kalte Luft dieses nicht normalen Abtauens, welche aus diesen Gegenden in Richtung der gemäßigten Zonen drückt und zum Eindruck eines normalen Winters führt. Das zeigt, dass die Wahrnehmung eines kalten Winters an einem Ort allein, also ohne die Einordnung in das Wissen der Klimaforschung, nicht ausreicht. Die Einschätzung für Laien ist dadurch jedoch erschwert.

Ganz anders als der Senator in Washington nutzen auch die Bewohner:innen der versinkenden Inseln das Element Wasser für ihre Rhetorik. Sie schaffen dabei die Zusammenhänge, die dem Senator fehlen. »You cannot negotiate with the laws of physics«, so spitzte es der ehemalige Präsident der Malediven, Mohamed Nasheed im Jahr 2009 auf der UN-Klimakonferenz in Kopenhagen zu. *Mit den Gesetzen der Physik kann man nicht verhandeln.* Er zog parallel zum Klimagipfel in Kopenhagen gemeinsam mit elf Mitgliedern seines Kabinetts eine Taucherausrüstung an und begab sich zum Konferenztisch auf den Meeresgrund, um eine symbolische Sitzung zur Gefahr der globalen Erwärmung unter Wasser abzuhalten. »Das ist nicht nur ein Thema für die Malediven, sondern für die gesamte Welt«, verknüpfte Nasheed die lokale Realität seiner Heimat mit der des globalen Klimas.

Für den Klimagipfel in Glasgow 2021 wiederholte der Außenminister Simon Kofe vom Inselstaat Tuvalu diese Inszenierung. In einem kurzen Filmclip sah man zunächst Kofe in klassischer Fernsehinszenierung mit Anzug und Krawatte hinter einem Stehpult. Vor einem neutralen Hintergrund begann er seine Ansprache zur Situation der Inselgesellschaften im Pazifik. Kofe erklärte, dass sich Tuvalu bereits auf den schlimmsten Fall vorbereite. Und während er sagte: »In Tuvalu erleben wir die Realitäten des Klimawandels und des Anstiegs des Meeresspiegels, während Sie mir heute auf der COP26 zuschauen«, zoomte die Kamera in die Totale. Nun war zu erkennen, dass Kofe bis zu seinen

Oberschenkeln im Salzwasser vor der Küste stand. Hinter ihm steckten die Flaggen von Tuvalu und den Vereinten Nationen im Meeresgrund.

Der Realismus, mit dem die Nation Tuvalu in ihre versinkende Zukunft blickt, ist erschütternd. Mit allen Mitteln planen die Inselgemeinschaften schon heute, ihre Gesellschaften trotz drohender Massenemigration *als digitale Nationen* zu erhalten. Sie wollen nicht einfach als Klimaflüchtlinge über andere Länder verstreut, sondern als souveränes Land ohne Territorium anerkannt werden. Als Land, das seine Kultur und Traditionen auch in der Fremde weiter pflegt.

Auch Kofe nutzte in seiner Inszenierung die Rhetorik der Zeugenschaft, um das Gewicht seiner Worte zu unterstreichen. Für alle sichtbar stand er auf unsicherem Grund, während er sprach. Sein Standpunkt im Meerwasser, also mitten im Problem, bezeugte die unmittelbare Evidenz des Wasserspiegelanstiegs. Wie beim heiligen Thomas, dessen Finger Jesus in seine Seitenwunde führt, verknüpfte Kofe unseren Blick mit dem realen Niedergang seines Inselstaates. In einer Mehrzweckhalle in Glasgow hätten seine Worte nicht dieses Gewicht besessen. Anders aber als der Senator in Washington führte er keine falschen Zeugen oder irreführenden Indizien an, sondern zeigte sich gleichermaßen betroffen und systemisch informiert. Die höchste Kunst der Rede ist, wenn Ethos, Logos und Pathos zusammenkommen. Das war hier der Fall.

Abstraktes konkret machen durch künstlerische Strategien

Die Klimadaten, -karten und -grafiken sind abstrakt und daher für viele nur schwer vorstellbar. Künstler:innen setzen an diesem Wahrnehmungsproblem an. Denn was die Kurven aussagen, steht in einem krassen Kontrast zu der stilistisch zurückhaltenden Bildgestaltung, mit der die Botschaft überbracht wird. Indem Künstler:innen mittels anderer Darstellungsformen alternative Erfahrungen ermöglichen, wollen sie für ein breiteres Publikum vorstellbar machen, was in der naturwissenschaftlichen Sprache allein unvorstellbar bleibt.

Wenn insbesondere Eis und Schnee als sichtbare Beweise für die globale Erwärmung, aber auch als Argument gegen diese genutzt werden, liegt dies an der im Eis gespeicherten Klimageschichte. Gletscher (und Eisbären) machen die nur schwer fassbare Dynamik des Klimasystems begreifbar. Das Eis ist das direkteste Zeichen des Klimawandels, sein Schwund ist im Fall von Gletschern und Eisschilden unumkehrbar, so dass es auch Symbol für den unwiederbringlichen Verlust ist, den die globale Erwärmung mit sich bringt. Anders als die seismische Darstellung der Katastrophe, die aus abstrakten Linien besteht, sind Schnee und Eis konkrete Realitäten, die sich betrachten und anfassen lassen. Auch in der Kunst wird die elementare Evidenz des Klimawandels als ästhetische Erfahrung greifbar gemacht. Inwiefern beide Evidenzen, die seismische und die der greifbaren Dinge, zusammengehören, lässt sich an Kunstwerken ergründen, die gleichermaßen die natürlichen Elemente und die Linien der Wissenschaft zum Sprechen bringen und in eine konkrete Erfahrung überführen. Die Elemente erhalten so eine Stimme im »Parlament der Dinge«. Unter diesem »Parlament« hatte der französische Wissenschaftsphilosoph Bruno Latour eine Einrichtung verstanden, in der – ähnlich wie in Erich Kästners *Konferenz der Tiere* – auch nicht-menschliche Akteure wie der Klimawandel oder ökologische Systeme eine Stimme besitzen, um ökologische Politik zu ermöglichen.

Die britische Künstlerin Katie Paterson beispielsweise nutzt für ihre Kunst die Evidenz des ewigen Eises von Gletschern, in ihrem Fall der Gletscher in Island. In einer Arbeit aus dem Jahr 2007 brachte sie keine Bilder, sondern die tropfenden und gurgelnden Tonaufnahmen von schmelzendem Gletschereis mit. Die Aufnahmen der drei isländischen Gletscher Langjökull, Snæfellsjökull und Solheimajökull ließ sie auf Schallplatten pressen und eine Negativform von ihnen gießen. Diese Form befüllte sie anschließend mit dem Schmelzwasser des jeweiligen Gletschers und fror die Schallplatte ein. Die Eisplatten wurden gleichzeitig auf drei Plattenspielern abgespielt, bis sie vollständig geschmolzen waren. In der Arbeit *Vatnajökull (the sound of)* wiederum nutzte sie eine Telefonleitung, um Menschen in den gemäßigten Breiten mit den kalten, schmelzenden Zonen zu verbinden. Dazu richtete sie eine Live-Schaltung ein, die von jedem Telefon der Erde aus funktionierte. Über ein Unterwassermikrofon in der Lagune Jökulsárlón, einem Ausfluss des Gletschers Vatnajökull, konnte man sich mit dem Gletscher in der Ferne verbinden und der Realität des Schmelzens lauschen.

Der Künstler Olafur Eliason ließ seit 2014 mehrfach jeweils zwölf große Eisblöcke vom grönländischen Eisschild auf städtische Plätze nach Europa bringen, um diese, im Kreis wie die Ziffern einer Uhr angeordnet, als abschmelzende *Ice Watch* zu installieren, parallel zu den dort stattfindenden Klimagipfeln. Er hatte die Eisblöcke in einem Fjord in der Gegend von Nuuk auf ein Schiff geladen und nach Europa transportiert. Zeit und Raum werden in dieser Arbeit überbrückt, indem der unwiederbringliche Verlust des »ewigen Eises« der Pole in der gemäßigten Zone erfahrbar gemacht wird. Aber auch die Ursachen und Wirkungen werden miteinander verbunden, indem das unumkehrbar schmelzende Eis an die Orte der industriellen Revolution gebracht wird.

Ganz anders verfährt die Künstlerin Eve Mosher, die die abstrakten Linien der Forschung, ihre seismische Form, aufnimmt und in die Realität einträgt. Dazu schob sie im Jahr 2007 einen verzinkten Kreidewagen durch Manhattan und Brooklyn in New York. Mit einem solchen Wagen werden üblicherweise Spielfeldbegrenzungen auf dem Rasen von Sportplätzen markiert. Die Linie, die Mosher so zog, verlief über 100 km entlang der New York Bay Region, die besonders verletzlich für Fluten und Stürme ist, später lief

Mosher auch durch Miami und Philadelphia. Mit der Linie markierte sie die Höhenlinie von drei Metern über dem Meeresspiegel, die als kritisch für zukünftige Jahrhundertfluten gilt. Was die Künstlerin in die Wirklichkeit der Stadt eintrug, waren die abstrakten Tabellen, Kurven, Karten und Balkendiagramme eines wissenschaftlichen Artikels aus der Fachzeitschrift *Global and Planetary Changes*. Die Klimaforscher:innen hatten errechnet, wie sich der Meeresspiegelanstieg aufgrund der globalen Erwärmung auf die Region in Zukunft auswirken würde. Eve Mosher transferierte dieses Fachwissen in den Lebensraum der Bürger:innen von New York. Die Arbeit *High Water Line* braucht kein Museum. Sie nutzt die Datenlinien der Wissenschaft und trägt diese in die Realität direkt ein.

An dieser Stelle können wir uns fragen, welchen Gegenstand wir in ein Parlament tragen würden, um die Politik mit den Tatsachen draußen zu verbinden. Wäre es die Kurve der Jahr um Jahr ansteigenden Emissionen? Oder aber konkrete Dinge wie das geschmolzene, trübe Wasser eines der letzten fünf Gletscher in Deutschland? Oder ein Stück vom trockenen Boden aus der neuen »Sahelzone« Deutschlands, Berlin und Brandenburg? Auf einem Symposion, das 2009 Künstler und Wissenschaftler zum Thema Klimawandel zusammenbrachte, waren dies Sedimente aus der Tiefsee, Fossilien und Proben aus Baumringen, in die sich klimatische Veränderungen über die Zeit eingetragen hatten. Denkbar wären aber auch die braunen Blätter vom letzten Sommer.

Grenzen der eigenen Erfahrung und Wahrnehmung

Die Augenzeugenschaft steht der stochastischen Wahrheitserkenntnis entgegen, also jener, die Risiken in Wahrscheinlichkeiten ausdrückt, wie beispielsweise das Risiko, bei einem Verkehrsunfall zu verunglücken (1:15.000) oder das Risiko für Raucher, an Krebs zu sterben (ungefähr doppelt so hoch wie bei Nichtrauchern). Zu diesen Fragen forscht der Soziologe und Nachhaltigkeitsforscher Ortwin Renn. Er meint, dass die auf abstrakten Daten beruhende Form des Risikobewusstseins für Menschen problematisch sei, da sie ihr Wissen vor allem aus gemachten Erfahrungen, aus selbst Erlebtem ziehen. Die Psychologie dieses Risikobewusstseins ist aus anderen Zusammenhängen bekannt. Wenn der eigene Großvater trotz lebenslangen Rauchens und ungesunden Lebensstils sehr alt wurde, erscheint diese Erfahrung lebensnäher als jede Statistik. Dem Raucher erscheint es plausibel, diese Erfahrung auf sich selbst zu beziehen und nicht die statistische Erkenntnis, die von einem »doppelten Risiko« spricht. Das gleiche kann passieren, wenn ich von zwei Personen weiß, die nach einer Impfung erkrankt sind. Das anekdotische Wissen legt nahe, dass ich selbst die Ausnahme bin, da mir die erzählten Erlebnisse und Erfahrungen meiner Mitmenschen näher sind als abstrakte Zahlen. Erzählungen berühren eher unsere Empathie und unsere Gefühle als eine Tabelle mit Wahrscheinlichkeiten. Sie bleiben deshalb auch besser in unseren Köpfen. Für viele sind sie es, die den Geschehnissen einen Sinn verleihen, nicht die statistischen Tabellen.

Beim Klimawandel handelt es sich aber anders als bei den persönlichen Risiken wie Unfällen oder Rauchen um ein systemisches Risiko, so Ortwin Renn, also eine Gefahr, die grenzüberschreitend, komplex und vernetzt ist.[20] Die Klimakrise überschreitet nicht nur geographische Grenzen, sondern beeinflusst kaskadenartig auch viele voneinander abhängende Bereiche. Wenn es wärmer wird, werden Wetterereignisse chaotischer. Dies beeinflusst gleichermaßen die Landwirtschaft, die Städteplanung, den Katastrophenschutz, die Wirtschaft, das Gesundheitswesen und den Bereich des Sozialen.

Die eigenen Risikoeinschätzungen stehen auch den unumkehrbaren Kipppunkten entgegen, an denen die sogenannten »planetaren Grenzen« überschritten werden. Es geht um das Kippen ganzer Systeme wie beim Verlust des Westantarktischen Eisschilds oder des Amazonas-Regenwaldes, die nicht mehr rückgängig gemacht werden können. Um diese Kipppunkte erst gar nicht zu erreichen, ist es überlebenswichtig, heute zu handeln. Doch auch hier sind Ursache und Wirkung zeitlich und räumlich weit entfernt. Selbst wenn wir den Prozess des Überkochens von Milch kennen, ist die Vorstellung des Kippens der Welt in ein neues Klimasystem nicht möglich, sondern allenfalls abstrakt, also auf wissenschaftliche Weise und in Form von Szenarien darstellbar. Vorsichtsmaßnahmen müssen also getroffen werden, ohne die Erfahrung der Konsequenzen jemals gemacht zu haben. Systemische Kipppunkte liegen nicht im alltagsweltlichen Erfahrungsbereich, wo wir uns mit Sätzen wie *Erstens kommt es anders und zweitens als man denkt* beruhigen. Solange meine gewohnte Realität grundsätzlich fortbesteht, selbst wenn es in Europa bereits mehr Extremwetter geben mag, scheint kein fundamentales Problem zu bestehen.

Renn benennt noch einen weiteren Punkt: Wenn eine Gefahr wie der Klimawandel hochgradig komplex und vernetzt ist und zudem vermittelt und abstrakt, widerspricht dies der eigenen Plausibilitätserfahrung. Das ist ganz anders als bei Unfällen wie zum Beispiel im Straßenverkehr, bei denen Ursache und Wirkung zusammenfallen. Bei der globalen Erwärmung klaffen Zeit und Ort, Ursache und Wirkung weit auseinander. Selbst wenn ich weiß, dass ich mit einer Autofahrt zusätzliche Treibhausgase in die Atmosphäre einbringe, stehen diesem Wissen meine Erfahrungen entgegen. Ich kann nicht sehen, wie mein konkretes Handeln mit dem gesamten Klimasystem verbunden ist, wie also etwa eine Autofahrt mit dem Meeresspiegelanstieg an den Küsten, der Flut im Ahrtal oder dem Abschmelzen der Pole zusammenhängt. Eine solche Vorstellung erscheint geradezu lächerlich. Selbst wenn ich weiß, dass der Lebensstil der Industrienationen die Ursache für das Problem ist, bleibt dieses Wissen ungreifbar und abstrakt. Dies sind weitere Gründe, die eine angemessene Wahrnehmung der Risiken einer globalen Erwärmung auch »nur« um 1,5 Grad behindern.

Fazit: Alle Klimawahrnehmungen zulassen

Es stellt sich immer noch die Frage, wer sich als Augenzeuge oder Augenzeugin des Klimawandels bezeichnen darf. Nur die Wissenschaftler:innen, die auf Daten, Karten und Kurven verweisen, oder auch die Förster:innen, Landwirt:innen und Gärtner:innen, die den Wandel der Landschaften in ihrer Arbeit direkt erleben wie die Bewohner:innen der arktischen Länder oder von Küstenregionen? Die physikalische und stochastische Erkenntnis, also die wissenschaftliche Form der Zahlen und Kurven, *und* die eigenen Erfahrungen der Realität – beides sind Wahrheitsformen, die im Sprechen über den Klimawandel ihre Berechtigung haben.

Die unbeabsichtigte Abwertung nicht-wissenschaftlicher Erkenntnis entstand auch in Zusammenhang mit der These von den »zwei Kulturen«, wie sie der Wissenschaftler und Autor C. P. Snow Ende der 1950er Jahre aufbrachte. Er kritisierte damals zwei diametral entgegengesetzte Denkformen. Auf der einen Seite stehen die geisteswissenschaftlichen und philosophischen Denkformen, auf der anderen die naturwissenschaftlich-technischen. Kulturelle Erklärungen, Erfahrungen und Erzählungen treffen also auf die formale Struktur der wissenschaftlichen Erklärung. Der Klimadiskurs ist von naturwissenschaftlichen, soziologischen, politischen und ökonomischen Erklärungen bestimmt, kulturelle Deutungen gehören selten dazu. Um zu einem anderen Sprechen über die globale Erwärmung zu gelangen, müssen diese Denkformen jedoch in einen Dialog treten. Ein Weg zu diesem Dialog verläuft über die Wahrnehmung.

Dies steht zur Debatte: Wer darauf beharrt, dass allein die Klimaforschung mit ihren wissenschaftlichen Methoden und Instrumenten den Klimawandel wahrnehmen kann, traut der Wahrnehmung der Menschen nicht genug zu. Doch erst mit der sensibilisierten Wahrnehmung aller lässt sich zum Handeln kommen. Zugleich gibt uns die Wahrnehmung allein, also ohne weitere Kenntnisse über die Zusammenhänge, keine ausreichende Orientierung. Deshalb ist es für alle Menschen in Wissensgesellschaften unerlässlich, sich verantwortungsbewusst zu informieren, also etwa den Unterschied von Wetter und Klima zu kennen. Denn wer im Parlament mitentscheidet, ist verpflichtet, sich zu informieren, das Ideal in Demokratien besteht sogar darin, dass dies alle tun, die an politischen Wahlen teilnehmen.

Ich möchte an dieser Stelle für beides werben – für das wissenschaftliche Wissen um konkrete Zusammenhänge von Wetter und Klimawandel und für die Möglichkeit, als vorurteilsfreier Mensch die eigenen Wahrnehmungen von Wetter und Klimawandelfolgen in diesem Rahmen behandeln zu dürfen. Ich werbe dafür, das Sprechen nicht den Expert:innen mit ihrer notwendigerweise abstrakten Sprache der Naturwissenschaft und ihren Zahlen allein zu überlassen. Wir brauchen eine neue Phänomenologie des Klimawandels, die die verschiedenen Wahrnehmungen, seien sie wissenschaftlich oder kulturell, verbindet. Die subjektiven Wahrnehmungen sind berechtigt, auch wenn sie einer objektivierenden wissenschaftlichen Definition nicht genügen. Wir können sogar noch weiter gehen und den Anthropozentrismus umkehren, also die menschliche Wahrnehmung nicht zum Ausgangspunkt nehmen – wie ich es im Verlauf dieses Kapitels mit dem Blick auf Bäume, Zugvögel und Blüten sowie mit der Idee von Bruno Latours »Parlament der Dinge« angedeutet habe. Denn auch andere Lebewesen wie Pflanzen, Pilze oder Tiere erleben die Folgen des Klimawandels. Unsere Beobachtungen können diese anderen Lebensformen zum Sprechen bringen, so dass sie nicht nur passiv und stumm sind; auch durch sie können wir uns einen Reim machen auf das, was gerade geschieht. Ein solcher Perspektivwechsel bietet große Chancen für neue Vorstellungen.

2. Das Klimawissen fühlen

Von heiter bis trüb

Das Wetter ist deine Stimmung und das Klima ist deine Persönlichkeit. Mit dieser Analogie möchten Meteorolog:innen und Klimatolog:innen den Unterschied von Klima und Wetter vorstellbar machen. Atmosphäre und Klima, Stimmungen und Gefühle liegen in ihrer Bedeutung nah beieinander. Die Analogie von Wetter und Stimmung gründet auf der Annahme, dass von Gefühlen geprägte Gemütsverfassungen eng mit dem Wetter verbunden sind. Denn in der Erfahrung verwischen die Grenzen zwischen unserer emotionalen Innenwelt und der Welt draußen immer wieder. Wir beschreiben Gefühle als »stürmisch« oder »aufbrausend«, als wären sie Wetterlagen, und sprechen über das Wetter in Begriffen, die auch Gefühle beschreiben könnten, wie »heiter« oder »trüb«. Atmosphären werden zu Stimmungen, aber auch das Klima in seiner Bedeutung als Atmosphäre – wie in »Klima der Angst« – meint gleichzeitig Wetter- und Stimmungslage. Wie das Wetter erscheinen bestimmte Gefühle und Stimmungen oftmals unausweichlich, eine Gefühlslage ergreift uns nicht selten wie eine Wetterlage. Die Meteorologie der Gefühle gehört zum verkörperten Wissen, zu alltäglich gefühlten Gewissheiten.

Schriftsteller:innen und Filmschaffende haben diese Zusammenhänge verinnerlicht, für sie gehört das Wetter wie eine Kulisse zur Bühne menschlicher Schicksale. Gefühle werden mitunter direkt in Wetter übersetzt, wenn etwa bei Abschiedsszenen oder an dramatischen Wendepunkten starker Regenfall oder ein tosendes Gewitter einsetzen oder wenn eine sengend strahlende Sonne die Anspannung steigert. In Zeiten spürbarer globaler Erwärmung bekommt dieses Verhältnis jedoch eine neue Spannung, gänzlich neue Beziehungen zwischen Fühlen und Wetter werden erzwungen. Wenn sich das Wetter aufgrund der Erderhitzung so stark verändert, dass es sich nicht mehr normal, also im Rahmen unserer Erwartungen verhält, kippt bei vielen die Stimmung in »Klimaangst«.

Das Scheitern der Vorstellungskraft

Als ich begann, mir die wissenschaftlichen Bilder vom Klimawandel seit den ersten Klimaberichten anzuschauen, stieß ich bald auf einen großen Widerspruch. Auch wenn diese Bilder von Temperaturanstiegen und Meereisrückgang alles zu zeigen scheinen, was wir über die Klimazukunft wissen können, sprengen sie unsere Vorstellungskraft. Die akribisch zusammengetragenen Berichte des Weltklimarats, dicker als früher die Telefonbücher von Großstädten, sind inzwischen zu einem Daumenkino ansteigender roter Kurven und immer röter schattierten Weltkarten angewachsen. Die farbigen Kurven übersteigen unser Imaginationsvermögen, sie sind als Ereignis zu groß und zu maßlos, um erfasst und begriffen zu werden. Auch in den erfolgreichsten Bildern, die uns den Wandel des Klimas besonders eindrucksvoll zeigen, klafft eine Lücke, tut sich ein Abgrund auf. Zu diesen Bildern gehören die *Climate Stripes*, die die jährlichen Durchschnittstemperaturen seit Beginn der Messungen im eindrücklichen Streifendesign in roten und blauen Farben zeigen, oder die Grafik der *Planetarischen Belastungsgrenzen*. Sie veranschaulicht in einem kreisförmigen Diagramm für neun Bereiche, wo menschliche Eingriffe ökologische Grenzen bereits erreicht oder überschritten haben wie beim Artensterben, beim Stickstoffkreislauf und beim Klimawandel. Die Botschaft ist so identitätserschütternd, dass sie in ihrer überbordenden Bedeutung dennoch bedeutungslos bleibt. Derartige Eindrücke sind nicht mehr erhaben, wie Friedrich Schiller »das peinliche Gefühl der Grenzen unserer Phantasie« angesichts einer übermächtigen Natur nannte, sondern »überschwellig«. Mit diesem Wort beschrieb der Philosoph Günther Anders den Zustand, in dem menschengemachte Ereignisse jenseits der Grenzen liegen, die sich fühlen lassen – als Pendant zum Unterschwelligen. Das Überschwellige hat sich gegenwärtig mit zahlreichen Ereignissen und neuen Rekordwerten verbunden, es geht einher mit der neuen Normalität der Anomalie. Dies gilt nicht nur für die abstrakten Bilder, sondern auch für Bilder der Klimawandelfolgen wie Fluten und Waldbränden von monströsem Ausmaß, die inzwischen jeder in seinem Kopf mit sich trägt. Wenn wir diese Bilder immer wieder sehen, werden sie zudem transparent, wir stumpfen ab und schauen durch sie hindurch, irgendwann erreichen sie uns weder visuell noch mental, sie werden, wie die *Climate Stripes*, zu einem Logo und Emblem, das sich auf Tassen drucken lässt und zu dem es inzwischen Stricksets für Schals aus Wolle gibt.[1]

Bei dem in der Einleitung erwähnten Gespräch, das ich mit Freunden über die globale Erwärmung führte, hatte ich von einem neuen Rekord gesprochen – dem wärmsten Silvestertag in Deutschland seit Beginn der Wetteraufzeichnungen. Ich nannte eine Zahl, aber der Auslöser war letztlich mein Gefühl großer Verunsicherung in einem Winter, der sich erneut zu warm anfühlte. Ich selbst sprach damals gar nicht über meine Gefühle, sondern wiederholte nur hilflos die Statistik aus den Nachrichten. Unser Gespräch verebbte bald. Wir waren gleichzeitig betroffen und überfordert.

Kartografierte Gefahr

Um dieses Paradox besser zu verstehen, habe ich mich damit beschäftigt, wie auch Gefühle unsere Vorstellungen vom Gang der Welt in der gegenwärtigen ökologischen Krise leiten und beeinflussen. Denn es ist weniger die rationale als die emotionale Imaginationskraft, die am Klimawandel scheitert. Dazu habe ich zunächst mit Thomas Nocke vom Potsdamer Institut für Klimafolgenforschung eine zentrale Karte für die politischen Entscheidungsträger aus dem IPCC[2]-Weltklimabericht von 2013 farblich verändert, um den Zusammenhang von Farben und ihrer Wirkung im Falle der globalen Erwärmung besser zu verstehen. Die Weltkarte zeigt in einem Spektrum von Blau, Gelb, Orange, Rot und Magenta die Erwärmungen, die im Zeitraum von 1901 bis 2013 bereits in verschiedenen Regionen der Erde messbar waren. Sie stellt also in Farben dar, wie sehr sich der Erwärmungstrend schon in der Gegenwart ablesen lässt. Die Karte ist bereits so rot wie ein glühendes Stück Kohle. Blaue Stellen gibt es fast keine. Insbesondere die Farbe Magenta, die sich leuchtend über den Polen ausbreitete, gibt der Karte eine große Dringlichkeit. Diese Farbe ist das Symbol der Anomalie, der neuen Normalität ansteigender Temperaturen. In meteorologischen und klimatischen Karten hat sie spätestens seit 2013 Einzug gehalten, weil die Temperaturen in Zentralaustralien damals so sehr anstiegen, dass sie in den traditionellen Farbcodes des dortigen Wetterbüros nicht mehr darstellbar waren. Der Messwert betrug erstmals 54 Grad Celsius und lag jenseits des Farbspektrums, das über einhundert Jahre ausreichend gewesen war.

Wir nahmen diese Karte und veränderten das Farbspektrum. Wir wählten andere Rottöne, die weniger grell waren. Wir nutzten aber auch kontra-intuitive Farben wie Verläufe von Rosa nach Grün und von Blau nach Schwarz, um zu erfahren, wie dies die Botschaft der Karte verändert, auch wenn die Aussage auf der Ebene der Daten dieselbe bleibt. Anschließend befragten wir etwa zwanzig Personen unterschiedlichen Alters und Berufs nach ihren Eindrücken. Welche Karte war die informativste? Welche würden sie nutzen, um Politiker von der Dringlichkeit des Problems zu überzeugen?[3]

Mich interessierten die Antworten auf jene Fragen am meisten, die wir zur Originalkarte des IPCC-Berichts stellten. Auf die Frage, welche Emotionen das Bild in ihnen hervorruft, antworteten unsere Gesprächspartner:innen mit »desillusionierend« und »demotivierend«, aber auch mit »kein Gefühl« und »Alarm« oder »alarmistisch«. Fragten wir nach den Assoziationen, die sich bei der Betrachtung des Bildes einstellen, fielen Antworten wie »eine unumkehrbare, bedrohliche Entwicklung«, »die Erde wirkt hier bizarr und so, als würde sie verrotten«, »es ist zu spät zum Handeln«, »wir werden alle sterben«. Aber auch Assoziationen wie »Feuer«, »Hitze«, »Trockenheit«, »gefangen in der Hitze«, »überkochen«, »fatal und tödlich«, »extreme Hitze«, und der Eindruck einer globalen »Versteppung« wurden genannt. Ein Gesprächspartner hatte Assoziationen zu Karten, die die radioaktive Verseuchung um Tschernobyl in ähnlichen Farben angezeigt hatten. Auf die Frage, welche Karte sie nutzen würden, um politische Entscheidungsträger von der Dringlichkeit des Problems zu überzeugen, wählte die Mehrheit die Originalkarte vom IPCC, da sie die Anomalie der Entwicklungen am deutlichsten zeige.

Uns wurde klar, wie sehr die Karte die Gemüter erhitzte, obgleich sie ein eigentlich neutrales Farbschema auf ansteigende Temperaturen anwendete, das seit mehr als 200 Jahren gleichermaßen in den Naturwissenschaften wie in der Kartografie gilt. Um warme und kalte Temperaturen auf einen Blick zu unterscheiden, sind Rot und Blau die naheliegenden Farben.[4]

Wie die Reaktionen auf die wissenschaftlich-objektive Klimakarte zeigen, lässt sich die Frage *Was können wir wissen?* nur bedingt isoliert betrachten. Es ist menschlich, dieses Wissen mit Hoffnungen und Ängsten, also mit Gefühlen, zu verbinden, wenn derartige Karten nicht den Mars, sondern die Grundlage unseres Lebens betreffen.

Jeder weiß, worin ein Umweltbewusstsein besteht. In seinem Zentrum liegen das Wissen und die Sorge um ökologische Zusammenhänge und ihre Zerstörung. Wenn wir im Wald spazieren gehen und eine alte Autobatterie zwischen den Bäumen liegen sehen, begreifen wir, dass sie dort nicht hingehört und der Natur schadet. Verwandt damit ist das Klimabewusstsein. Das Klimabewusstsein der meisten Menschen in Deutschland hat sich zunächst nicht durch eigene Erfahrungen herausgebildet. Es hat sich vielmehr auf den Ebenen des Symbolischen, Sozialen und Kulturellen entwickelt. Wie ich den Klimawandel wahrnehme, steht in enger Verbindung mit Gewohnheiten, Denkweisen und Überzeugungen. Zum Klimabewusstsein gehört deshalb nicht nur das Wissen um Treibhauseffekt, Klimagase, Klimaschutzabkommen und Kipppunkte, sondern auch die Palette menschlicher Gefühle wie Sorge, Angst, Schuld, Scham, Hoffnung, Stolz, Trauer oder Wut.

Gerade die starken negativen Gefühle machen uns stumm. Das Unvermögen, die Klimakrise angemessen denken und fühlen zu können, hat maßgeblich damit zu tun, dass der Klimawandel menschengemacht ist. Unsere eigene Beteiligung, also die von Industriegesellschaften wie Deutschland, und die vernetzte Komplexität der globalen Erwärmung mit all ihren Folgefolgen ist es, die zur Unfassbarkeit und Unvorstellbarkeit führen. Dass »wir selbst die Hand sind, die uns in Richtung des Abgrunds schiebt«,[5] lässt viele trotz der vielen gelungenen Bilder, Beschreibungen und Szenarien verstummen. Und dies nicht aus Ignoranz, sondern weil unsere Gefühle es nicht schaffen, auf diese Vorstellungen zu reagieren.

In der wissenschaftlichen Kommunikation haben Gefühle keinen Platz

Bei einer Open Space Conference im Jahr 2011 machte der Klimaforscher Hans Joachim Schellnhuber in einem Nebensatz eine denkwürdige Bemerkung. Die Konferenz hatte Künstler:innen, Kulturwissenschaftler:innen, Kulturschaffende und Klimaforscher:innen zu einem offenen Gespräch am Institut für Klimafolgenforschung in Potsdam zusammengebracht. Versammlungsraum war der große Refraktor, eine riesige Kuppel aus dem 19. Jahrhundert, deren Dach man in sternklaren Nächten öffnen kann, um durch ein gigantisches Teleskop die Unendlichkeit des Himmels zu bewundern. Schellnhuber sagte damals, man bräuchte eine Ausstellung über die schlimmsten Albträume der Klimaforscher. Denn die neutrale Sprache des wissenschaftlichen Schreibens böte ihnen keinen Platz.

An diesen Satz muss ich seither immer wieder denken, weil er den Zusammenhang von Wissen und Fühlen, aber auch den Widerspruch zwischen beiden Bereichen fasst. Diese Unstimmigkeit ist vermutlich allen Klimaforscher:innen bekannt. Bereits nach seinen Eindrücken des politisch so erfolglosen Klimagipfels COP15 (Conference of the Parties) in Kopenhagen im Jahr 2009 hatte Schellnhuber den Begriff »tragischer Triumph« ins Spiel gebracht. Der Triumph bestand darin, dass die Wissenschaft die vom Menschen verursachte Erderwärmung und den dringenden Handlungsbedarf erfolgreich diagnostiziert. Aber ihre überzeugenden Erkenntnisse wurden von der Politik ignoriert oder nicht geglaubt; wirksame Konsequenzen wurden tragischerweise nicht gezogen. Auch in einem Gemeinschaftsartikel, den Schellnhuber mit Kolleg:innen unter dem Titel *The Challenge of a 4° World by 2100* 2016 publizierte, versuchten die Autor:innen, die Pole von Wissen, Ängsten, Hoffnungen und Imaginationen zu verbinden. Eine »4°-Welt« ist eine Welt, deren durchschnittliche Temperatur nicht nur um 1,5 Grad, sondern um 4 Grad angestiegen ist. Die Folgen wären um ein Vielfaches katastrophaler. »Die Auswirkungen nichtlinearer Folgen und ihre ungleiche Verteilung werden sich wahrscheinlich negativ auf die Stabilität und das Wohlergehen unserer Gesellschaften auswirken und hoffentlich nie eintreten. Wenn wir jedoch die mit einer 4°C-Welt verbundenen Herausforderungen verstehen wollen, müssen wir uns eine solche Welt vorstellen.«[6] Schellnhubers Bemerkung verdeutlicht, dass der simple und inzwischen von allen Klimakommunikator:innen wie ein Mantra wiederholte Ratschlag *Verzichte auf Weltuntergangsnarrative* zu kurz greift, wenn man selbst jeden Tag aus Berufsgründen derartige Narrative in Form von Szenarien erforschen und beschreiben muss – in neutraler und kühl begründender Wissenschaftssprache.

Idealerweise nimmt die Wissenschaft die Rolle der nüchternen, neutralen Beobachterin ein. Ihr Prinzip ist Objektivität, nicht Subjektivität. Ihre Sprache ist rational und abstrakt, Emotionen haben in wissenschaftlichen Darstellungen keinen Platz. Die Fähigkeit kühl zu bleiben gilt für Wissenschaftler:innen als notwendige Tugend, sie ist die Basis für die Glaubwürdigkeit von Wissenschaft, dies hat die Wissenschaftstheorie umfassend erforscht.[7] Klimaforscher:innen gelangen in ihrer Forschung jedoch immer wieder an emotionale Grenzen, denn die Erkenntnis eines drohenden Klimakollaps' oder Kipppunktes ist nicht einfach nur wissenschaftlich faszinierend. Sie löst gleichzeitig Sorge oder sogar Entsetzen aus, weil es in den Forschungen um die eigene Zukunft geht.

Dass Wissenschaftler:innen lernen, diese Haltungen zu trennen, ist bemerkenswert. Bemerkenswert ist aber auch, dass die Vorstellung von emotional involvierten Wissenschaftler:innen diese sogleich angreifbar macht. Das liegt daran, dass wir gewohnt sind, das Irrationale vom Rationalen klar abzusetzen, also Intellekt und Vernunft vom Körper mit seinen unberechenbaren Affekten zu trennen. Je stärker die

Gefühle, desto irrationaler handelt jemand, so die verbreitete Sicht in Kulturen, die das Emotionale abwerten. Dabei fallen zwei Dinge auf: Bereits im alten Klimadeterminismus, also jener Kulturtheorie, die die Unterschiede von Gesellschaften aus geografischen und klimatischen Bedingungen ableitete, wurde Rationalität für die gemäßigten Klimazonen behauptet, während die Einwohner:innen der tropischen Zonen aufgrund der Hitze als gefühlsgesteuert und deshalb irrational beschrieben wurden (siehe Kapitel 4). Diese Zuschreibung geht konform mit der traditionellen Vorstellung von Rationalität und Kühle als männlichen Eigenschaften, die zu weiblichen Eigenschaften im Gegensatz stehen. Zu den Folgen dieser generellen Fehlannahme schrieb der portugiesische Neurowissenschaftler António Damásio bereits 1990 das Buch *Descartes' Irrtum*. Darin legte er dar, wie Gefühle ganz wesentlich an allen unseren rationalen Entscheidungen teilhaben, dass mithin im Gegenteil das Rationale gar nicht ohne Gefühle auskommt. Das bedeutet im Umkehrschluss jedoch nicht, die Wissenschaft zu relativieren.

Der australische Wissenschaftsvermittler Joe Duggan stellte 2014 und 2015 Klimaforscher:innen die Frage: »Welche Gefühle löst der Klimawandel in Ihnen aus?« Die Antworten veröffentlichte er auf der Website *Is this How You Feel?*[8] Er bat alle Teilnehmenden, ihre Gedanken in Form eines handschriftlich verfassten Briefes festzuhalten. 2020 wiederholte er die Fragen. Ihren Antwortbrief begann die Klimaforscherin und Professorin Katrin Meissner mit einer Auflistung der Bedrohungslage, die einem die Luft abschnüren kann. Sie endete mit den Worten: »Ich bin immer noch sehr besorgt. Ich bin auch zutiefst traurig. Ich bin wahrscheinlich noch trauriger als vor fünf Jahren. Ich fühle mich machtlos und bis zu einem gewissen Grad schuldig. Ich habe das Gefühl, dass ich meine Pflicht als Bürgerin und als Mutter nicht erfüllt habe, weil ich nicht in der Lage war, die Dringlichkeit der Situation so gut zu vermitteln, dass rechtzeitig sinnvolle Maßnahmen eingeleitet werden konnten.«[9]

Doch knüpfte sie auch Hoffnungen an die Veränderungen, die Fridays for Future ausgelöst haben.

Von den Zahlen zu den Gefühlen

Schulkinder lernen in Deutschland bereits in der Grundschule und noch einmal in der 8. Klasse, wie der Treibhauseffekt und der anthropogene Klimawandel funktionieren. Während ich mit meinem Sohn den Stoff durchging, wurde er immer wütender. Er fasste eine Kurvengrafik ansteigender Temperaturen und Emissionen mit dem Satz zusammen: »Dann sind wir also am Arsch.« Er suchte seine eigene Lebenszeit auf dem Zeitstrahl im Schulbuch, der die ansteigenden Kurven erbarmungslos bis ins Jahr 2100 zeichnete. Würde er die schlimmsten Auswirkungen selbst erleben? Dann schlussfolgerte er, dass es keinen Sinn ergeben würde, wenn ein Einzelner etwas täte, denn der sei ja viel zu klein. Und er fragte, wieso niemand die Entwicklung aufhalte. Es war frappierend zu sehen, wie ein Kind, das bislang nur recht nebulös von diesen Dingen wusste, innerhalb von wenigen Momenten die Zahlen mit sich selbst und der Politik verband.

Bis heute meinen viele, dass das Problem der Klimawandelkommunikation darin liege, dass die Menschen die Zusammenhänge noch nicht gut genug verstanden hätten. Klimawandel wird in erster Linie in Form von wissenschaftlichen Konzepten wie Extremwetter, Kipppunkten, Meereisrückgang, Erwärmung, Meeresspiegelanstieg, Energietechnologien, CO_2-Emissionen und sozialem Verhalten erzählt. In der Regel dominieren Zahlen. Oftmals erfolgt Wissenschaftskommunikation nach dem »information deficit model«. Seine Grundannahme besteht darin, dass es den Menschen an Wissen fehlt, um die Klimarealität zu erkennen. Diesem Grundsatz folgend, erklären Expert:innen den Laien, was sie wissen müssen, um mitreden zu können. Große Teile der Klimawandelkommunikation sind nach diesem Modell gestaltet. Der Ansatz wiederholt sich in vielen Unterhaltungen auf persönlicher Ebene. Wir sprechen über das Thema entweder wie kühle naturwissenschaftliche Beobachter oder wie Energiewendeexpertinnen. Auch wenn wir über soziales Verhalten reden, stützen wir uns auf Zahlen. Ein anderes Sprechen scheint unglaubwürdig oder unangemessen in einer Wissensgesellschaft zu sein.

Auch viele Bücher zum Thema folgen immer noch dieser Perspektive, Gefühle kommen hier nicht vor. Sie erläutern ausführlich das naturwissenschaftliche Wissen. Der Blickwinkel des kühlen Beobachters mit technischen Lösungen allein wird aber unserer Rolle als Menschen in dieser Welt nicht gerecht. Zudem lässt uns dieser Blickwinkel mit den Emotionen allein, mit denen wir die Informationen verarbeiten. Emotionen eröffnen jedoch andere Arten des Sprechens. Dabei geht es mir nicht darum, das wissenschaftliche Sprechen zu übertönen, das eine gegen das andere auszuspielen oder zu ersetzen. Mir geht es um ein Plädoyer dafür, die Gefühle ernst zu nehmen, die sich mit den wissenschaftlichen Erkenntnissen verbinden und auf diese Weise eine Sprache zu finden, in der über Klimawandel und ökologische Krisen umfassend kommuniziert werden kann. Denn Gefühle sind essentiell, wenn es darum geht, zu verstehen, welche Bedürfnisse und Wünsche wir haben. Sie geben aber auch Aufschluss darüber, was uns hindert, unsere Wünsche zu verfolgen. Angesichts der ökologischen Problemlagen müssen wir uns endlich mehr mit den Gefühlen auseinandersetzen, um neue Bereiche der Imagination zu öffnen. Diesen Schritt erachte ich als essentiell, um den Mut aufzubringen, den Anfang der neuen Welt zu denken, die der Klimawandel bereits heute in seinen Auswirkungen andeutet.

Publikationen, die über den Ansatz des »information deficit model« hinausgehen, stellen die Frage, wie sich über den Klimawandel auf allen Ebenen der Gesellschaft in einer Weise sprechen lässt, dass das Thema für möglichst viele nicht nur abstrakt bedeutsam wird. Zu nennen ist hier zunächst das Buch *Talking Climate* (2017) von Adam Corner und Jamie Clark. Die Autoren sind seit vielen Jahren für das britische Climate Outreach tätig, eine Institution, die sich mit der Vermittlung des Klimawandels an die Öffentlichkeit und klimabewusstem Handeln befasst. Clark und Corner richten die Frage *Wie können wir über den Klimawandel sprechen?* vor allem an Personen, die sich beruflich mit der Vermittlung von Klimawandelfragen beschäftigen. Weiterhin erschien in deutscher Sprache, angelehnt an diesen Titel, das Handbuch *Über Klima sprechen* von klimafakten.de (2021). Auch diese Publikation ist insbesondere für Menschen verfasst, die als Kommunikator:innen, Lehrer:innen oder Kampagnenmacher:innen versuchen, das Thema wirksam und effizient zu vermitteln. In den letzten Jahren wurden vor allem im angelsächsischen Raum mehrere Publikationen mit ähnlicher Ausrichtung veröffentlicht, wobei diese nicht mehr allein auf Kampagnenmacher:innen und Wissenschaftsvermittler:innen zielen. Zu nennen ist hier das Buch der US-amerikanischen Klimaforscherin Katherina Hayhoes *Saving Us. A Climate Scientist's Case for Hope and Healing in Divided World* (2021), das ebenfalls den Dialog als Schlüssel für alle weiteren Schritte sieht. Oder ein Titel der australischen Soziologin Rebecca Huntley: *How to talk about climate change in a way that makes a difference* (2020).

In diesen Publikationen werden soziologische, kommunikationswissenschaftliche und psychologische Studien zusammengeführt, die bewerten, wie wirksam verschiedene Ansätze der Klimawandelkommunikation sind. »Wirksam« meint hierbei meist die Umstellung von Gewohnheiten und Verhalten oder die Veränderung von Einstellungen sowie die Anregung zu Engagement. Die Frage lautet häufig: Wie kann man Menschen effizient aufklären und sie dazu bringen, klimafreundlich zu handeln? Auch hier treffen wir auf eine Ambivalenz, die sich nicht auflösen lässt. Denn die Suche nach »wirksamen« Bildern und Narrativen und die Erwartung von Patentrezepten für eine effektive Umweltkommunikation wird an viele Forscher:innen herangetragen. Doch diese Erwartung lässt mitunter eine Nähe zu Strategien des Marketing und der Meinungsmache erkennen. Also zur Idee eines »Social Engineering«, das eine Form der angewandten Sozialwissenschaft zur gezielten Beeinflussung der Gesellschaft durch Kommunikation darstellt, wie sie auch die Werbung nutzt. Auf diese Tendenzen ist mit Bedacht zu blicken, weil es nicht darum gehen kann, *eine* Geschichte, *ein* Bild und *ein* Narrativ als Lösung für alle zu finden. Wer neue Narrative für die Gesellschaft sucht, sollte hier Vorsicht walten lassen.

Erschwerend kommt für die Klimawandelkommunikation ein allgemeines Unwohlsein hinzu. Es betrifft Eindrücke im Alltag, die immer weniger zum Wissen um die Klimakrise passen. Denn mit der Erkenntnis des anthropogenen Klimawandels kam auch die Erkenntnis, dass unser CO_2-intensiver und naturverbrauchender Lebensstil sich nicht mit einer gesunden Umwelt vereinen lässt, die unsere Existenz langfristig sichert. Das Wissen widerspricht unserem Handeln, gleichzeitig drängt es uns in eine moralische Position. Dabei versuche ich, meine Gefühle als Kulturwissenschaftlerin zu deuten, die mit ihrem Fach allein nicht mehr weiterkommt. Das jedoch ist eine Erfahrung, die wohl für alle gilt, die sich mit dem Klimawandel beschäftigen. Denn dieser sprengt die Fächergrenzen und verlangt deshalb ein transdisziplinäres Denken.

Dissonanzerlebnisse im Alltag

Es sind vielfältige Widersprüche, die unser Leben prägen, im Kleinen ebenso wie in der großen Politik. So wollen wir unseren Kindern die Welt zeigen, doch ist Fliegen einer der größten Faktoren steigender CO_2-Emmissionen. Wir wissen, dass Fleisch ein großer Klimatreiber ist, gleichzeitig ist Fleisch im traditionellen Fleischland Deutschland billiger als vieles Gemüse. Wir schätzen die Vielfalt der Natur und leben diese Liebe aus, indem wir mit viel Sprit an Orte fahren, die uns diese Liebe erleben lassen. Unsere eigenen Gärten wiederum bepflanzen wir mit pflegeleichten Monokulturen, durstigem Rasen und insektenunfreundlichen Arten. Oder wir versiegeln sie komplett. Einkaufen ohne Berge an Verpackungen zu verursachen, ist ohne erheblichen Mehraufwand nicht möglich. Förderprogramme und Pendlerpauschalen begünstigen weiterhin das Einfamilienhaus und den Privat-PKW.

Alles passt immer weniger zusammen. Selbstverständlichkeiten »sind inzwischen potenziell mit Dissonanz ›kontaminiert‹«, wie der Psychologe David Hiss schreibt. Die Klimakrise habe »die Dissonanz unweigerlich in unser Leben integriert.«[10] Wie beim Erklingen eines bedrohlichen, dissonanten Akkords wird die Wahrnehmung immer wieder durchkreuzt. Wir leben in einer absurden Welt, der wir nicht entkommen können.

Das Konzept der »kognitiven Dissonanz«, wie es im Fachjargon heißt, stammt ursprünglich aus der Sozialpsychologie, so Hiss weiter. Wer Dissonanz empfindet, gerät in einen Gefühlszustand des Unwohlseins. Weil dieser Zustand belastend ist, möchten wir das Gefühl reduzieren. Um die Dissonanz aufzulösen, gibt es zwei gegensätzliche Wege. Beide sind mühselig. Entweder wir reduzieren die Dissonanz durch die Änderung unseres eigenen Verhaltens, indem wir etwa auf Flugreisen verzichten oder unseren Konsum einschränken. Die gegensätzliche Strategie besteht in der Änderung des Denkens. Indem ich meine Haltung anpasse, mich etwa der Auffassung anschließe, dass der Markt oder die Technik eine Lösung bringen wird oder aber der menschengemachte Klimawandel gar nicht existiert, erscheint das Problem nicht mehr als Problem und ich kann den Missklang auflösen. Die Dissonanz wird auf diese Weise leiser oder verwandelt sich sogar in einen entspannenden Wohlklang.

Viele leiden unter den täglich erfahrenen Unstimmigkeiten. Sei es, dass sie diese am eigenen Lebensstil beobachten, sei es, dass sie das CO_2-intensive Verhalten ihrer Nachbarn, Familien oder Freunde erleben. Das Thema greift tief in das persönliche Leben ein. Selbst Urlaubserzählungen sind nicht mehr harmlos, wenn jemand Fotos seines Winterurlaubs auf einer fernen, warmen Insel zeigt oder die Großeltern von ihrer geplanten Kreuzfahrt berichten. Derartige Freizeitbeschäftigungen wirken für viele inzwischen egoistisch und maßlos. Die Freude an ihnen kann man nicht mehr uneingeschränkt teilen.

Äußerst widersprüchlich ist auch die Werbung, die täglich um unsere Aufmerksamkeit im öffentlichen Raum, in Zeitungen und Zeitschriften, dem Fernsehen und auf unseren Computerbildschirmen buhlt. Inzwischen präsentieren sich so gut wie alle Autokonzerne als »besonders umweltfreundlich«. Sie plakatieren insbesondere ihre hybriden und elektrischen Flotten großformatig mit Slogans wie »Wir bringen die Zukunft in Serie«, um sich als nachhaltige Konzerne zu präsentieren. Oder sie beschönigen den »geringen Ausstoß an Emissionen«, wie zum Beispiel Fiat bei seinem SUV-Modell 500X. Den eigentlichen Gewinn machen die Konzerne jedoch nach wie vor mit ihren immer schwereren Benzinfahrzeugen. Von den rund 67 Millionen Autos in Deutschland waren 2021 nur 600.000 batteriebetriebene E-Autos, also rund 1,3 Prozent.[11] Dies ist die derzeit magere Wirklichkeit der Elektromobilität. Unternehmen nutzen aber die Strategie des Pars pro Toto: Sie greifen umweltfreundliche Technologien aus ihrem Sortiment heraus, die allerdings nur für einen Bruchteil ihres Umsatzes stehen, und werben mit diesem verzerrenden Ausschnitt.

Zum Emblem der Dissonanz sind SUVs geworden. Die raumgreifenden Karosserien lösen bei Klimabewussten besonders starkes Unwohlsein aus, weil sie in fast jeder Straße erleben lassen, wie viele Menschen ihr Handeln weiterhin auf Wachstum ausrichten. Rund 4,8 Millionen

SUVs und Geländewägen waren Ende 2021 zugelassen, sie machen inzwischen 36 Prozent der Neuzulassungen aus.[12] Die Wagen, die nicht mehr nur 170 Zentimeter, sondern über 200 Zentimeter breit sind und maximale Sicherheit für die Insassen bieten, sind vielfach zum Symbol der »Klimaschuld« geworden. Es ist, als würden die SUVs mit durchgedrücktem Pedal in die Welt der rot ansteigenden Weiter-so-Emissions-Szenarien fahren, während nur wenige auf den absteigenden Weg der blauen Kurven einbiegen.

Aus eigener Erfahrung weiß ich, dass Green Washing in der Werbung nicht immer ein kühl geplanter Schachzug ist, der von einer Gruppe Meinungsmacher vom Typ *Dr Evil* im vollen Bewusstsein geplant wird, um Menschen zum Narren zu halten und damit Geld zu verdienen. Bei meiner Mitarbeit an einer Ausstellung über nachhaltige Entwicklung für einen großen deutschen Konzern stellte ich fest, dass die Beteiligten von Seiten der Auftraggeber fest daran glaubten, dass sich ihr Konzern auf dem Weg in eine grüne, fossilfreie Welt bewege und zu dieser Entwicklung einen wichtigen Beitrag leiste – obgleich die Realität der jährlichen Absätze zeigte, dass diese Annahme nicht stimmte. Und selbst wenn die Kampagnenplaner:innen ihre eigene Moral in ihrer Arbeit ausklammern, um die Widersprüche zu ertragen, bleibt die Werbung ein Spiegel gesellschaftlicher Wünsche. Die Kampagnen formen das Zukunftsbild, das wir sehen möchten. Sie zeichnen zum Beispiel eine Mobilität, die zwar aussieht wie immer, aber wie durch einen Zaubertrick unter den Motorhauben klimaneutral geworden ist.

Neben individuellen Alltagserfahrungen werden auch auf der Ebene der Politik große Dissonanzen augenfällig. Regierungen bekennen sich zur Klimaschutzpolitik, während die Infrastruktur weiterhin für Fossilgesellschaften geplant wird. Flughäfen und Autobahnen werden ungebremst weiter ausgebaut und Wälder dafür gerodet. Derzeit befinden sich weltweit über eintausend neue Kohlekraftwerke in Planung. *Eintausend.* Kerosin ist in Deutschland und anderswo weiterhin energiesteuerfrei. Die Versiegelung der Böden schreitet voran, die durchlässige und grüne Schwammstadt ist immer noch nicht das Normale. Durch die Digitalisierung verbrauchen wir immer mehr Energie, aber die Energiepreise dürfen nicht steigen. Einsparungen werden fast nirgends gefordert, sie sind in unserer technischen Wachstumsgesellschaft unvorstellbar. Erst der Krieg in der Ukraine hat zu dieser Diskussion geführt.

Klimaparadox

Jedes dieser Erlebnisse steigert den Missklang, der wie ein nicht endender Grundton unsere Wahrnehmung der Wirklichkeit durchzieht. Inzwischen haben die hier beschriebenen Dissonanzen einen Namen gefunden: *Klimaparadox*. Die Widersprüche begegnen uns permanent, sind aber für uns unauflösbar. Dabei überlagern sich Politisches und Privates, wobei auf beiden Ebenen das Gefühl entsteht, fortlaufend zu scheitern. Weil zudem unser Verhalten Jahr für Jahr weniger zu unserem wachsenden Wissen passt, fühlt sich das Leben immer unstimmiger an. »Die Fakten haben sich geändert, aber aus irgendeinem Grund bleibt die Botschaft gleich.«[13]

Kritiker:innen nutzen die Beobachtungen alltäglicher Widersprüche, um Klimaaktivist:innen auf persönlicher Ebene als Scheinheilige zu entlarven. *Ihr handelt ja selbst gar nicht so, wie ihr es predigt! Also seid Ihr unglaubwürdig!* So wurden die streikenden Schüler:innen dafür kritisiert, mit ihren Eltern in den Urlaub zu fliegen, nicht vegan zu leben oder Fast Fashion zu kaufen. Oder strategische Klimawissenschaftsleugner:innen diskreditierten Klimaforscher, wenn sie keine Solaranlage auf ihrem Dach montiert hatten.[14] Greta Thunberg steht insbesondere für den Einklang von Moral und Wissen. In Industriegesellschaften jedoch ist es für den Einzelnen so gut wie unmöglich, das eigene Verhalten in Einklang mit Moral und Wissen zu bringen. Eine Balance erscheint nicht nur unpraktikabel, sondern überfordernd, wenn ich mein Leben nicht radikal ändern will oder kann. Denn ein solches Leben würde bedeuten, dass ich aus dieser Gesellschaft aussteige und nicht mehr an ihr teilhabe, im Guten wie im Schlechten.

Für die zahlreichen Dissonanzen im Leben moderner Gesellschaften und die Frage, wie ein richtiges Leben in diesem Rahmen aussehen könnte, wird oftmals ein Satz des Philosophen Theodor W. Adornos herangezogen. »Es gibt kein richtiges Leben im falschen«, so lautet sein sprichwörtlich gewordener und gerne verkürzt gebrauchter Aphorismus, der die Systemfrage stellt. Angewendet auf ein Leben im Kapitalismus bedeutet der Satz: »Lasst Euch das falsche Leben nicht als richtiges verkaufen.« Mit seinen zwei klaren Polen wird er auf das eigene Leben bezogen: Es gibt keine private Nische, die dem System entgeht oder die Falschheit verkleinern könnte. Selbst wenn ich ein CO_2-neutrales Verhalten zum Hauptinhalt meines Lebens mache, verbraucht die Gesellschaft, in der ich lebe, mit ihrer Infrastruktur und Industrie immer noch zu viel CO_2. Eine Entscheidung, »entweder Teil des Problems oder Teil der Lösung« zu sein, erscheint unmöglich. Adorno leitete aus diesem Satz aber gerade nicht die Begründung ab, nichts zu tun, sondern auf Basis dieser Erkenntnis in den Widerstand zu gehen.

Deshalb ist es für Klimabewusste wichtig, einen Einklang in dem ihnen möglichen Rahmen zu erstreben, um sich als integre Person wahrnehmen zu können und um daraus die Motivation für ein Handeln im Politischen zu schöpfen.

Positives Denken gegen die Klimaangst?

Wenn ein Problem den lebensweltlichen Maßstab von Menschen um ein Vielfaches übersteigt, bewirkt dies, wie die an anderer Stelle bereits zitierte Wissenschaftshistorikerin Lorraine Daston schrieb, Zustände von Horror und Terror, Begriffe, die wörtlich Grauen und Schrecken bedeuten. Diese Zustände sind Emotionen von Erstarrung, Entsetzen und Schaudern als Reaktionen auf das Unheimliche einer aus der Ordnung geratenen Natur.[15] Sie treten bei konkreten Ereignissen ein wie bei der zerstörerischen Flut im Ahrtal. Sie werden aber auch bei beklemmenden Veränderungen des Klimas wachgerufen, wenn wir nicht mehr wissen, was wir erwarten können, weil die Ordnung des Bekannten drastisch aufbricht. Eine Katastrophe wie eine Flut oder ein Bergsturz bringt die Ordnung der lokalen Natur ins Wanken. Die Bewohner:innen, die sonst wissen, was zu tun und was zu erwarten ist, geraten an ihre Grenzen, verlieren die Kontrolle. Ein solcher Kontrollverlust angesichts einer gewalttätigen Natur ruft starke Gefühle hervor.

Petteri Taalas, Generalsekretär der Weltwetterorganisation, wies anlässlich der Publikation des sechsten Sachstandsberichts des Weltklimarats im Februar 2022 deutlich auf den Zusammenhang von »apokalyptischen Ängsten« und Klimawandel hin. Er warnte: »Wir müssen deshalb vorsichtig sein, wie wir über die Ergebnisse der Wissenschaft berichten, über Kipppunkte, und ob wir über einen Kollaps der Biosphäre oder das Verschwinden der Menschheit sprechen.«[16] Taalas meinte weiter, man solle insbesondere den jungen Menschen nicht zu viel Angst machen.

Weil die Gefühle in der Konfrontation mit Untergangserzählungen das Handlungsvermögen lähmen, wird inzwischen generell für das Feld der Klimakommunikation empfohlen, das Weltuntergangsszenario als ›Framing‹ zu vermeiden. Wenn die Welt untergeht, bringe das niemanden zum Handeln, sondern lasse viele verstummen. Im Klimahandbuch auf klimafakten.de sind mehrere Kapitel für diesen Zusammenhang bedeutsam. Etwa »Zeige Handlungsoptionen und Lösungen« oder »Bleibe positiv – sowohl im Ton wie im Inhalt«. Auch die Klimaforscherin Katharine

Hayhoe hat sich dieses Vorgehen nach unzähligen, oftmals frustrierenden Gesprächen angewöhnt.[17] Sie betont, wie wichtig es ist, weiter über das Thema zu reden. Auch sie folgt der Devise »Verbreite Hoffnung, nicht Schrecken«. Es ginge darum, die angstauslösenden Fakten nicht in den Mittelpunkt zu stellen, denn diese machten untätig und apathisch und außerdem kenne sie inzwischen fast jede:r. Stattdessen solle man auf die Ebene des eigenen Wohnorts abzielen, also lokal und nicht global über den Klimawandel sprechen. Dabei ließe sich zeigen, warum das Thema für uns hier und heute wichtig sei, egal ob bei Freizeitbeschäftigungen wie Tennis, Gärtnern, Angeln oder Kochen, in der Schule oder bei der Stadtplanung.

Die Literatur ist sich einig: Wer die globale Erwärmung zum Thema macht, muss mit dem Untergangsszenario und der Erzählung einer Katastrophe äußerst vorsichtig umgehen. Dies bedeutet, nicht mit den existenziellen Bedrohungen ins Haus zu fallen und auch nicht die Rekordzahlen zu den bereits eingetretenen globalen Klimawandelfolgen als Einstieg zu nutzen. Stattdessen sollen Fakten mit dem jeweiligen Hier und Jetzt verknüpft werden. Auch für den nächsten Schritt ist sich die Literatur einig: Im Anschluss gilt es, durch positive Beispiele, Lösungswege und grüne Narrative aufzuzeigen, wie eine bessere Zukunft gelingen könnte. Auch diese Lösungen sollen möglichst regional und lokal verankert sein.[18]

Vermeide Weltuntergangsszenarien ist jedoch kein Patentrezept, sondern lediglich ein Vorschlag, der zudem zu Verdrängung und falscher Beruhigung führen kann. Denn das verordnete positive Denken kann wie die rosarote Brille wirken. Sie färbt die Welt schön, zeigt sie aber unrealistisch und für viele unglaubwürdig, begünstigt mitunter also den Realitätsverlust. Gleichzeitig kann man etwas nicht nicht denken. Es ist zudem wichtig zu wissen, dass positives Denken insbesondere Menschen, die bereits depressiv sind, weiter schädigen kann. Sie fühlen sich durch das optimierende Paradigma des Positiven zusätzlich belastet, wenn sie es nicht schaffen, ihre Gefühle einfach nur als eine falsche Sicht der Dinge zu deuten. Daraus entsteht das Gefühl zusätzlichen Versagens. Wer das positive Denken absolut setzt, nimmt mithin wichtigen Gefühlen ihre Berechtigung oder verbietet diese sogar, was ebenfalls zum Verstummen führen kann. Ich verstehe es so: Nur wenn ich es schaffe, die Ängste weder zu negieren noch zu verbieten, aber trotzdem positive Geschichten, die glaubwürdig und sinnhaft sind, zu erzählen, kann ich eine optimistische und konstruktive Grundhaltung erreichen, um die Kraft für neue Möglichkeiten zum Handeln zu erlangen.

Barrieren der Klimawahrnehmung

»Ich verstehe den Klimawandel zwar intellektuell, aber ich kriege ihn emotional nicht zu fassen«, schreibt der Psychotherapeut Udo Boessmann im Buch *Psychologie der Klimakrise* in ehrlicher Selbstreflexion.[19] Während die einen von Wut, Angst oder Trauer überwältigt werden, befinden sich andere in einer Taubheitsschleife der Gefühle. Sie wissen von den Zusammenhängen des Klimasystems, kennen die Szenarien, hören immer neue Berichte zu den Klimawandelfolgen. Doch dies löst keine wahrnehmbaren Gefühle in ihnen aus. Es betrifft sie nicht, denn sie spüren keine Folgen, keinen Leidensdruck. Oder es langweilt sie sogar. Die Psychologie allerdings weiß, dass Menschen auch ein emotionales Verständnis und eine emotionale Verbindung zu einem Gegenstand brauchen, um zum Handeln zu kommen. Ihre limbischen Strukturen, also jene Bereiche im Gehirn, die Gefühle verarbeiten, müssen erst einmal aktiv werden, damit ein Gegenstand in ihr Bewusstsein dringt. Was aber, wenn der Alltag bereits all diese Strukturen belegt und die Gefahr des Klimawandels zudem nicht Teil des direkten Erlebens ist?

Das Sprechen über die Zukunft ist sehr schwer. Im Sommer 2019 war ich eingeladen, einen Workshop für Schüler:innen in Brandenburg im Alter zwischen 14 und 18 Jahren anzubieten, die ein Protestcamp von Fridays for Future besuchten. Während die anderen Kursleiter:innen Veranstaltungen zu Themen wie »Wie kann ich meinen Weg finden«, »Chinesischer Kampfsport« oder »Permakultur« anboten, lud ich zu einem Workshop mit dem Titel »Zukünfte vorstellen in Zeiten der Transformation« ein. Gebildet wurden die Gruppen wie bei Teams im Sportunterricht. Die Schüler:innen gesellten sich einfach zu den Kursleiter:innen, deren Thema sie spannend fanden. Meinen Kurs wählte niemand. Wirklich niemand. Bestimmt gab es viele andere Gründe, an diesem sehr heißen Tag mit attraktiven Konkurrenzangeboten nicht meinen Kurs zu wählen. Dennoch halte ich diese Reaktion auf das Thema Zukunft für reflexhaft. Später am Tag konnte ich einige der Schüler:innen zu ihrer Wahl befragen. Zukunft, so verstand ich, ist gerade für junge Menschen unglaublich weit entfernt. Letztlich ist Zukunft uninteressant und undenkbar. Zukunft ist wie ein Bild, in dem sie selbst nicht vorkommen. Sie ist nichts Konkretes, auf das die Schüler:innen sich beziehen können oder wollen.

Diese Beobachtung steht im Widerspruch zu den kreativen Plakaten der Fridays for Future-Demonstrationen, einer Bewegung, die das Wort ›Zukunft‹ im Titel trägt. Auf den Plakaten steht »Warum lernen, wenn wir keine Zukunft haben« oder »Unsere Zukunft schmilzt mit« oder »Futur II gibt es nur im Deutschunterricht«. Was meint Zukunft hier? Ist Zukunft allein die Angst vor der Zukunft? Die Zukunft als Katastrophe? Ich glaube, das Wort beschreibt einen Abgrund, den die Gedanken nicht überbrücken können. Denn dieser Abgrund ist gefüllt mit Niedergang und Zerstörung. Meine Angst vor dem Atomkrieg in den 1980er Jahren war ähnlich. Es war ein einziges Grauen, eine globale Katastrophe, nichts, woran ich wirklich denken wollte, und es gab keine Zukunft, die außerhalb dieser Vorstellungen lag.

Der norwegische Psychologe Per Stoknes hat die Möglichkeiten und Grenzen der Klimawandelkommunikation in den Industriegesellschaften lange beobachtet. Er sieht fünf grundsätzliche Wahrnehmungsbarrieren, die es erschweren, die Klimakrise zu vermitteln und vorstellbar zu machen bzw. zu handeln. Die fünf Barrieren sind wie die Wälle einer Burg, die uns vor Angriffen schützen. Sie symbolisieren unseren natürlichen Widerstand und sie machen uns weniger verwundbar. Wenn wir die Mauern durchlässig machen, ist die Wirklichkeitsillusion, in der wir uns sicher fühlen, massiv bedroht.

Die äußerste Wahrnehmungsbarriere ist die Distanz. Der Klimawandel ist für die meisten weder spürbar noch sichtbar. Er ist abstrakt und doppelt fern – zeitlich und räumlich. Er findet in der Zukunft und in anderen Regionen der Erde statt. Im Alltag und im eigenen Erleben betrifft er uns nicht. Die zweite Mauer ist die Erzählung des Klimawandels als Weltuntergang, Apokalypse und Katastrophe, also als drohendes, nicht abwendbares und totales Schicksal. Sie macht mich als einzelne Person maximal machtlos und hilflos. Das Problem ist so groß, dass ich es nicht einmal ermessen kann. Diese Erzählung führt viele Menschen in einen Relativismus, welcher der Situation den Ernst entzieht. Wurde das Ende der Welt nicht schon oft vorhergesagt und ist dann gar nicht eingetroffen – wie beispielsweise bei Warnungen vor einem Atomkrieg während des Kalten Krieges oder beim Waldsterben in den 1980er Jahren? Die dritte Barrikade besteht im Erleben andauernder Dissonanzen, die hier bereits ausführlich beschrieben wurden. Wissen und Handeln klaffen auseinander, erzeugen einen fortlaufenden Widerspruch, den wir auflösen möchten.

Die vierte Barrikade ist die eigentliche Abwehrmauer. Sie besteht in allen Schattierungen von Wegsehen, Verdrängen, Leugnen und Ignoranz bis zum strategischen Gegenangriff der Klimawissenschaftsleugner. Dazu gehört auch, die Aktivist:innen und jene Personen, die die schlechten Botschaften überbringen, ins Visier zu nehmen, um sie in ihrer Glaubwürdigkeit zu demontieren. Wer einfach seinen Gewohnheiten nachgeht oder aggressiv leugnet, findet einen Ausweg – oder besser einen Fluchtweg – aus dem Unwohlsein und lässt die schlechten Gefühle gar nicht erst zu.

Die letzte Wahrnehmungsbarriere, die Stoknes beschreibt, ist unsere innere Grenze, unsere Identität. Die Botschaft des Klimawandels erschüttert sie, dagegen wollen wir uns schützen. Die kognitive Psychologie hat die zahlreichen Verzerrungen der menschlichen Wahrnehmung untersucht, die zur Abwehr von Informationen bis hin zum Glauben an Verschwörungsnarrative führen. Um unsere Identität zu stabilisieren, suchen wir nach Informationen, die unsere Werte und Vorstellungen untermauern und blenden aus, was diesen zuwiderläuft. Zudem glauben wir eher Menschen, die unserer eigenen Gruppe angehören. Für jede dieser Barrieren liefert Stoknes Strategien zu ihrer Überwindung, aber erst einmal ist es wichtig, diese Barrieren zu kennen.

Ökologische Trauer als neuer Weltschmerz

Den menschengemachten Klimawandel als positive Geschichte zu erzählen, ist letztlich unmöglich. Denn die globale Erwärmung eröffnet, wie zerstörerisch sich das menschliche Handeln auf unsere Lebensgrundlagen auswirkt. Aus diesem Grund sind die negativen Ausblicke in die Zukunft für viele bereits zu einem festen Bestandteil des eigenen Denkens und Fühlens geworden. Das weiß ich von mir selbst, von vielen meiner Freund:innen und von Studierenden, die meine Seminare besuchen. Auch Psycholog:innen berichten immer häufiger darüber. Diese negativen Gefühle können Menschen lähmen, die sich mit der ökologischen Krise intensiv beschäftigen. Immer öfter verbinden sich mit diesen Gefühlen sogar Symptome einer Depression. Entweder lösen diese die Depression aus oder sie befeuern die depressive Grundstimmung zusätzlich.[20] Die Spiralen des Grübelns, das Fehlen wirksamer Schritte, die unheimliche Veränderung des Wetters, die bedrohliche Zukunft einer erwärmten Welt, erneute Nachrichten von Waldbränden oder Höchsttemperaturen an den Polen, all diese Gedanken übernehmen immer wieder das Steuer und reißen viele in dunkle Tiefen.

Diese Gefühle haben in den letzten Jahren, seit die Dringlichkeit des Problems immer mehr in den Blick der Öffentlichkeit geriet, zugenommen, insbesondere unter jungen Erwachsenen und Kindern. Eltern wissen oftmals nicht, was sie ihren Kindern zur Beruhigung sagen können. Mehr noch, die jungen Menschen wollen gar nicht beruhigt werden, weil jede Beschwichtigung in Anbetracht des Problems als falsche Beruhigung erscheint. Der Satz, mit dem meine Großtante damals meine Angst vor einem Atomkrieg lindern wollte, greift heute in doppelter Hinsicht nicht. Denn erstens stand die Bedrohung damals im Kontext einer Politik, die wenig mit unseren eigenen Handlungen zu tun hatte, und zweitens gab es die Hoffnung, dass das Ereignis gar nicht eintreten würde. Dass die Zukunft anders würde, als wir sie uns vorstellen können, stimmt zwar immer noch, doch scheint die Zukunft keinesfalls besser werden zu können. Inzwischen ist bekannt, dass auch viele Klimaaktivist:innen dieses Leiden teilen und von ihm angetrieben werden. Greta Thunberg etwa berichtete, dass ihrer Entscheidung, sich im extrem trockenen Sommer 2018 mit einem Pappschild in Stockholm vor den Reichstag zu setzen, eine Klima-Depression voranging. Doch auch Klimawissenschaftler:innen sind von diesen Gefühlen betroffen.[21]

Es gibt eine Vielzahl von Begriffen, mit denen die Gefühle angesichts der fortschreitenden Erderwärmung, des Artensterbens und der vielen ökologischen Folgen bezeichnet werden: ›Klima-Angst‹ und ›ökologische Trauer‹, ›climate grief‹ und ›eco anxiety‹. Der neue Begriff der ›Solastalgia‹, ein Neologismus aus lateinisch ›sōlācium‹ (Trost) und griechisch ›-algia‹ (Schmerz, Leid, Trauer), den der australische Umweltphilosoph Glenn Albrecht 2005 prägte, meint wiederum die real gefühlte Trauer angesichts des Naturniedergangs als eine Art des Weltschmerzes. Eines Schmerzes darum, dass es bald keine Korallenriffe, keine wilden Wälder oder viele Arten nicht mehr geben wird.

Dieser Weltschmerz allerdings ist für die Menschen in den Industrieländern nicht neu. Er kam bereits mit der von ihnen selbst betriebenen Kolonialisierung und der radikalen Veränderung der Lebensräume durch Industrialisierung und Verstädterung auf. Ausrottungen und Artensterben, die Vernichtung von Biodiversität und Ökosystemen aufgrund von weiteren Rodungen oder anderen menschlichen Einflüssen sowie Naturentfremdung als Preis für den technischen Fortschritt waren bereits im 19. Jahrhundert wichtige Themen. Die Romantik zog gerade aus diesem Verlust eine besondere Wertschätzung des Natürlichen und ein damit verbundenes Naturgefühl. Heute jedoch ist dieses schmerzende Gefühl anhaltender und intensiver geworden. Und es hat viel mehr Menschen erfasst. Immer neu ausgelöst wird es durch Bilder von Dürren oder Berichterstattungen über Fluten, Waldbrände und abgeholzte Wälder.

Wichtig an dieser Stelle ist es zu betonen, dass die Begriffe ›Klima-Angst‹ oder ›ökologische Trauer‹ von Menschen in den Industrieländern der gemäßigten Breiten aufgebracht wurden. Denn anders als die Bewohner:innen von Ländern, die bereits lange unter existenziellen Veränderungen ihrer Lebensgrundlagen aufgrund der globalen Erwärmung leiden – also traumatische Erfahrungen durch Naturkatastrophen machen oder ihre überlebenswichtigen Ernten an Jahre der Dürre verlieren – sind für die meisten Menschen hier die Folgen des Klimawandels noch nicht lebensbedrohlich. Sie selbst sind immer noch in Sicherheit. Darüber hinaus sind sie selbst Teil einer äußerst energiehungrigen Kultur. Sie stehen mit ihrer Trauer auf der Seite der Verursacher:innen, was ihre Gefühlslage verkompliziert. Wobei wir uns hüten müssen, dieses Leiden als eingebildetes Leiden abzutun. Denn wie ich im ersten Kapitel gezeigt habe, ist die Erwärmung inzwischen auch in Europa eine spürbare Realität.

»I want you to panic«: Klimaangst als Realangst

Immer mehr junge Menschen leiden unter psychischen Folgen von Klimawandel und ökologischer Krise, dies zeigen verschiedene Studien. Dabei geht es nicht allein um direkte Folgen von Extremwetterereignissen, sondern in großen Teilen um Belastungen durch die Bedrohung.[22] Wer sich mit dem Gefühl von Klimatrauer oder -angst an Therapeut:innen wendet, hofft, eine erträgliche Form des Umgangs mit diesen Gefühlen zu finden. Für Therapeut:innen gehört die Klima-Angst zunächst ins gut erforschte Feld der Angsterkrankungen. Zur Störung wird die gesunde Angst, wenn sie das Leben massiv beeinträchtigt. Die etablierten Therapieformen, die Betroffenen ihre Angst nehmen sollen, sind Coping-Strategien, Atem- und Achtsamkeitsübungen oder Gruppentherapie. Der Psychotherapeut Malte Klar von den Psychologists for Future empfahl in einem Radiointerview, bei Klimaangst generell zu üben, mit schwierigen Gefühlen umzugehen.[23] Auf der Website von Psychologists for Future gibt es Resilienz-Coaching, Angebote für Achtsamkeitsgruppen sowie Tipps, wie sich mit der Krise umgehen lässt, um an ihr »nicht zu verzweifeln, sondern persönlich zu wachsen«. Dabei geht es weder darum, Gefühle wegzudrängen, noch darum, sich in ihnen zu verlieren. Vielmehr soll gelernt werden, mit der Angst leben, ohne diese zu verdrängen, um handlungsfähig zu bleiben. Malte Klar vertritt die Auffassung, dass jedes Kind diese emotionale Kompetenz lernen sollte.

Beim Klimawandel ist die Unterscheidung von berechtigter Angst (»Realangst«) und übertriebener Angst essenziell, auch dies betonen die Psycholog:innen. Denn Angst ist überlebensnotwendig und gesund, derartige Gefühle schützen uns. Während die Angst vor Spinnen in Deutschland oder die Angst vor Menschenmengen oder geschlossenen Räumen keine reale, lebensbedrohende Grundlage hat, ist die Klimaangst eine wissenschaftlich begründete und fundierte Angst vor der Zukunft. Das ist sie auch dann, wenn sie für mich im Hier und Heute nicht existenziell ist – was auf politischer Ebene als Begründung für Nicht-Handeln oder Bremsen angeführt wird.[24] Malte Klar meint, dass man lernen kann, Ohnmacht und Trauer zu integrieren, weil die Gefühle selbst nicht gefährlich seien. So könne man sich der Realität stellen und neue Energie zum Handeln finden. Um zu erklären, wieso Entscheidungsträger:innen trotz der massiven Gefahrenlage nicht handeln, verweist die Umweltpsychologie auch auf das systematische Ausblenden von Risiken, das eine gestörte Beziehung im Sinne einer aktiv betriebenen Spaltung und Entfremdung von der Umwelt offenbart.

Eine andere Form des Umgangs mit der Klimakrise besteht in Achtsamkeitsübungen, also darin, die Angst gleichsam »wegzuatmen«. Unter dem Titel »Klimagerecht – Jetzt bloß nicht verzweifeln« stellt Malte Klar hierzu Meditationen und Achtsamkeitstraining im Audioformat zur Verfügung. Das scheint paradox, doch geht es gerade nicht darum, etwas zu verdrängen. Dennoch liegt hier eine weitere Ambivalenz, die wir nicht auflösen können: Im Fall der Klimaangst scheint es, als müssten wir lernen, in einem Regime zu leben, das uns nicht guttut – weil wir es nicht ändern können.

An dieser Stelle erscheint auch eine andere Reaktion schlüssig: Vielleicht möchte ich all das lieber gar nicht spüren und mich möglichst dicht abschirmen gegen zu viel Sensibilität. Man kann auch meditieren, um der Welt zu entfliehen und das Denken und Fühlen hinter sich zu lassen. Dann ist nichts mehr wichtig. Dass Meditation aber auch zu einer gesunden Basis für Engagement werden kann, ist gegenwärtig eine Einsicht des Öko-Buddhismus.[25] Diese engagierte Form des Buddhismus setzt darauf, dass nicht allein die eigene Transformation das Ziel sein kann, weil diese zu einem von der Welt losgelösten Ich führt. Der engagierte Buddhismus sieht stattdessen die soziale Transformation mit der eigenen untrennbar verbunden. Wenn ich durch meditative Praktiken meine Beziehungsfähigkeit stärke, kann ich die Kraft aufbringen, den maßlosen Konsum hinter mir zu lassen und die Kluft zwischen Einsicht und Handeln verkleinern. Und ich gewinne die persönliche Kraft für ein anderes Sprechen und für soziales Handeln.

Die Menschen werden nicht durch die Ereignisse, sondern durch ihre Sicht der Ereignisse beunruhigt. Dieser Satz wird dem römischen Philosophen Epiktet zugeschrieben. Im Falle des Klimawandels verhält es sich aber umgekehrt. Der Aufruf von Greta Thunberg »I want you to panic« bedeutet in diesem Sinne die dringende Notwendigkeit, dass sich alle und insbesondere die Erwachsenen endlich diesen Gefühlen öffnen und die Klimarealität als reale Angst empfinden, integrieren und dann für das notwendige Handeln nutzen. Dass der Aufruf in bestimmten Gesellschaftsgruppen als provozierend wahrgenommen wurde, erscheint nun in einem anderen Licht. Diejenigen Menschen, die die besten Verdränger ihrer schwierigen Gefühle sind, empfinden die größte Abwehr, weil für sie Angst und Panik einen Endpunkt darstellen, der allein für irrationale Handlungsunfähigkeit und Machtlosigkeit steht.

Gibt es angemessene Klimawandel-Gefühle?

Jede Nachricht über die globale Erwärmung hat Auswirkungen auf die Gefühle. Wir sollten sie ernst nehmen und versuchen, sie zu verstehen. Aber welche Gefühle gelten eigentlich als angemessene Reaktion auf die ökologische Problemlage? Auch diese Frage kann das Denken weiten, weil sie zeigt, dass es Reaktionen gibt, die als angemessener angesehen werden als andere.

Im Juni 2019 war ich zu einer Veranstaltung von Fridays for Future Potsdam mit dem Titel *Klimakrise: Vom Wissen zum Wandel* eingeladen. Dort zeigte Hannah von den Potsdamer Extinction Rebellion, die sich nur mit ihrem Vornamen vorstellte, ein Bild als Metapher für das Verhältnis von Wissen und Handeln. Darauf sah man den Innenraum eines Theaters, in dessen Zuschauerrängen Feuer ausgebrochen war. Sie zählte fünf mögliche Reaktionen auf. Erstens: »Ich will weiter das Stück sehen, egal, ob ich verbrenne«. Zweitens: »Oh, mein Gott, Feuer! Ich mache lieber die Augen zu«. Drittens: »Ich versuche nicht am Wachsen des Feuers schuld zu sein.« Viertens: »Hey, schau mal, es brennt.« Und schließlich fünftens: »Ich störe den Theaterabend massiv, bis das Feuer gelöscht ist.« Ignoranz, Angst, Schuld, Aufklärung und Wut sind die fünf möglichen Reaktionen, aus denen ganz unterschiedliche Handlungen erwachsen können.

Welche Gefühle Menschen leiten, die besonders stark an diesem Thema interessiert sind, versuchte eine australische Studie im Jahr 2018 herauszufinden.[26] Den Versuchspersonen war die Frage vorgelegt: *Wie stark fühlen Sie diese Emotionen im Zusammenhang mit der Klimakrise?* Sie sollten sie beantworten, indem sie die Intensität von zwölf Gefühlen auf einer Skala von eins (wenig) bis fünf (sehr) angaben. Diejenigen, die Klimaschutz am meisten unterstützten, fühlten sich sehr verärgert, verängstigt, schuldig, beschämt, machtlos und verzweifelt – und sie hatten nur sehr wenig Hoffnung. »Voller Vorfreude« waren sie nicht.

Für ihre Studien arbeiten Psycholog:innen mit standardisierten Vorstellungen von Gefühlen. Insbesondere die Bezeichnung »verängstigt« erscheint mir recht schwach angesichts der Frage, um die es hier geht. Die US-amerikanische Literaturwissenschaftlerin Nicole Seymour stellt die Frage nach den Gefühlen etwas anders. Sie spekuliert darüber, welche Gefühle eigentlich von umweltbewussten

Menschen erwartet werden. In ihrem Buch *Bad Environmentalism. Irony and Irreverence in the Ecological Age* behauptet sie, dass zu den Affekten und Empfindungen, die gemeinhin mit Umweltbewusstsein assoziiert würden, »neben *Gloom und Doom*« auch Gefühle und Haltungen wie »Schuld, Scham, Belehrung, Vorschreiben, Sentimentalität, Ehrfurcht, Ernsthaftigkeit, Wahrhaftigkeit, Ernsthaftigkeit, Heiligkeit, Selbstgerechtigkeit und Staunen« gehörten. Darüber hinaus diagnostiziert sie die »Heteronormativität und das Weißsein der Bewegung«.[27] Sie stellt fest, dass Humor und Ironie nur sehr selten im Spektrum der als angemessen erachteten Reaktionen liegen. Dabei seien Humor und Ironie, so Nicole Seymour weiter, in ihrer »konzeptuellen Doppelstruktur« eine Möglichkeit, um starre, binäre Denkmuster aufzubrechen – also beispielsweise Hoffnung versus Verzweiflung. Humor gelte aber auch als Reaktion, die den hohen Anspruch umweltbewusster Menschen auf Authentizität und Aufrichtigkeit untergraben könne.

Humor war immer ein Schlüssel im Umgang selbst mit den schlimmsten Ereignissen, weil das Lachen einen Moment der Öffnung ermöglicht. Wenn wir uns auf die Suche nach Erzählungen machen, die uns nicht verstummen lassen, müssen wir alle Gefühle bedenken. Nicole Seymour hat die US-amerikanische Kultur nach Ansätzen durchforstet, die sich den üblichen Empfindungen verweigern. Sie stellt Positionen wie die von Queers for the climate, Wildboyz MTV oder die Filmserie *Green Porno* von Isabella Rossellini und Jody Shapiro vor. Zu nennen wären hier auch die Künstlergruppe The Yes Men, die seit vielen Jahren mit performativer Guerillataktik in die Machtspiele des Klimawandelpolitik eingreift oder die 2021 erschienene schwarze Netflix-Komödie *Don't Look up* von Adam McKay, die äußerst widersprüchliche Gefühle hervorzuruft. Dieser Weltuntergangsfilm, der eine deutliche Analogie zum Klimawandel herstellt, hat mit seiner nicht eindeutig moralisierenden Position ganz verschiedene Gesellschaftsgruppen erreicht.

Es gibt in Anbetracht von Klimawandel und ökologischen Krisen keine Gefühle, die angemessener wären als andere. Aber es gibt Gefühle, die wenig förderlich sind, wenn es darum geht, zu einer gemeinsamen Politik zu gelangen, weil sie vereinzeln.

Stolz, Scham, Schuld

Bestimmte Gefühle sind wenig hilfreich, um ein neues, anderes Sprechen über den Klimawandel in Gang zu setzen. Insbesondere Schuldzuweisungen und ein schlechtes Gewissen werden dem Thema nicht gerecht und wirken trennend und zersetzend, wo gemeinsames Handeln wichtig wäre. Beide erscheinen in unserer Gesellschaft aber als gut eingeübtes Muster, als geradezu reflexhafte Reaktion.

Ich mache in den letzten Jahren immer öfter die Erfahrung, dass Freunde mit ihrem schlechten Gewissen zu mir kommen, wenn sie sich Flugreisen oder andere Dinge leisten, die viel CO_2 verursachen. *Wir brauchten einfach mal einen Urlaub am Strand in dieser kalten Jahreszeit! Da mussten wir eben fliegen, anders kommt man da nicht hin.* Offenbar gelte ich, weil ich mich mit diesem Thema beruflich befasse und versuche, mein Handeln mit meinem Wissen zumindest ansatzweise in Einklang zu bringen, wobei ich niemanden aktiv bekehre, als Stelle, an der sie ihre Reisen rechtfertigen müssten, als jemand, der ihnen gleichsam Absolution erteilen könnte. Gleichzeitig lösen ferne Urlaubserzählungen auch in mir gemischte Gefühle aus. Globalisierter Tourismus, die Normalisierung des billigen Fliegens in den letzten zwanzig Jahren, das Recht, sich kurz mal rauszubeamen aus der winterlichen Kälte in ein warmes Klima und eine andere Welt – all das steht für Klimakonsum an fernen Orten und nicht für nachhaltiges Reisen.

Menschliches Handeln spielt beim Klimawandel eine wichtige Rolle. Insbesondere Bewohner:innen der Industrienationen waren historisch die Hauptverursachenden des Problems und sind es noch immer. Die globale Erwärmung ist eine direkte Folge des technischen Fortschritts. Der Philosoph Günther Anders, der den Holocaust und die Atombomben auf Nagasaki und Hiroshima zu einem wichtigen Ausgangspunkt seines Denkens machte, meinte bereits in den 1950er Jahren, dass sich die Menschen in Anbetracht ihrer Vernichtungstechnologien fortan in einer Epoche der »prometheischen Scham« befänden. Diese habe den »prometheischen Stolz« abgelöst, also den Stolz des schaffenden *Homo Faber* auf seine triumphalen technischen Leistungen – wenngleich sich viele immer noch in selbstherrlicher »prometheischer Trotz[haltung]« befänden, mit der sie technische Großlösungen vorantrieben.[28] Die »prometheische Scham« sei mit der narzisstischen Kränkung verwandt. Der Klimawandel, so heißt es in Weiterführung von Sigmund Freuds Gedanken, müsse als eine weitere »narzisstische Kränkung« des Menschen betrachtet werden.[29] Diese besteht Anders zufolge darin, dass mit der menschengemachten Erwärmung die Kräfte, die der *Homo Faber* dank des technischen Fortschritts selbst gerufen hat, nun in ihrer Zerstörungskraft über uns entscheiden. Der Stolz über die eigenen großartigen Erfindungen verkehrt sich in Scham angesichts ihrer zerstörerischen Kehrseite. Diese vierte Kränkung macht jedoch die verdrängte Tatsache umso offensichtlicher, dass auch das Leben moderner Gesellschaften von der Ökologie abhängig ist.

Scham und Schuld wirken heute auch im Kleinen, auf der Ebene jedes Einzelnen und seiner Entscheidungen, weil es unsere Lebensweise ist, die das Problem verursacht. Tatsächlich ist es in Teilen der Gesellschaft normal geworden, sich zu schämen oder andere zu beschämen, wenn die jeweilige CO_2-Bilanz zu hoch ist. Wenn ich selbst nichts Unnötiges konsumiere, also etwa unterwegs Mehrwegtassen und einen eigenen Teelöffel benutze, um Müll zu vermeiden, kann ich dieses Gefühl lindern. Das alte protestantische Ideal der

Sparsamkeit, des Verzichts auf Luxus, erscheint im Licht des Klimawandels als angemessenes Verhalten.

Dabei ist Schuld ein vielfältiger Begriff. Schuld gehört einerseits zu den sozialen und ethischen Gefühlen wie Stolz und Scham. Derartige Gefühle machen sich auf individueller Ebene breit, wo die moralischen Werte und Konventionen einer Gesellschaft oder Gruppe verletzt werden.[30] In christlichen Gesellschaften hat Schuld ihren Platz in einer historisch gewachsenen Glaubenspraxis, bei der es Sünden, Todsünden und Ursünden gibt. Regelmäßig ausgeführte Rituale wie Ablass und Beichte wiederum ermöglichen eine Vergebung von Schuld. Über Jahrhunderte hinweg hat sich dieser Umgang mit den ›Verfehlungen‹ einer ›falschen und sündigen Lebensweise‹ wie ein moralischer Reflex tief in unsere Persönlichkeit eingeschrieben.

Mit einer etwas anderen Bedeutung nutzt das Recht den Schuldbegriff, um die Täterschaft bei einem Vergehen festzustellen. Hier ist Schuld mit dem Verursacherprinzip bei einem Schaden verbunden, wobei zwischen schuldfähig, eingeschränkt schuldfähig und schuldunfähig unterschieden wird.

Es ist wenig überraschend, dass die Klimakrise von uns erfordert, in komplexen Systemen zu denken. Die systemische Psychologie weiß schon lange, dass Schuldgefühle und Zuschreibungen wie *Ich bin schuld* oder Vorwürfe wie *Du bist schuld* unzureichend und wenig hilfreich sind. Derartig verkürzte Vorstellungen laden die Schuld auf die Schultern eines Einzelnen, obwohl zu einem Problem alle Beteiligten gehören. Dieses systemische Denken hilft auch im Klimadiskurs. Denn auch wenn ich als Verursachende am Anstieg der CO_2-Emissionen beteiligt bin, bin ich dennoch nicht voll schuldfähig, weil das System, in dem ich lebe, mir keine Wahl lässt, als täglich zur Klimatäterin zu werden. Schuld als unreflektiertes moralisches Gefühl oder gar als moralischer Reflex ist im Sprechen über die globale Erwärmung insbesondere deshalb wenig hilfreich, weil es als (Selbst)Beschämung oder Vorwurf das Gespräch vergiftet und die Menschen vereinzelt. Schuldzuweisungen, Beschämungen oder das Schlechtreden von Personen und Institutionen, meint deshalb die Klimaforscherin Katherine Hayhoe, solle nur sehr sparsam eingesetzt werden, handle es sich doch um Praktiken, andere zum Schweigen zu bringen.[31]

Emissions-Scham. Der ökologische Fußabdruck als Medium der Vereinzelung

Nachhaltigkeit und ökologisches Denken sind für viele zu einem moralischen Kompass geworden. Inzwischen gibt es zahlreiche Handlungsanweisungen, die Menschen in Industriegesellschaften wie Deutschland beherzigen können, wenn sie ein gutes Klimaleben führen wollen. Die deutsche Frauenzeitschrift *Brigitte* beispielsweise hat seit kurzem den »Greenplaner« als neuen Tagesplaner im Programm. Dem Imperativ folgend »Jeden Tag ein bisschen nachhaltiger leben« gibt der Kalender »wertvolle Tipps und gehaltvolle Impulse für neue Gewohnheiten«. Es existiert etwa ein »Habit-Tracker«, der für das persönliche Ziel der Emissionsverringerung einen täglichen Eintrag ermöglicht. »Challenges« sollen die Nutzer:innen des Kalenders spielerisch zu einem grüneren »Lifestyle« motivieren, also beispielsweise Müll einzusparen oder ihre Fortbewegung zu dekarbonisieren. Ich kann eintragen, ob ich das Auto stehengelassen habe und stattdessen mit dem Rad gefahren bin. Für alles gibt es Punkte. Außerdem bietet der Kalender zahlreiche Informationen, etwa den »Fakt der Woche«: »Ein Drittel des Mikroplastiks stammt von Autoreifen.« Positiv gesehen klärt der Kalender über die Vernetzung des eigenen Handelns mit den globalen Effekten auf. Im Jahresrückblick gibt es viele Checkboxen: »Ich habe mich politisch engagiert« ist eine davon.

Der Kalender übersetzt die Gefühle und den Wunsch zu handeln für den Einzelnen und die Einzelne in den Alltag.

Klimaschuld wird durch klare Anleitungen zu guten Taten neutralisiert. Hierbei changiert der Kalender zwischen Benimmbuch und Anleitung zur Selbstoptimierung. Dass ein solcher Kalender publiziert wird – und dies von einer Zeitschrift, auf deren Titelblatt keine ökologischen Themen stehen – könnte man durchaus als Zeichen für gesellschaftlichen Wandel nehmen. Suggeriert wird das Gefühl, wir müssten uns als Konsument:innen nur genug anstrengen, um etwas zu verändern. Ein gesellschaftspolitisches Problem von großem Gewicht wird auf die Schultern jeder Einzelnen übertragen. Zynisch könnte man sagen, der Kalender ersetzt das Kalorienzählen durch das Ziel der »Zero-Emissions«. Das Body-Shaming für Menschen mit Übergewicht wird hier zum Emission-Shaming.

Die durchschnittliche CO_2-Emission pro Kopf liegt in Deutschland bei 11,17 Tonnen im Jahr (andere Schätzungen gehen von bis zu 12,5 Tonnen oder mehr aus).Das entspricht in etwa dem Gewicht von 22 Eisbären oder elf VW-Golfs. Pro Tag sind dies 30 kg, für eine alpine Wanderung wäre dieser Rucksack viel zu schwer. Damit die Emissionen weltweit sinken, wäre es nötig, sie pro Person auf zwei Tonnen zu begrenzen. CO_2, das farblose und saure Gas, ist als Produkt der viel zu schnell verheizten fossilen Pflanzenreste zum Problem und gleichzeitig zum Bestandteil unseres Gewissens geworden, also des Zusammenspiels aus Wissen und Fühlen. Es ist als neue Währung neben das Geld getreten. Unternehmen, Politik und Klimabewusste übersetzen ihr Handeln gleichermaßen in diese Währung.

Das Konzept des »ökologischen Fußabdrucks« gilt heute als effizientes Mittel, um Fragen des Klimawandels zu vermitteln. Es gilt als guter Einstieg, das Thema zu personalisieren und zum Bestandteil des eigenen Lebens zu machen. Rechner kalkulieren, wieviel CO_2 oder Hektar Land es braucht, um unseren Lebenswandel zu ermöglichen. Wir finden solche Rechner auf der Webseite des Umweltbundesamtes, beim WWF, bei Brot für die Welt, Greenpeace oder dem Bund für Umwelt und Naturschutz, wobei die Berechnungsgrundlagen variieren. Freiwillig beantworten wir Fragen nach der Größe unserer Wohnung, unseren Reisen, den Verkehrsmitteln, mit denen wir uns bewegen und unserer Heizung. In wenigen Minuten können wir durch die Offenlegung unseres Lebensstils feststellen, ob wir »Klimasau oder Ökoheld:in« sind. Nur wer sein Kreuz stets im Minimumbereich des Spektrums macht, sich nicht fortbewegt, nicht konsumiert, keinen Müll produziert und sich vegan, saisonal, biologisch und regional ernährt, bekommt in der Auswertung mitgeteilt, dass es nur wenig mehr als einen Planeten für diese Lebensweise bräuchte. Alle anderen jedoch, die ihre Kreuze gelegentlich in der Mitte des Spektrums setzen, brauchen mehr als zwei oder auch fünf Planeten, um für alle Menschen auf der Erde diesen Lebensstil zu ermöglichen. Es reicht nicht aus, Vegetarier zu sein oder kein Auto zu besitzen. Meist sind alle Menschen in Industrienationen »Klimasäue«.

Das Tool vermittelt einen klaren Kodex. Der Rechner bestimmt die Normen, die wir erfüllen müssten, um ein gutes, emissionsarmes Leben zu führen. Er lässt uns mit dem schlechten Gewissen zurück, über unsere Verhältnisse zu leben und einem falschen Lebenswandel zu frönen.

Der Rechner ist aber nicht nur aufgrund der Schuldzuweisungen ein problematischer Beistand, sondern auch wegen seiner Geschichte. Eingeführt hat den interaktiven CO_2-Rechner die britische Energiefirma British Petroleum (BP) im Jahr 2006, als sie im Rahmen der Kampagne *Beyond Petrol* den ersten *Carbon Footprint Calculator* präsentierte.[32] BP ist in Deutschland mit seinen Tankstellen, zu denen ARAL gehört, Marktführer. Bereits der erste CO_2-Footprint-Rechner war online und interaktiv und trat die doppeldeutige und folgenreiche Erfolgsgeschichte des ökologischen Fußabdrucks los. Denn seitdem hat sich das Web-basierte Formular als good-practice-Beispiel einer gelungenen Umweltkommunikation verbreitet. Jedes Kind kennt inzwischen die Währung des klimafeindlichen Lebensstils. Unzähligen Bürger:innen führt der Rechner ihr eigenes Fehlverhalten ein ums andere Mal vor. Damals war die BP-Kampagne begleitet von Gute-Laune-Slogans wie »It's time to think outside the barrel«, »It's time to go on a low-carbon-diet« oder »Cars should eat their vegetables, too«. Den Rechner auf der Website von BP kann man bis heute bedienen. Dabei ist BP jenes Unternehmen, das nicht nur Marktführer für Energie ist, sondern zahlreiche Umweltskandale verursachte, unter anderem den größten Ölausfluss im nördlichen Alaska und die Katastrophe von Deepwater Horizon im Golf von Mexiko.

Das Narrativ, das der Rechner jedem »Kunden« in den Kopf setzt, lautet: Jeder ist selbst verantwortlich und jeder Einzelne kann die Welt retten. Dieses Narrativ ist seit Jahrzehnten auch für die Umweltkommunikation zentral, weil es darum geht, das große Ganze mit dem Individuellen, das Globale mit dem Lokalen zu verbinden. Der CO_2-Rechner zeigt einen Weg vom Problem zur Lösung, von der Challenge zur Response: *Müll in den Weltmeeren? Spare Einwegbecher und trenne Müll!*

Es sind gleich mehrere Paradoxien, die wir hier erleben: Auf der einen Seite überträgt ein Energiekonzern, der für viele Ölkatastrophen berüchtigt ist, die Verantwortung von sich selbst auf jeden Einzelnen. Auf der anderen Seite steht eine Gesellschaft, die maßgeblich auf Öl basiert und in der niemand seinen Lebensstil so ändern kann, dass der Fußabdruck ausreichend reduziert würde. Die Verschiebung der Probleme zum Einzelnen bedeutet eine Verschiebung von Bürger:innen zu Konsument:innen. Statt gemeinsam zu handeln und die auf Öl basierende Wirtschaft zu adressieren, bereitet der CO_2-Rechner jedem Einzelnen ein schlechtes Gewissen. Aufgrund der negativen Aussage des Fußabdrucks wird aber auch seit kurzer Zeit das Gegenkonzept des »ökologischen Handabdrucks« postuliert. Dieser soll einschätzbar machen, welche Produkte eine besonders positive Nachhaltigkeitsbilanz haben.

»Klimaleicht Gutes tun« – Rituale der Kompensation, Buße und Beichte

Weil das schlechte Gewissen inzwischen viele Konsument:innen in den Laden begleitet, haben die Hersteller Kaufanreize ersonnen, die lindernd auf dieses Gefühl abzielen. Durch geschickte Rahmung soll die Kaufentscheidung das Gewissen nicht nur erleichtern, sondern es beglücken. Die Wirtschaft hat verstanden, dass sich mit dem Umweltgewissen jedes Einzelnen Geschäfte machen lassen. Wie normalisiert die ökologische Mitschuld inzwischen ist, zeigt sich, wenn Firmen mit Werbeslogans wie »Klimaleicht Gutes tun« versprechen, Schuldgefühle beim Konsum in etwas Positives zu verwandeln. Oder wenn Plastikverpackungen nicht nur als »umweltfreundlich« deklariert werden, sondern ein Lebensmitteldiscounter CO_2-Emissionen beim Kauf automatisch kompensiert, als hätte man darum gebeten. Paradebeispiel aber ist die Biermarke Krombacher, die bereits früh und ganz direkt das Pflanzen von Bäumen mit dem Konsum von Bier verband. *Das muss doch gut sein!* Die Käufer:innen wollen Kaufentscheidungen verantworten, für die sie sich nicht schlecht fühlen müssen.

Eingebunden sind diese Anreize in das Prinzip des Nudging (übersetzt: stupsen), das verwendet wird, um Konsument:innen mehr oder weniger unbemerkt in ihren Entscheidungen zu lenken. Beim »Green Nudging« geht es darum, Routinen nicht nachhaltigen Handelns zu überdenken. Das Normale soll der Mehrwegbecher und das Wasser aus dem Hahn sein, nicht die Plastikflasche, die Naherholung statt der Fernreise, die Bahnfahrt anstelle des Fluges usw. Weil aber auch das Nudging Menschen in erster Linie als Konsument:innen anspricht, die handeln sollen, ohne zu denken, fordern Adam Corner und Jamie Clarke in ihrem Buch *Talking Climate* einen Wechsel vom »Nudging« zum »Denken«, um stattdessen eine »Klimabürgerschaft« zu befördern.[33] Es geht mithin nicht darum, Einzelpersonen in ihrem Verhalten und in ihrer Rolle als Konsument:innen anzusprechen, sondern die Menschen als Teil einer Gemeinschaft zu begreifen. Denn Menschen seien bereit, ihre Gewohnheiten zu ändern, wenn sie in einer Gruppe agieren. Dies jedoch widerspricht den marktwirtschaftlichen Zielen der Profitsteigerung und den Praktiken der Produktwerbung.

Die modernen Rituale der Kompensation sind aber nicht nur hier zu finden. Ein Kalender wie der bereits angeführte Green Planer fungiert, wenn wir es so betrachten, wie Beten, Rosenkranz und Beichtstuhl in einem. Vor allem die vielen CO_2-Fußabdruck-Rechner treten wie Öko- bzw. Klimabeichtstühle auf. Der gesellschaftliche Umgang, der mit dem Thema gefunden wurde, erinnert an zahlreiche traditionelle, christlich-katholische Riten wie Buße, Beichte und Kollekte. Wer sich mit dem katholischen Ritual der Beichte befasst, findet Appelle ans Gefühl, die besagen, dass es bei Buße und Beichte darum geht, seine Sünden »wirklich« zu bereuen. Denn nur, wer »tatsächlich Reue empfindet«, könne vor zukünftigen Fehlschritten bewahrt werden. Weil die Beichte ein so bekanntes Ritual ist, wurden immer wieder mobile »Ökobeichtstühle« aus Stoff und Pappe für Aktionen im öffentlichen Raum oder innerhalb von Ausstellungen zu ökologischer Nachhaltigkeit aufgestellt. Sie weisen so ernst wie spielerisch auf die Rolle jedes Einzelnen und sein schlechtes Gewissen hin, wie beispielsweise der »Ökobeichtstuhl«, der von Forschenden der Zürcher Hochschule für Angewandte Wissenschaften Wädenswil 2016 entwickelt wurde und der Besucher:innen das verschiedene Gewicht unterschiedlicher ›Ökosünden‹ und die Doppelmoral ihres täglichen Lebens erkennen lassen soll.

Doch wer kann den modernen Menschen der Industrienationen eigentlich ihre Klimaverfehlungen vergeben? Natürlich weder das Klima selbst noch die Menschen, die kaum Emissionen verursacht haben und bereits unter den Folgen leiden. Ein naheliegendes Verhalten ist stattdessen die Umrechnung von Schuld in Geldspenden – auch dies erinnert an religiöse Vorbilder. Im Fall vom Klima bedeutet dies, Geld an Umweltorganisationen zu spenden oder einen CO_2-Ausgleich als Kompensation zu leisten.

Auch diese Spenden sind ambivalent. Beim Kompensationsrechner der gemeinnützigen Organisation Atmosfair werden mir anders als beim CO_2-Fußabdruck als Vergleichsgröße und zur Steigerung meines schlechten Gewissens die durchschnittlichen Jahresemissionen einer Einwohnerin Äthiopiens angezeigt, im Westen die Symbolfigur für ein unterentwickeltes Leben ›auf Sparflamme‹. Diese betragen 560 kg – entsprechen also einem Flug nach London. Als klimafreundliches Jahresbudget für 1,5 Grad nennt das Abkommen von Paris 1500 kg CO_2.

Wie rechnet Atmosfair CO_2 in Euro um? Was ist der zugrundeliegende Wechselkurs? Bei Atmosfair sind es knapp 10 Euro pro Tonne, wobei der Umrechnungskurs nicht den realen Schäden entspricht, die mit bis zu 260 Euro pro Tonne veranschlagt werden. Das Unternehmen steckt das Geld, wie auch im Kyoto-Protokoll für den Zertifikathandel vereinbart, in CO_2-sparende Klimaschutzprojekte und in die »nachhaltige Entwicklung durch Technologietransfer und Armutsbekämpfung«, indem Entwicklungsländern Zugang zu sauberen, erneuerbaren Energien ermöglicht wird. Meine Spende wird nicht zu einer CO_2-Senke in Form neuer Bäume, Einsparungen oder einer Renaturierung von Mooren in Deutschland, sondern zu Entwicklungshilfe. Andere Anbieter kompensieren Flugreisen, indem sie Kleinbäuer:innen aus Ländern wie Nicaragua dafür bezahlen, die Wälder dort für die Flugreisen der Industrienationen aufzuforsten.

Dabei kompensiert die Forstnation Deutschland, die selbst das Ergebnis einer Geschichte intensiver Entwaldung ist, ihren Konsum und CO_2-intensiven Lebensstil mit Aufforstungsprojekten in Entwicklungs- und Schwellenländern. Indem die CO_2-Kompensation als Entwicklungshilfe nur eine Richtung kennt, offenbart sich ein altes Nord-Süd-Gefälle, auf das ich im vierten Kapitel weiter eingehe. Während eines

Workshops, bei dem auch Künstler:innen aus zentralafrikanischen und lateinamerikanischen Ländern zugegen waren, mündete diese Beobachtung in die Bemerkung eines Künstlers aus Zentralafrika: »Wieso forstet Ihr nicht Eure eigenen Wälder in Europa auf? Ihr wollt nur Euer schlechtes Gewissen gegenüber Euren alten Kolonien damit bereinigen, dass Ihr Eure Verfehlungen bei uns kompensiert.« So heilsam die Vorstellung von Renaturierung egal wo auf diesem Planeten auch ist – dass eine Kleinbäuerin in Lateinamerika Bäume für meinen Lebensstil in Europa pflanzt, besitzt einen neokolonialen Beigeschmack.

Wut und Verzweiflung

Im Roman von Kim Stanley Robinson *Das Ministerium der Zukunft* (2021) gibt es Klimaterroristen, die Ölfirmen und die reichsten Menschen für ihr klimaschädliches Handeln zur Rechenschaft ziehen. Der Roman spielt nach 2030, in einer Zeit, in der es bereits so große Hitzewellen gibt, dass mehrere Millionen Menschen in ihnen tödlich kollabieren. Beim Weltwirtschaftsforum in Davos werden die Finanziers mehrere Tage lang in ihrem luxuriösen Kongresshotel als Geiseln festgesetzt, um ihnen in Form von Bildvorträgen die Auswirkungen ihrer Taten auf die Erde vorzuführen – worüber diese jedoch nur lachen. Das zwischenstaatliche Ministerium für die Zukunft selbst hat eine geheime Einheit, bei der unklar bleibt, ob sie verantwortlich ist für ökoterroristische Taten, bei denen unzählige Flugzeuge abstürzen, so dass sich die Menschen nicht mehr trauen zu fliegen.

Beim Lesen des Romans kann sich eine sonderbare Entlastung breitmachen. Es erscheint als befreiend, zumindest im Roman, auch die Option des Widerstandes mitzudenken. Die Psychologie sagt, dass Gefühle Bedürfnisanzeiger und Handlungsmotivationen sind. Wut kann ein Gefühl sein, das entfesselt und zerstörerisch ist. Es ist aber auch ein Gefühl, das auf die Erfahrung von großer Ungerechtigkeit hinweist. Hier kann es zum Motor werden, weil es Chancen für Handlungen eröffnet. So könnte das Gefühl der Wut auf Klimaungerechtigkeit hindeuten, also auf die extrem ungleich verteilten sozialen Ursachen und Folgen der globalen Erwärmung oder aber darauf, dass trotz besseren Wissens viel zu wenig getan wird. In beiden Fällen kann Wut zum Ausgangspunkt von Handlungen werden.

Der zivile Ungehorsam ist im Fall der globalen Erwärmung nicht nur eine Frage des Gewissens, er zieht seine Berechtigung aus den Ergebnissen der Klimaforschung. Gerade Gruppen wie Extinction Rebellion oder Letzte Generation begründen ihren Protest als Pflicht zum zivilen Ungehorsam, weil auf der politischen Ebene der Staaten das Wissen nicht ausreichend umgesetzt wird. Aus diesem Grund blockieren sie Infrastrukturen des fossilen Lebens wie Flughäfen, Autobahnen oder Braunkohlebagger. Oder sie kleben sich mit Sekundenkleber an viel befahrene Straßen, weil sie die Erfahrung gemacht haben, dass es sonst kaum mehr mediale Reaktionen auf ihren Protest gibt. Andere treten aus Wut oder Verzweiflung in den Hungerstreik. Sie folgen dem bereits erwähnten Reaktionsmuster »Ich störe den Theaterabend massiv, bis das Feuer gelöscht ist«, indem sie den reibungslosen Ablauf der gut geölten Gesellschafts-Maschine mit Guerilla-Methoden durchkreuzen.

In *Überlege genau, wie Du mit Emotionen umgehst,* einem Kapitel des Handbuchs *Über Klima sprechen,* schreibt Christopher Schrader über die Wut im Kontext des Klimawandels. Während er Sorge als Schlüssel betrachtet, betont er den »schillernden Effekt« von Ärger. Dieser könne aktivieren, indem er den Gerechtigkeitssinn anspricht. Er könne aber auch das Verlangen nach Strafe und Rache bewirken. Wut stehe für ein negatives Gefühl, das es im Zuge einer erlernten »Affektkontrolle« unbedingt zu zähmen gelte, weil ungezügelte Wut unkontrollierbar ist und »nicht mehr in konstruktives, zielgerichtetes Handeln« münden, sondern sich sogar in zerstörenden Hass verwandeln könne.[34]

Die reflexhafte Abwehr von Wut ist bedenkenswert. Es gilt für alle Gefühle, dass sie uns im Moment ihrer größten Intensität so stark vereinnahmen, dass sie unkontrollierbar werden. Doch Wut ist gesellschaftlich besonders sanktioniert, weil sie zerstörerisch ist oder sogar auf die Verletzung von anderen zielt. Dies jedoch ist weder mit der Moral noch den Rechtsgrundlagen unserer Gesellschaft vereinbar. Aus diesem Grund erklären Bewegungen wie Fridays for Future oder Extinction Rebellion den Pazifismus zu ihrem Prinzip und betonen die Kraft von gewaltfreiem Widerstand, bei dem weder Personen noch Besitz verletzt werden.

Pia Klemp, eine Menschenrechtsaktivistin und Kapitänin für Meeresschutzorganisationen wie Sea-Watch, schreibt in ihrem Buch *Wutschrift. Wände einreißen, anstatt sie hochzugehen*, wie Wut gerade bei Frauen im Modus des *Tone Policing* genutzt wird. Dies besteht darin, eine Stimme als »lachhaft und neurotisch, wenn nicht gar verrückt« unglaubwürdig zu machen und auf diese Weise letztlich zum Schweigen zu bringen, während im Gegensatz dazu öffentlich gezeigte Wut Männern durchaus zugestanden wird. Wer mit verzerrtem Gesicht zetert, heult oder schreit, den nimmt keiner ernst, man denke an die vielen verunglimpfenden Fotos von Greta Thunbergs Rede auf dem Weltwirtschaftsgipfel 2019 in Davos, die sie als unkontrolliert und hysterisch darstellten. Klemp tritt in ihrem Buch dafür ein, Wut als Gefühl zu nutzen, denn »sie verkörpert die Verneinung einer pathologischen Gesellschaftsordnung und ein Beharren auf Mündigkeit und Beteiligung.«[35]

Der norwegische Humanökologe und Aktivist Andreas Malm sieht die Wut ebenfalls als Schlüssel für einen Protest gegen das Nichthandeln an. Er meint, dass sich die Gefühle von Wut und Ohnmacht über die extreme Klimaungerechtigkeit so aufstauen werden, dass sie sich irgendwann wie ein platzendes Ventil entladen. Denn die Industriegesellschaften selbst seien gefangen in struktureller Gewalt. Statt einen Workshop über die mit dem Klimawandel verbundenen Gefühle zu empfehlen, würde er dafür plädieren, sich intensiv dem Gefühl der Wut über die Klimaungerechtigkeit zu widmen und einen Workshop zu Sabotage und aufständischer Mobilmachung zu besuchen. In seinem Buch *Wie man eine Pipeline in die Luft jagt. Kämpfen lernen in einer Welt in Flammen* von 2020 führt Malm zunächst auf vielen Seiten und in besonders drastischer Sprache die unzähligen Fakten zum ökologischen Niedergang ins Feld, um diese dann mit den Profiten eines Finanzsystems zu kontrastieren, das mit fossilen Energien untrennbar verwoben ist. Er möchte das Gefühl der Verzweiflung nutzen, um zum Handeln zu gelangen. Es geht darum, das Finanz- und CO_2-System als Systeme der Gewalt zu erkennen, die den Menschen etwas antun. Es geht ausdrücklich nicht darum, die eigene Machtlosigkeit und Verzweiflung achtsam wegzuatmen und mit der Macht der Systeme weiterleben zu lernen, sondern ganz im Gegenteil darum, angesichts der Tatenlosigkeit von Politik und Unternehmen Wut zu entwickeln. Wie man dem Titel bereits entnehmen kann, will Malm letztlich die Sabotage von fossiler Infrastruktur begründen. In einem kurzen geschichtlichen Abriss verschiedener Widerstandsbewegungen durchleuchtet er, inwiefern Suffragetten, Apartheid-Gegner oder Gegner der Sklaverei Gewalt gegen Infrastrukturen strategisch einsetzten. In seinem Fazit zitiert Malm eine Passage aus *Die Verdammten dieser Erde*, einem Buch des Vordenkers der Entkolonialisierung Frantz Fanon, der ausgehend vom algerischen Unabhängigkeitskrieg schrieb, die Gewalt wirke »entgiftend«. Sie befreie den Kolonisierten »von seinen kontemplativen und verzweifelten Haltungen. Sie macht ihn furchtlos, rehabilitiert ihn in seinen Augen.«[36] Auch das Leben in modernen, kapitalistischen Systemen ist von struktureller Gewalt geprägt. Wie im archaischen Familienmodell mit autoritärer Vaterrolle werden auch Bürger:innen in einen Double-Bind mit der Macht der auf Profit und

CO_2 basierenden Finanzwelt verstrickt.[37] Aus diesen Verstrickungen hilft eher Wut, weil sie zur Tat drängt, als Trauer gegen die erlittene Ungerechtigkeit und Ohnmacht.

Malm ist mit dieser Ansicht nicht allein, Gewalt gegen Infrastrukturen wird inzwischen immer häufiger als probates Mittel eines notwendigen, zivilen Ungehorsams angesehen – bei der Sperrung von Autobahnen, bei zum Abholzen freigegebenen Wäldern oder gegen Braunkohlebagger. Pia Klemp zitiert den Holocaustüberlebenden Elie Wiesel, der sagte: »Ich habe immer daran geglaubt, dass das Gegenteil von Hass, nicht Liebe ist, sondern Gleichgültigkeit [...] Das Gegenteil von Hoffnung ist nicht Verzweiflung, es ist Gleichgültigkeit. Gleichgültigkeit ist nicht der Anfang eines Prozesses, es ist das Ende eines Prozesses.« Die Wut, so Klemp, steht im Gegensatz zur Gleichgültigkeit, sie wandelt die negativen Gefühle in »die innige Verweigerung des Bestehenden«.

Es ist vorbei – den Zusammenbruchs der Systeme akzeptieren

Der Klimawandel hat jetzt bereits drastische Auswirkungen, daran lässt sich nur noch wenig ändern. Und alles wird noch schlimmer, denn aktuelle Einsparungen machen die Treibhausgasemissionen der vergangenen Jahrzehnte nicht rückgängig. In Reaktion auf diesen Gedanken macht sich fatalistisches Denken breit. Es hat inzwischen einige namhafte Verfechter. Zu nennen wären Autoren wie Roy Scranton, David Wallace-Wells oder Jonathan Franzen, die auf die Einsicht drängen, die ökologische Krise sei nicht mehr abzuwenden und die Zivilisation unaufhaltsam dem Zusammenbruch geweiht. Franzen meint: »Das Spiel ist aus. Der Petro-Konsumismus hat gewonnen.« Die Frage »Wann hören wir auf, uns etwas vorzumachen?« gehöre zu einem angemessenen Klimarealismus, die falsche Hoffnung auf Rettung müsse endlich aufgegeben werden. Auch die sogenannten Kollapsologen (wörtlich: Lehre vom Zusammenbruch) denken die Welt vom Schlimmsten her, vom Zusammenbruch der biologischen, technischen und sozialen Systeme der »thermo-industriellen Gesellschaft«. Auf diesen Kollaps gelte es sich emotional vorzubereiten. Vertreter der »Kollapsologie« sind französische Agrarwissenschaftler und Systemwissenschaftler wie Pablo Servigne oder Adrien Couzinier. Srecko Horvat wiederum argumentiert in seinem Buch *After the Apocalypse* für die ungeschönte Offenbarung und Enthüllung der vielen systemisch ineinandergreifenden Probleme.

Wenn ich die Texte dieser Autoren lese, meine ich zwischen all den überzeugenden Beschreibungen und Argumenten auch einen gewissen Stolz aufblitzen zu sehen. Denn all diese Autoren proklamieren für sich selbst, nicht feige, sondern heldenhaft und stark genug zu sein, um mit offenen Augen in die zukünftige Zerstörung zu blicken, also den Mut aufzubringen, die Folgen zu denken und sie ihren Mitmenschen zu offenbaren. Dies erinnert ein wenig an die Futuristen, jene Künstlergruppe aus Italien, deren Mitstreiter sich bereitwillig zum Ersten Weltkrieg meldeten, um in radikaler Vernichtung einen Neuanfang zu ermöglichen. Das Heroische der Gedanken wird gesteigert, weil die Kollapsologen immer wieder mit dem mythischen Bild und der apokalyptischen Grundstruktur vom Weltuntergang arbeiten. Sie erzählen den globalen Kollaps als eine Abfolge von Ereignissen, die auf ein einziges und absolutes Ereignis – den globalen Zusammenbruch – zusteuern.

Was aber an dieser klimatisch grundierten Lehre der letzten Dinge, dieser Klima-Eschatologie, richtig erscheint: Wenn ich zur Akzeptanz der Klimakrise gelange, bedeutet dies keineswegs Resignation und Ertrinken in Sinnlosigkeit, sondern die Möglichkeit, die Tür zu einem neuen Denken aufzustoßen – zu einem Denken, in das ich das grundererschütternde Wissen um die unumkehrbaren Veränderungen integriert habe. Ich erkenne meine Rolle als Mitverursacherin an, ich akzeptiere meine Kleinheit und Überforderung und alle daran anknüpfenden Gefühle. Denn für einen Wandel auf persönlicher wie gesellschaftlicher Ebene besteht der erste Schritt darin, Gefühlen von Ohnmacht, Abwehr oder Kontrollverlust Raum zu geben. Diese vermeintlich fatalistische Reaktion ist also ein Moment der Öffnung und Aufweichung und nicht der Verengung und Erstarrung. Der Prozess zielt auf Veränderung und ermöglicht Handeln.

Wer auch emotional anerkennt, dass sich die Erde aufgrund menschlicher Eingriffe unumkehrbar verändert, macht wie bei einem Anonymen Alkoholiker, der sich seinen Alkoholismus jeden Tag neu eingesteht, ein anderes Denken möglich. Es lässt neue Verbindungen aufscheinen und setzt bestenfalls einen inneren Wandel frei, der zum Motor auf anderen Gebieten werden kann, also im politisch Kleinen oder Großen. Das ändert nichts an der bangen Ungewissheit, ob überhaupt genug Zeit bleibt, den Wandel zu vollziehen – ganz wie im Fall von medizinischen Diagnosen, die ein zukünftig eingeschränktes Leben oder sogar einen schnellen Tod prognostizieren. Es geht darum, die Grundannahmen radikal in Frage zu stellen und sich dem trivialen Zwangsoptimismus zu verweigern.

Streckübungen, um die Gefühlsbarrieren zu durchbrechen

Erich Kästner schrieb einmal, »wer keine Angst hat, der hat kein Fantasie.« Der bereits zitierte Philosoph Günther Anders begann in Anbetracht von Holocaust und den Atombomben auf Hiroshima und Nagasaki über »moralische Fantasien« nachzudenken. Ihm wurde klar, dass sich niemand die neue Realität einer möglichen totalen Vernichtung der Menschen durch Menschen vorstellen könne.[38] Anders' Gedanke wird inzwischen seit vielen Jahren auf die Realität des Klimawandels übertragen. Wenn die rot getönten Weltkarten der zunehmenden Erwärmung und die bereits jetzt sich abzeichnenden zukünftigen Veränderungen mit Vorstellungen gefüllt werden sollen, steht man vor dem Problem, »die Kapazität und Elastizität unseres Vorstellens und Fühlens den Größenmaßen unserer eigenen Produkte und dem unabsehbaren Ausmaß dessen, was wir anrichten können, anzumessen [...], uns also als Vorstellende und Fühlende mit uns als Machenden gleichzuschalten.«[39] Anders brachte den Begriff der Apokalypseblindheit in die Diskussion ein. Er schlug als Therapie vor, Streckübungen des Gefühls und der Vorstellungskraft zu machen, um die globale menschliche Wirkmacht über den Planeten denken und fühlen zu können.

Auch die Transformationsforschung betont, wie wichtig diese Dimension ist. Denn anders als verordnete Reformen meint der Begriff der Transformation eine tiefgreifende Veränderung aller Lebensstile und Lebensbereiche. Dieser Wandel ist nicht nur äußerlich, kommt nicht technokratisch und kontrolliert von oben, sondern soll von jedem Einzelnen auch auf persönlicher Ebene vollzogen werden. Ein Weg zu einem solchen Wandel führt über die persönliche Veränderung und die Bewusstwerdung dessen, was der ökologische Niedergang mit unseren Gefühlen macht.

In den vielen Artikeln und Beiträgen zur Psychologie des Klimawandels lese ich, dass wir das Thema »vom Kopf in die Herzen« bringen müssen. Dass wir einen emotionalen Bezug zur Krise benötigen, um sie endlich als das zu erkennen, was sie *wirklich* bedeutet. Hier verdichtet sich ein radikaler Gedanke: Die Krise als das zu sehen, was sie ist, bedeutet zu erkennen, dass sie nicht, wie das Wort ›Krise‹ nahelegt, vorbeigeht. Die globale Erwärmung ist der Anfang einer neuen Realität, der Wandel hat bereits begonnen und kann nicht mehr rückgängig gemacht werden. Die Klimakatastrophe ist kein surrealer und böser Traum. Stattdessen braucht es den Mut, den Niedergang der Ökosysteme aufgrund menschlicher Eingriffe als Realität zu denken und zu fühlen. »Die Bewusstwerdung der Klimakrise hat sich für mich angefühlt wie eine Krebsdiagnose. Das weiß ich, weil ich selbst vor ein paar Jahren mal eine Krebserkrankung überlebt habe«, schreibt die Psychotherapeutin Lea Dohm.[40] Wie bei der Diagnose von Krebs, also wuchernden Zellen, die einen gesunden Organismus schädigen, geht es darum anzuerkennen, wie schädlich die Lebensweise der Industriekulturen für die Ökosysteme ist und für jene Schäden die Augen zu öffnen, die bereits entstanden sind. Sich diesem Gedanken auszusetzen bedeutet nicht, wie das Kaninchen auf die Schlange zu starren, sich also von apokalyptischen Vorstellungen in einen Zustand der Erstarrung hypnotisieren zu lassen, sondern die Angst als Gefühl zu verarbeiten. Es geht darum, aus der Erschütterung ein offeneres Denken zu entwickeln, das sich nicht aufgrund von Denkschranken in Form von Ängsten verengt oder von Scheinlösungen blenden lässt.

Hier lassen sich die fünf Phasen der Trauer anführen, die aus der Begleitung von Menschen mit lebensgefährlichen Diagnosen abgeleitet wurden. Sie beschreiben einen Zyklus, der damit beginnt, dass wir die Diagnose nicht wahrhaben wollen und die Überbringer der Botschaft anzweifeln. Dazu gehören auch das Leugnen und Verdrängen. Ein nächster Schritt ist der Zorn, der daraus resultiert, dass die Krankheit gerade mich ereilt. In der dritten Phase beginne ich, mit dem Schicksal zu verhandeln, um Auswege und Lösungen zu suchen. Eine weitere Phase ist die Depression. Sie besteht in der tiefen Trauer über die eigene Krankheit und letztlich den eigenen Tod. Wenn ich die Diagnose begriffen habe – und dazu braucht es Zeit –, kann eine letzte Phase folgen: die der Akzeptanz. Diese fünf Phasen der Trauer gelten heute nicht mehr als strenge Abfolge. Vielmehr bleiben die einen beim Nicht-Wahrhaben-Wollen stehen, andere wechseln zwischen Verhandeln und Depression hin und her. Wenn wir die fünf Phasen der Trauer auf den Umgang mit dem Klimawandel übertragen, sehen wir, dass alle Phasen gegenwärtig zu beobachten sind. Je nachdem, welche Erfahrungen ich in meinem Leben gemacht habe, welchen »Rucksack« an Emotionen und Prägungen ich bereits mit mir herumtrage, werde ich an anderen Stufen dieses Zyklus' festhängen oder auch scheitern.

Wo sind die Übungsräume für derartige Streckübungen? An Orten wie Meditationszentren oder Arztpraxen, in Schulen, bei Klimacamps oder in Museen und im Theater? Im Alltag gibt es wenige Gelegenheiten, über die Klimakrise und die eigenen Gefühle zu sprechen. Wenn wir Bücher lesen, die uns die Klimawandelfolgen in den schlimmsten Farben ausmalen, oder Berichte hören, die den Wandel an fernen oder nahen Orten auflisten, bleiben wir oft damit alleine. Die Gesprächspartner:innen fehlen, weil Freunde abblocken, zu traurig, wütend oder verzweifelt werden oder weil die Situation nicht den richtigen Rahmen für Gefühle bildet. Wer den Moment kennt, an dem das Thema stumm macht, fragt sich vielleicht, wie dieser Punkt zu überwinden ist und ob dies überhaupt alleine gelingen kann. Auf diese Situation reagieren seit kurzer Zeit eine Reihe von Workshops verschiedener Anbieter, etwa den Psychologists for Future, die Gesprächsgruppen zur emotionalen Verarbeitung der Klimakrise anbieten, oder den Pioneers of Change. Um zu verdeutlichen, wie diese Workshops angelegt sind, verweise ich auf die detaillierte Beschreibung eines solchen Formats in Richard Stieglers Buch *Warum uns der Klimawandel an innere Grenzen bringt … und wie wir daran wachsen können*, das ein betreutes Klimawandel-Verarbeiten verspricht.[41]

Auch wenn beim Lesen deutlich wird, wie offen jemand bereits sein muss, um sich in dieser Form mit den eigenen Gefühlen und mit der Natur auseinanderzusetzen, bin ich sicher, dass es zukünftig immer mehr solcher Bücher und Workshops geben wird. Doch auch die Räume der Kultur, also Bücher, Filme, Computerspiele, Kunst und Theater, sind immer häufiger Orte, an denen Streckübungen der Fantasie und des Fühlens gemacht werden können. Auch hier eröffnen sich neue Möglichkeiten, wenn die Erzählungen das rein wissenschaftliche Erklären und Belehren hinter sich lassen.

Auf einem Workshop für den PACT Zollverein, einem internationalen Zentrum und Produktionshaus für die darstellenden und bildenden Künste in Essen, stellte ich zum Thema »Zukünfte, Ökologie und Bilder« eingangs die Frage, mit welchem Ereignis der Zukunft die Teilnehmenden bereits heute sicher rechnen würden. Die Gruppe bestand aus mehr als dreißig internationalen Künstler:innen nicht nur aus Deutschland, sondern auch aus Peru, Portugal, Brasilien, Polen, Nigeria, Pakistan und Indonesien. Schnell merkte ich, welche unmögliche Aufgabe ich den Teilnehmenden gegeben hatte. Wenn wir über die Zukunft nachdenken, gibt es fast keine sicheren Annahmen. Stattdessen fallen Sätze wie: »Ich hoffe, dass …«, »Ich befürchte, dass…«, »Die Menschen sollten …«. Die meisten Äußerungen betrafen globale Umstände, zum Beispiel: »Ich befürchte, dass das große Artensterben nicht aufgehalten wurde.« Oder: »Ich hoffe, dass die Menschen endlich den Kapitalismus eingrenzen.«

Die Sprache, in der wir über die Zukunft sprechen, ist die der Ängste und Hoffnungen. Woher aber die Hoffnung nehmen? Auf der bereits genannten Website *Is this How You Feel?* knüpften 2020 viele Klimaforscher:innen ihre Hoffnungen an Greta Thunberg und die Schülerstreiks von Fridays for Future, also an die Kinder – und damit die am wenigsten Erfahrenen, Machtlosesten und Schwächsten der Gesellschaft, weil sie es waren, die erstmals Bewegung in die Politik brachten.

Auch ich setze die Hoffnung an den Schluss dieses Kapitels. Als könne man einen Erzählstrang nicht im Schwebeakkord aus Angst und Wut enden lassen oder im Horror des Untergangs. Die Frage *Was darf ich hoffen?* ertönt im Falle der niederschmetternden Belastungszeugen, die der Klimawandel als Realität ins Gericht bringt, nur noch ganz leise. *Nichts!* scheint die Antwort zu sein. *Ihr und Euer ganzes falsches Leben werdet untergehen!* Wer hofft, steckt den Kopf in den Sand oder ins Wolkenkuckucksheim, ist eine unverbesserliche Optimistin oder geht den Erzählungen vom technischen Fortschritt oder vom Markt, der alles richtet, auf den Leim.

Der deutsch-jüdische Philosoph Ernst Bloch veröffentlichte nach dem Zweiten Weltkrieg das Buch *Das Prinzip Hoffnung*, in dem er Tagträume als Weg aufzeigte, um eine andere Imaginationsquelle für eine bessere Zukunft zu erlangen. Dann empfahl mir jemand das Buch *Radikale Hoffnung* des US-amerikanischen Philosophen Jonathan Lear. Auch darin spielen Träume eine zentrale Rolle. Lear erzählt vom letzten Häuptling der Crow, Plenty Coups, der den radikalen Wandel seiner Kultur am Ende des 19. Jahrhundert erlebte. Dabei geht es nicht um die oberflächliche westliche Idee einer zum Schluss versöhnenden »Indianerweisheit«, sondern um den universellen Gedanken einer »Ethik im Angesicht kultureller Zerstörung«, den Lear in angedeuteter Analogie zu heutigen ökologischen Krisen und kriegerischen Auseinandersetzungen entfaltet, um an den Mut zur Hoffnung zu appellieren. Plenty Coup weigerte sich mit dem Satz »Danach ist nichts mehr geschehen«, die Geschichte nach der Vernichtung der Büffelherden und der Einwilligung ins Reservatleben am Ende seines Lebens seinem Chronisten 1930 zu erzählen.[42] Lear nimmt diese Äußerung zum Anlass, um auszuloten, was es bedeutet weiterzuleben, nachdem die eigene Lebensweise und Kultur zusammengebrochen ist und ihren Sinn unwiederbringlich verloren hat. Wie viele Kulturen pflegten auch die Crow stimulierende Rituale des Träumens, die sie als Quelle der Erkenntnis nutzten. Und so war es insbesondere die Deutung eines Traums von Plenty Coups, den er im Alter von neun Jahren noch vor dem Niedergang des Lebens als nomadische Krieger im »kreativen Gebrauch seiner Vorstellungskraft« geträumt hatte und der ihm den Weg über den Abgrund wies.[43] In diesem Traum vernichteten die vier Winde, jeder aus einer anderen der vier Himmelsrichtungen kommend, einen robusten Wald bis auf einen einzigen Baum. Plenty Coups und die Stammesältesten deuteten den Traum als Offenbarung des anstehenden Endes der traditionellen Lebensweise ihres Stammes, den Zusammenbruch ihrer Kultur.

Am Ende dieses Kapitels möchte ich Lear länger zitieren, da seine Beobachtungen für unseren Zusammenhang wichtig sind. Er formuliert die Deutung des Traums spekulativ aus:

»Es werden Veränderungen eintreten, die alles übersteigen, was wir uns derzeit vorstellen können. Sicher wissen wir nur, dass wir uns der Zukunft nicht auf jene Weise stellen können, die uns bisher offenstand. Nun geht es nicht mehr darum, die nächste Büffeljagd oder den nächsten Überfall auf die Sioux zu planen. Wir müssen alles tun, was in unserer Macht steht, um unsere Vorstellungskraft für radikal andersartige Möglichkeiten zu öffnen.«[44]

Und weiter: »[G]erade weil Plenty Coups erlebt, wie eine traditionelle Lebensweise zu Ende geht, kann er sich eine besondere Form der Hoffnung zu eigen machen. Im Grunde ist es eine Hoffnung auf *Wiedererweckung*: auf eine Rückkehr ins Leben, die noch nicht ganz begreifbar ist.« *Radikal* ist die Hoffnung, »weil sie sich auf eine Güte richtet, die das gegenwärtige Vermögen übersteigt, einzusehen, worin die Hoffnung besteht. Radikale Hoffnung antizipiert ein Gut, für das allen, die eine solche Hoffnung hegen, bislang die angemessenen Begriffe zum Verständnis fehlen.« Diese Hoffnung muss sich aber mit dem Mut verbinden, wie Lear weiter ausführt. »Genau dieser Wirklichkeit – dem Mangel an Begriffen – muss man sich stellen, und es scheint, dass man kreativ vorgehen muss, um einer solchen Herausforderung gerecht zu werden.«

Natürlich können nicht alle Gedankengänge, die Lear in seine Interpretation einfließen lässt, im Rahmen dieses Fazits angemessen wiedergegeben werden. Aber der Gedanke, den Mut mit der Hoffnung trotz fehlender Begriffe und Vorstellungen zu verbinden, ist wesentlich. Lear fasst den Mut (mit Aristoteles) als eine Haltung, die nicht nur Furcht und Wagnis in Einklang bringt und die Situation umfassend erkannt hat, sondern auch ein radikales Risiko eingeht. Nämlich das Risiko zu hoffen – trotz des Unvermögens, das Neue zu denken, weil in der neuen Zeit die alten und bekannten Wertmaßstäbe nicht mehr gelten werden.[45]

Der Satz meiner Großtante, mit dem sie meine kindliche Furcht vor einem Atomschlag beruhigen wollte, erscheint mir nun in neuem Licht. Sie sagte damals zu mir, die Zukunft wäre immer ganz anders, als wir sie uns vorstellen könnten. Ohne zu wissen, ob sie es so meinte, verstehe ich den Satz nun neu: Es gibt Grenzen, für die wir (noch) keine Begriffe haben. Und: Wir müssen den Mut aufbringen, auf etwas Gutes jenseits des Abgrunds zu hoffen.

3. Politik der Bilder? Vom Wissen und Handeln

Woher wissen Sie vom Klimawandel?

Was kann ich wissen? Was soll ich tun? Diese beiden ersten Fragen aus Immanuel Kants Erkenntnislehre können für die Debatte, die am Schnittpunkt von Wissenschaft und Politik geführt wird, leitend sein. *Wir müssen nicht nur wissen, was wir glauben, sondern auch glauben, was wir wissen,* lautet ein oft wiederholter Satz zu der Frage, wieso das Wissen nicht zu wirksameren Handlungen führe. Das Vertrauen in die Wissenschaft ist sehr groß, gleichzeitig wird darüber gestritten, was das Wissen für die Politik bedeutet. Zudem trennte Kant mit seinen Fragen die Bereiche des Wissens und der Moral, die in der Wirklichkeit jedoch auf vielen Ebenen vermischt sind.

Woher wissen Menschen in Deutschland vom Klimawandel? Und was entscheidet darüber, ob sie ihr Handeln von diesem Wissen abhängig machen oder eben nicht? Wie geht es Ihnen selbst, können Sie sich an die Quelle des Wissens erinnern? Waren es Medien wie Zeitungen, Fernsehen oder ein Dokumentarfilm? Waren es ein Lehrer oder eine Lehrerin im Unterricht in der Schule, die Ihnen davon berichteten? Stammt dieses Wissen von Eltern, Freunden oder anderen Vertrauenspersonen? Wie lange ist Ihnen das Thema bereits präsent? Gehören Sie zu denen, die zwar schon lange vom Klimawandel wissen, aber erst kürzlich die Größe des Problems erkannten? Oder wissen Sie von der globalen Erwärmung gar aus eigener Erfahrung?

Die Frage nach dem *Woher* erlaubt es, die vielen Facetten des eigenen Klimawissens aufzuzeigen, die zwischen bereits bestehenden Einstellungen, direkten Erfahrungen,

Erzählungen und dem Wissen aus Medien unterschiedlichster Art liegen. Was ich wissen *kann*, ist dabei durch ganz unterschiedliche Aspekte begrenzt.

»Was wir über unsere Gesellschaft, ja über die Welt, in der wir leben, wissen, wissen wir durch die Medien.«[1] Lange Zeit galt dieser Satz des Soziologen Niklas Luhmann auch für das Wissen über den Klimawandel. Die meisten Menschen konnten zunächst allein aus Medien vom Klimawandel wissen. Also aus Zeitungen, Fernsehen oder dem Internet, aus Studien oder Vorträgen. Es war zuerst vermitteltes Wissen, dem sie Glauben schenkten. Lange Zeit galt dies auch für die Klimaforschung. Das Problem zeigte sich zuerst in den Daten, die die Forscher:innen zusammenführten, also über Jahrzehnte geführte Messreihen an Hunderten von Orten und der Hochrechnung dieser Erkenntnisse in die Zukunft. Die Basis des Wissens war abstrakt. Sie bestand aus Forschungsresultaten, physikalischen Zusammenhängen, Zahlen und Statistik, Karten und Kurven. In Zeitungen tauchten auch Fotografien von fernen Orten auf, an denen die Auswirkungen des Klimawandels bereits sichtbar wurden.

Doch das abstrakte Wissen wird immer konkreter. Die Häufigkeit von Dürren, warmen Wintern, Starkwetterereignissen, Waldbränden und Hitzewellen verändert die Wahrnehmung der abstrakten Nachrichten aus der Forschung. Als wäre uns das vorher nicht aufgefallen: Plötzlich erleben wir, was in den Kurven und Karten noch weit entfernt schien.

In diesem Kapitel geht es um die wissenschaftlichen Deutungen und Forschungen zum Klimawandel, um die Informationen und Fakten, welche die Wissenschaft in jahrzehntelanger Arbeit zusammengetragen hat. Und es geht um die schmerzhafte Frage: Wieso reichte es nicht, all das zu wissen, um eine wirksame Politik zu betreiben? Alle, die es wissen mussten, also die politischen Entscheidungsträger, *konnten* es wissen. Und sie konnten auch wissen, was sie tun *sollten*. Was tatsächlich getan wurden, reichte aber nicht.

Wenn ich sehe, wie Wetter und Klima seit dem 18. Jahrhundert erforscht werden, bin ich beeindruckt von den unzähligen Wetterassistent:innen, die akribisch ihre Listen führten, in die sie dreimal täglich Wetterdaten eintrugen. Inzwischen gibt es Tausende von Wetterstationen, viele davon funktionieren heute automatisiert, aber immer noch braucht es unzählige Helfer:innen für die tägliche Wetterchronik.

Aber auch die Vorstellung der internationalen Zusammenarbeit, die über politische Grenzen hinweg das Klima erforscht, ist beachtenswert. Das Wetter- und Klimawissen wird seit jeher geteilt, es ist öffentlich. Auch unter den schwierigsten Bedingungen wird das Wetter beobachtet. In der Wetterstation auf dem Telegrafenberg in Potsdam beispielsweise wurde seit 1893 nur an wenigen Tagen nach Kriegsende 1945 nicht gemessen. Ansonsten nahmen die Wetterassistent:innen – aller politischen Systeme und Kriege ungeachtet – jeden Tag ihre Beobachtungen vor. Das Wetter zu messen und vorherzusagen war dabei nie ein rein wissenschaftliches Projekt, das losgelöst von alltäglichen Belangen betrieben wurde. Immer ging es auch um verschiedene Planungen, seien sie landwirtschaftlicher, militärischer oder persönlicher Natur, der Frage etwa, ob ich auf einen Ausflug einen Schirm mitnehmen muss.

Wenn ich mir vorstelle, wie täglich überall auf der Welt im gleichen Moment, als wäre es eine Choreografie, mehrere Hundert Wetterballons aufgeblasen werden und in den Himmel steigen, um weit oben in der Atmosphäre Messungen vorzunehmen, beeindruckt mich das als menschliches Gemeinschaftsprojekt. Haben die aufsteigenden Ballons eine Höhe von 30 Kilometer erreicht, platzen sie und die Messgeräte schweben mit einem Fallschirm zurück auf die Erde. Ebenso faszinieren mich die Methoden, bei denen aus natürlichen Klimaarchiven wie Eisbohrkernen oder Sedimenten in Seen das historische Klima über Jahrtausende und Jahrhunderttausende aus chemischen Analysen abgeleitet wird. Die Eisbohrkerne in der Antarktis reichen über dreitausend Meter tief ins Eisschild, mehr als acht Eiszeitzyklen sind in den Jahr für Jahr abgelagerten Schneeschichten ablesbar. Viel Disziplin steckt in diesen Tätigkeiten, in der Erhebung, der Archivierung und der Aufbereitung der Daten, im akribischen Studieren der Zusammenhänge. Eine Glaziologin erzählte mir, wie sie bei ihrer Forschung in der Antarktis tagsüber mit einem Boot auf einer großen Eisscholle ausgesetzt wird, um ihre Untersuchungen zu machen. Und wie es passierte, dass sie wegen starken Winds und Nebels dort lange Stunden auf den Rücktransport warten musste. Der Wunsch, die Zusammenhänge zu erforschen, bleibt in der Wissenschaft ungebrochen.

Bilder, die die Welt retten? Welche Vorstellungen den Klimawandel verständlich machen

Betrachtet man, wie die Klimaforschung den Klimawandel erzählt, fallen zahlreiche Bilder auf, die in die Berichte eingebunden sind. Es waren insbesondere wissenschaftliche Bilder wie Datenkurven und Karten, die die Klimaforschung nutzte, um ihre Erkenntnisse für Menschen außerhalb der Fachgrenzen zu kommunizieren. Manche Klimabilder gingen sogar »viral«, weil sie das Thema besonders eindrücklich veranschaulichten. Die *Climate Spiral* wurde auf der Eröffnungszeremonie der Olympischen Sommerspiele in Rio de Janeiro 2016 projiziert. Sie zeigt mit der Linie einer anwachsenden Spirale, wie die Temperaturen seit der Industrialisierung anstiegen. Im blau-roten Streifenmuster der *Warming Stripes*, die das Ansteigen der Temperaturen in Gestalt immer röterer Balken besonders prägnant veranschaulichen, gibt es inzwischen Handtücher und bedruckte Tassen. Das wohl plastischste Beispiel sind die grün, blau, gelb und rot gestreiften Schals und Wandbehänge der »climate crafters« vom US-amerikanischen *Tempestry Project.* Dessen Mitglieder stricken lange Schals, die in ihren Streifen die jeweiligen gemittelten Jahrestemperaturen des Wetterarchivs der National Oceanic and Atmospheric Administration (NOAA) repräsentieren. Ich kann mir Wolle, farblich zusammengestellt nach den Temperaturanstiegen meines Geburts- oder Wohnorts über die Website bestellen, also zum Beispiel für Chicago ab dem Jahr 1955. Jede Reihe im Gewebe entspricht einer in Farbe codierten gemittelten Tagestemperatur von – 34 Grad bis + 50 Grad Celsius. Das Ziel, so die Initiator:innen des Projekts, besteht darin, den Klimawandel als etwas zu veranschaulichen, »das akkurat, greifbar und schön ist und wozu ich eine Beziehung herstellen kann«. Ein Wandbehang oder ein Schal auf der Grundlage von Klimadaten erfüllt all diese Kriterien.

Das generelle Signet der globalen Erwärmung sind aber letztlich die zahlreichen ansteigenden Kurven des Wachstums. Sie sind die Signaturen der fossilen Kultur, des Immer-Mehr und der großen Beschleunigung. Es waren Datenkurven und Weltkarten mit Klimazonen, die den Klimawandel für viele erst vorstellbar machten, zittrige Linien, die den Anstieg von CO_2 zwischen zwei Achsen darstellten, Bilder, die Temperaturen, Meeresspiegel, Gletscherrückgang oder die Verteilung von Niederschlägen zeigen und bis ins Jahr 2100 oder sogar bis zum Jahr 2500 reichen – oder Bilder der Klimageschichte, die mehrere hunderttausend Jahre zurückführen. Manche Bilder sind so komplex, dass sie nur von Wissenschaftler:innen gedeutet werden können. Andere wurden als Kernbotschaften in die Berichte des Weltklimarats der Vereinten Nationen für die Policy Makers eingefügt.

Die Kurven, Diagramme und Karten der Klimaforschung und unsere Vorstellungen vom Klimawandel bedingen sich gegenseitig, kulturelle Deutungen und wissenschaftliche Erkenntnisse prägen sich wechselseitig. Ich habe die wissenschaftlichen Visualisierungen des Klimas und des Klimawandels lange gesammelt, erforscht und in meinem Buch *Klimabilder* beschrieben, wie uns diese Bilder überhaupt erst ermöglichen, uns das Klima vorzustellen und was es bedeutet, diese Bilder kulturell zu betrachten.[2] Dann erscheinen die Bilder der Klimaforschung als Kosmogramme, also als Bilder, die uns etwas über den Gang der Welt erzählen. In diesen Bildern erblickt sich eine Kultur, die Wachstum zum höchsten Ziel erhoben hat. Eine Kultur, die es nicht geschafft hat, die Ökosysteme, durch die sie lebt, in ihr Denken und Handeln einzubeziehen. Im Skelett der ästhetisch dürftigen Formensprache dieser Bilder erkennen wir, wie die fossil getriebene Fortschrittsgeschichte zum Klimaschicksal des Planeten Erde wurde.

Der Kern von Datenkurven besteht in ihrem Potenzial etwas sichtbar zu machen, was uns sonst verschlossen bliebe. Im Verlauf von Kurven oder auf thematischen Karten lässt sich schneller erkennen, was unzählige Listen von Einzeldaten sagen. Gerade wenn die Zahl der Daten enorm anwächst, wie im Fall der Klimaforschung seit dem 18. Jahrhundert, sind Mittel zur Datenvisualisierung hilfreich, um Schlüsse zu ziehen. Gleichzeitig sind weder Temperaturen noch Emissionen sichtbar. Niemand kann in den Himmel schauen und sehen, wie sehr die Jahrestemperatur der Erde bereits angestiegen ist, oder riechen, ob ein Anteil von 350 oder 500 Promille Kohlenstoffdioxid in der Luft ist.

Viele Zahlen und Größen wurden gewählt, um das komplexe Problem vorstellbar und kommunizierbar zu machen, andere, um es politisch operationalisierbar zu gestalten. Das 1,5-Grad-Ziel ist ein politisches Ziel, hinter das sich verschiedene Länder mit dem Pariser Abkommen stellen. Im Unterschied dazu sind »410 ppm« eine wissenschaftliche Messgröße, die besagt, wie stark die Treibhausgase in der globalen Atmosphäre bereits angestiegen sind. Dabei bleibt der von Menschen verursachte Klimawandel ein »super-wicked problem« (wörtlich ›böse‹ oder ›übel‹), weshalb weder seine komplette Beschreibung möglich ist, noch einfache Lösungen aus dieser Beschreibung abgeleitet werden können. Der Klimawandel ist komplex und global vernetzt.

Es braucht viel »visual literacy«, also visuell geschultes Verstehen, damit Menschen die wissenschaftlichen Grafiken lesen und begreifen können. Dabei ist Komplexitätsreduktion geboten. Dass der Klimawandel vor allem anhand von Temperaturen und CO_2 vermittelt wird, ist eine solche Komplexitätsreduktion, denn natürlich spielen auch andere Gase und weitere Klimafaktoren wichtige Rollen. Ich werde an dieser Stelle jedoch auf diejenigen Datenbilder eingehen, die in den letzten Jahren CO_2 als Abgas aus fossilen Verbrennungen besonders eindrücklich machten.

Milliarden Tonnen von CO_2 vorstellen

Es wird oft behauptet, dass der Klimawandel erfolgreicher bekämpft würde, wenn man CO_2 sehen könnte. Und es stimmt, CO_2 ist mit einem Vorstellungsproblem verbunden. Ich selbst kann mir die Unmengen an CO_2 in der Atmosphäre nicht vorstellen, die sich mit jedem Jahr kumulieren. Es verhält sich ähnlich wie beim Geld: Wenn die Beträge die Millionengröße weit übersteigen, werden sie abstrakt und unvorstellbar. Eine Milliarde kann das Gehirn der meisten Menschen nicht mehr fassen, weshalb ich mir seit langem eine Lesehilfe wünsche, mit der solche Größen vorstellbar werden. Und doch gibt es Möglichkeiten, CO_2 plastisch erfahrbar und als eine Ursache des Klimawandels kenntlich zu machen. Es geht also darum, die Imaginationskraft aufzubringen, um sich die Emissionen vorzustellen, die freiwerden, wenn die in Jahrmillionen der Erdgeschichte fossil gespeicherte Sonnenenergie in wenigen Jahrzehnten von wenigen Ländern verbrannt wird.

CO_2 ist der Regler, an dem die Industrienationen drehen und mit dem sie die Welt wärmer machen. Im Klima-Bericht von

2021 gibt es eine Kurvengrafik, die zeigt, wie die Temperaturen mit jeder Gigatonne CO_2 (eine Milliarde Tonnen!) bereits angestiegen sind und bis 2050 ansteigen werden, je nachdem, wie viel CO_2 der Atmosphäre weiterhin hinzugefügt wird. Im Moment ist es bereits mehr als 1,1 Grad Celsius wärmer als vor den Wettermessungen. Die Grafik verbindet Ursache und Wirkung, Tat und Opfer, besonders eindrücklich.

Mit dem Slogan »Ein faires Angebot für die junge Generation« stellte die ehemalige Bundesumweltministerin Svenja Schulze 2021 das neue Klimaschutzgesetz vor. Für die Pressekonferenz hatte sie sich eine Papptafel mit einer Kurvengrafik herstellen lassen. Die Tafel war türkisfarben, sie trug den Titel »Unser Fahrplan zur Klimaneutralität.« Auf der Tafel war eine Kurve zu sehen, die von 1990 bis 2050 reicht. Zwischen diesen Punkten flacht eine Kurve im steilen 45-Grad-Winkel wie eine Rutschbahn ab, bis sie 2045 sogar die Null unterschreitet. Die Kurve zeigt »CO_2-Äquivalente« in Millionen Tonnen, also die deutschen Treibhausgase.

Die Kurve auf der Tafel stimmt optimistisch, weil sie machbar aussieht. Wenn sie bereits in den letzten dreißig Jahren abflachte, sollte dies nicht auch in der Zukunft gelingen? Positive Narrative sind wichtig, um in Sachen Klimawandel weiterzukommen – und diese Kurve ist eine positive Erzählung. Leider wurde die Abflachung durch statistische Verfahren etwas geschönt. Auf einer Rutschbahn befindet sich Deutschland bei den Emissionseinsparungen bis heute leider nicht. Zum einen sieht das Jahr 1990 als Startpunkt und Referenzrahmen für Deutschland besonders gut aus, weil in den Folgejahren viele DDR-Industrien abgeschaltet wurden. Zum anderen war der Emissionsrückgang seither nicht nur Maßnahmen, sondern auch Krisen geschuldet, wie der Finanzkrise im Jahr 2009 oder der Pandemie im Jahr 2020. Dazwischen ging die Kurve immer wieder nach oben, wie auch im Jahr 2021. Diese Details zeigt die Papptafel, auf die die Politikerin zeigt, aber nicht, weil die Daten im Trend geglättet wurden.

Derartige fossile Emissions-Diätpläne in Kurvenform sind weit verbreitet. Sie sind das Wunsch- und Leitbild für die Reduktion von Treibhausgasen, auf die alle immer wieder zeigen können. Fast identische Bilder von CO_2-Grafiken gibt es auch auf Gemeindeebene. In Potsdam zum Beispiel findet sich in dem Vorhaben *100 % Klimaschutz. Masterplan für Potsdam 2050*, der 2018 im Auftrag der Stadtregierung erarbeitet wurde, ein Kurvenbild, das die CO_2-Emissionen von 1995 bis 2050 im Rückblick und in der Prognose beschreibt. Auch hier werden die Emissionen für die Zukunft visuell deutlich nach unten gebogen, während die Energieverbräuche nur um ein Drittel sinken, die Einsparungen auf Verbraucherebene erscheinen mithin bei weitem nicht so drastisch wie die CO_2-Reduktionen. Zukünftige Technologien sollen diese neue Effizienz möglich machen. Wie bei den Fünfjahresplänen der DDR-Volkswirtschaft bleibt die Wirklichkeit aber hinter diesen Idealen zurück. Die Kurven scheinen den Genesungsplan eines ungesund lebenden Patienten abzubilden. Doch ahnt man bereits, dass man diesen Plan weder beeinflussen kann noch will.

Doch denke ich, dass die Imaginationskraft insbesondere beim Treibhausgas CO_2 gefragt ist, um die abstrakten Zahlen und Kurven konkret zu machen. Um CO_2 von einer abstrakten Zahl in eine vorstellbare Größe zu verwandeln, gibt es viele Ideen, die jedoch zu selten vermittelt werden. Sie sind nicht Teil der Klimaberichte, sondern Produkt des Nachdenkens von Pädagog:innen, Künstler:innen und Gestalter:innen. Der Vorstellung helfen zum Beispiel Ballons, Berge oder Kaffeebohnen. Dabei spare ich jene Ideen aus, die CO_2 als ökologischen Fußabdruck eines Einzelnen veranschaulichen, sondern führe nur die an, die eine fossile Gesellschaft begreifbar machen.[3]

Weil CO_2 aus Atomen besteht und diese eine Masse haben, lässt sich eine Tonne CO_2 mit dem Volumen eines Ballons darstellen. Die Gestalter:innen von Real World Visuals und Carbon Visuals nutzen in ihren Filmen und Bildern seit zehn Jahren blaue, kugelrunde Ballons, um CO_2 auf diese Weise zu veranschaulichen. Eine Tonne CO_2 hätte als Kugel den Durchmesser von etwas mehr als 9 Metern. Derartige Ballons lassen die Designer:innen in ihren Animationen beispielsweise aus Autos in die Atmosphäre steigen. Hier sieht man in Echtzeit, wie eine Stadt wie New York fortlaufend gigantische Mengen an CO_2 ausgast. Die Emissionen eines Tages wachsen zu einem Berg, der das Empire State Building unter sich begräbt. Wären die Emissionen nicht aus Luft, wäre die Stadt nach einem Jahr unter dem gigantisch angewachsenen Berg ihrer eigenen Emissionen begraben.

Die Professorin für Klimawandel und Gesundheit Sabine Gabrysch von der Charité Berlin wiederum benutzt in Seminaren etwas so Einfaches wie Kaffeebohnen, um begreifbar zu machen, wie zukünftig CO_2 eingespart werden müsste. Das Prozedere erinnert ein wenig an das Lernmaterial der Montessori-Mathematik, das Zahlen, Mengen und Rechenoperationen visuell und haptisch begreifbar macht. Zunächst werden Bohnen angehäuft – in Relation zu der Menge des CO_2-Budgets, das Deutschland dem Weltklimarat zufolge noch ausstoßen dürfte, um das eigene CO_2-Ziel zu erreichen. Jede Bohne symbolisiert 0,1 Gigatonnen (also 100 Millionen Tonnen) CO_2. Im Januar 2022 wären dies noch 7,8 Giga-Tonnen, also eine Menge von 78 Bohnen. Die Frage ist nun, wie man diese Menge auf die folgenden Jahre verteilt, also die geplanten Einsparungen erreicht: 50 Prozent bis zum Jahr 2030 und die restlichen 50 Prozent bis 2045. Dabei werden gleichzeitig damit verbundene Fragen diskutierbar: Wer berechnet diese Mengen eigentlich? Oder: Ist in den deutschen Einsparungen auch das versteckte CO_2 enthalten, das an anderen Orten der Welt für den Konsum hierzulande verursacht wird? Über diese Fragen kann man anhand der überschaubaren Zahl von 78 Bohnen ins Gespräch kommen.

Die US-amerikanische Künstlerin Amy Balkin verfolgt seit langem die Idee eines virtuellen Parks in der Luft. Der Luftpark *Public Smog* berührt Fragen nach dem, was Gesellschaften als schützenswert erachten und deshalb zum Teil des Welterbes erklären. Die UNESCO verleiht den Titel *Welterbe* (Weltkulturerbe und Weltnaturerbe) Orten, die »aufgrund ihrer Einzigartigkeit, Authentizität und Integrität weltbedeutend sind«. Balkins Idee stellt einen Eingriff in rechtliche und ökonomische Strukturen dar, indem sie die Kriterien der UNESCO auf die Atmosphäre der Erde anwendet. Ihre Idee besteht darin, einen abgetrennten Bereich der Atmosphäre als *Clean-air Public Park* einzurichten und damit in Weltnaturerbe zu verwandeln. Balkin entwirft die Vision einer bislang unmöglichen Zukunft und stellt gleichzeitig die Frage, wer eigentlich über gegenwärtige Zukunftsvisionen bestimmen darf. Wenn sie ihren Park in Bildern darstellt, dienen ihr am Himmel schwebende, weiße, würfelförmige Gebilde dazu, die geschützten Areale des Luftparks zu visualisieren.

Die Daten der historischen Akkumulation von CO_2 durch die letzten Jahrhunderte hat wiederum die Künstlergruppe Manifest Data Lab, bestehend aus drei britischen Künstlern, zusammengetragen und in »Carbon Topologies« übersetzt. Diese werden auf einem weißen Globus ohne Länderkonturen dargestellt, auf den die eigentlich unsichtbaren Emissionen seit der Globalisierung der Märkte in den 1970er Jahren als tastbare Struktur in 3D aufgedruckt sind. Die bekannte Weltkugel hat sich in eine fremde Ordnung verwandelt, die etwas über CO_2-intensive Kulturen erzählt. Über den USA und Europa zeichnen sich Strukturen wie Stalagmiten, also nach oben wachsenden Tropfsteinen ab. Aber auch die Emissionen von Frachtschiffen entlang ihrer Handelsrouten haben die Gestalter auf die Kugel aufgetragen, so dass auch die Ozeane von einem dichten Netz aus kleinen ›Stalagmiten‹ übersäht sind. Das Objekt dehnt die Vorstellung von CO_2 und macht begreifbar, wie die fossilen Emissionen aufgrund des globalen Welthandels zwischen den Industrienationen jährlich zu immer größeren Mengen aufgehäuft werden. Die Künstler benennen ihre Motivation, wenn sie sagen, dass die »Arbeit versucht, unter Berücksichtigung der zugrundeliegenden Wissenschaft eine Sensibilität für die ökologische Komplexität und ihre Dynamik als Muster und gefühlte Erfahrung zu entwickeln und nicht als Quantität und Maß.« Sie möchten eine »Ästhetik der Systemhaftigkeit« erzeugen »als Sinnbild für die vernetzten Kräfte, die in der Ökosphäre wirken. Menschliches Verhalten trägt gleichermaßen zu ihr bei wie es ein Teil von ihr ist.«[4]

Auch musikalisch wurden die Emissionen immer wieder interpretiert, etwa wenn der US-amerikanische Künstler Nelson Guda mit seiner Werkgruppe *Threshold* von 2015 die Langzeitentwicklung von Temperaturen oder CO_2, wie jene aus den aufwendigen Analysen von Eisbohrkernen, musikalisch interpretiert.[5] Wobei die Musik, die aus der Sonifikation der Daten entsteht, das Signal des Immer-Mehr in ein Immer-Höher verwandelt. Auf der Idee eines Klangraums aus CO_2-Daten baut auch die Klanginstallation *Mutual Air* des US-amerikanischen Künstlers Roston Woo aus dem Jahr 2018 auf. Er nimmt den Klang von dreißig Glocken, um den aktuellen CO_2-Gehalt der Luft wahrnehmbar zu machen. Dabei dienen ihm CO_2-Daten auf zwei sehr unterschiedlichen Skalen, um die Bewegungen der vernetzten Glocken als Klanglandschaft zu steuern: die gemessenen Daten von CO_2 vor Ort sowie der tagesaktuelle globale CO_2-Wert. Der atmosphärische Raum wird hörbar gemacht – und zwar mit Glocken, die historisch wichtige Signale waren, um Katastrophen wie Brände, aber auch wichtige gesellschaftliche Ereignisse zu kommunizieren.

Dies sind nur wenige Beispiele dafür, wie ein einzelner Klimatreiber anders vorstellbar gemacht werden kann. Sie zeigen, wie viel Imaginationsaufwand nötig ist, um allein die Emissionen des unsichtbaren Gases CO_2 in eine vorstellbare Größe zu übersetzen. Das gleiche gilt für Komplexität und Vernetzung, Zukunftsszenarien und Tipping Points, die unser Vorstellungsvermögen überschreiten. Hier hat die Corona-Pandemie mit ihren vielen Zahlen zwar wie ein Crash-Kurs in Statistik gewirkt, aber das Problem, sich exponentielles Wachstum vorzustellen, blieb bestehen. Die meisten Klimadaten bleiben unvorstellbar, so dass viele es nicht vermögen, sie auf das konkrete Leben und Handeln vor Ort zu beziehen. Deshalb ist es wichtig, gerade die wichtigsten Klimatreiber wie CO_2 als Klimabürger:in in konkrete Erfahrungen zu übersetzen und mit allen Mitteln anschaulich zu machen.

Im Kapitel zur Wahrnehmung des Klimawandels hatte ich bereits den französischen Philosophen Jean Baudrillard zitiert, der von der »seismischen Form der Katastrophe« sprach, um die Linien zu beschreiben, mit denen Seismologen Erdbeben voraussagen. Auch die Linien der Klimaforschung können als seismische Formen der Katastrophe gelten, weil sie verhindern sollen, was sich in ihnen abzeichnet, weil sie Taten der Rettung begründen sollen.

Die Pandemie hat gezeigt, dass eine Politik möglich ist, die dem Imperativ *Flatten the curve!* – Die Kurve abflachen! – folgt. Doch unterscheiden sich die Kurvenerfahrungen von Pandemie und Klimakrise drastisch. Während im Fall der fossilen Emissionen der Trend nach oben niemals unterbrochen wurde, hat es die Politik während der Covid-19-Pandemie vermocht, die exponentiell ansteigende Kurve in einem kurzen Zeitraum abzuflachen. Das Datenwissen führte zu schnellem politischen Handeln und weitreichenden Einschränkungen und Verboten. Auch wenn beide, der Klimawandel und die Pandemie, keine nationalen Grenzen kennen, sind die Zeitlichkeit und das Ziel der Maßnahmen grundverschieden. Die Pandemie schuf persönliche Risiken im Heute, die Politik begegnete ihr mit Maßnahmen, deren Erfolg unmittelbar spürbar war. Im Unterschied dazu ist der Klimawandel als Problem diffus und langfristig und erfordert Maßnahmen auf viel mehr Ebenen. Doch beide Krisen verdeutlichen die ungleichen Verwundbarkeiten von Menschen und Regionen.

Gibt es Karten, mit denen man die Welt rettet?[6] Immer wieder fand ich bei Einladungen zu Vorträgen im vorläufigen

Programm für meinen Beitrag einen Platzhalter: *Wie wirksam sind Bilder des Klimawandels?* Auf der Ebene der rationalen Informationen liegt alles vor. Viel Fantasie wurde auch in die Vermittlung des Wissens gesteckt. Doch bislang haben weder Zahlen noch Worte oder Bilder die gewünschte Wirksamkeit entfaltet. Die Veranschaulichung von Problemen führt nicht zwangsläufig zu ihrer Abwendung.

Die kritische Kartografie hat herausgearbeitet, wie die Herrschaftsverhältnisse und der Imperialismus in Karten und Datenkurven eingeschrieben sind, die zu der heutigen Krise beigetragen haben. Koloniale Eroberungen und die Ausbeutung von Ressourcen wurden mit Hilfe der Kartographie in globalem Stil möglich. Die »Rettung« geht nicht von Bildern aus, sondern von dem Zusammenspiel von Menschen, ihren Ideen und Bildern, die sich gegenseitig befruchten oder hemmen. Eine Rettung ist, wenn überhaupt, dann nur im Wechselspiel zwischen Vorstellungen, Bildern und Politik denkbar. Wir könnten fragen: Wieso zeigt eine Umweltministerin nicht auf ganz andere Bilder? Wieso findet der weiße Carbon-Globus vom Manifest Data Lab, der die Verursacher so klar abzeichnet, nicht Eingang in die Parlamente? Die Frage erscheint vollkommen unpassend, mehr noch, unprofessionell und absurd. Solange jedoch die Logiken unserer Welt so beschaffen sind, dass Politiker:innen und journalistische Medien keine anderen Bilder und Gedanken ins Zentrum stellen können oder dürfen, wird auch kein Platz für andere Bilder sein, zum Beispiel solche, die über die Machtverteilungen aufklären oder Menschen und ihre Mitwelt in einer neuen Beziehung zeigen. Aus diesen Gründen erachte ich die so oft gestellte Frage nach »wirksameren Bildern« als sinnlos, weil sie letztlich die Erwartung einer einfachen Lösung ausdrückt, zum Beispiel durch Mechanismen, mit denen Menschen ihr Verhalten automatisch und ohne es zu bemerken in der gewünschten Weise verändern.

Jörg Thadeusz fragte die Transformationsforscherin Maja Göpel in der Sendung *Talk aus Berlin* vom RBB Ende 2020 ernsthaft, ob die Klimaforschung sich nicht irren könnte mit ihren Aussagen. Göpel antwortete darauf mit einer Gegenfrage: »Möchten wir das jetzt ernstnehmen mit der Umweltkrise oder möchten Sie das insgesamt in Frage stellen? Haben Sie den Eindruck, uns Wissenschaftlern macht das Spaß? Meinen Sie nicht, dass ich das nicht supergeil fände, hier zu sitzen und zu sagen: ›Jeder soll 14 Häuser haben, 23 SUVs und 434 Mobiltelefone‹. [...] Ich frage mich immer, was ist das Motiv, das Sie uns unterstellen wollen? [...] Sie tun immer so, als wollte ich den Leuten den Spaß verderben. [...] Entweder wir wollen das ernstnehmen mit diesen physikalischen Größen oder wir lassen es.« Die Interviewfrage ist nur Beispiel für eine Art von Zweifel, die immer wieder publikumswirksam geäußert wird. Durch die ständige Wiederholung wirkt dieser Zweifel zersetzend auf die belegbare Tatsache des Klimawandels. Er verhindert Handlungen, die erst erfolgen können, wenn eine Gesellschaft verstanden hat, dass der Klimawandel eine Realität ist und kein politisch motivierter Alarmismus.

97 Prozent der Klimawissenschaftler:innen sind sich einig, dass der Klimawandel real und menschengemacht ist. Haben Sie diese Zahl schon einmal gehört? Oftmals wird sie inzwischen etwas ungeduldig als Abkürzung genutzt, um auszudrücken, dass es keine Zweifel mehr an dieser Aussage gibt und geben darf.[7] Seit knapp zwanzig Jahren wurden zahlreiche Studien durchgeführt, die etwa mit der Frage: »Meinen Sie, dass menschliche Aktivitäten einen entscheidenden Einfluss auf die Veränderung der durchschnittlichen globalen Temperaturen haben?« an Klimaforscher:innen herantraten oder eine Vielzahl von wissenschaftlichen Artikeln auf diese Frage hin untersuchten. Der Konsens unter den Fachleuten lag bei allen Studien immer wieder bei nahezu 100 Prozent. Der Satz, dass die Wissenschaft klar und eindeutig, die Beweisaufnahme längst abgeschlossen sei, wird ein um das andere Mal wiederholt – von Forscher:innen ebenso wie von vielen Politiker:innen: *Die Beweise sind erbracht, die Debatten sind vorbei.*

Man könnte Zweifel aber auch ohne die 97-Prozent-Statistik ausräumen: Der Treibhauseffekt ist eine Vernunftwahrheit, weil er auf einer physikalischen Grundlage beruht wie die Schwerkraft – also eine »Wahrheit mit Zustimmungszwang«. Das schrieb die politische Philosophin Hannah Arendt 1971 in ihrem Essay *Wahrheit und Lüge in der Politik.* Zu Vernunftwahrheiten braucht es keine Talkshows, in denen über sie gestritten und debattiert wird, als handle es sich dabei um Meinungen. Die Strategie von Zweiflern aber besteht darin, aus Vernunftwahrheiten und Tatsachen Meinungen zu machen, was diese degradiert.

Die Frage bleibt, wer welcher Wahrheit und wem Glauben schenkt. Hier kommt wieder die Statistik ins Spiel, die in der Klimaforschung, aber auch in Informationsgesellschaften insgesamt, eine so große Rolle spielt. Die Kehrseite vom erhellenden Potenzial der Statistik liegt nämlich darin, dass sie schnell zu Überforderung führt und aus mehreren Gründen systematisch bezweifelt werden kann. Weil über den Klimawandel anhand von Zahlen, Statistik und Studien geredet wird, besteht die Gefahr, dass diese Studien aufgrund ihrer Komplexität einfach bezweifelt werden können. Insbesondere mit Wahrscheinlichkeiten tun sich viele Menschen schwer. *Ist nicht etwas, das nur wahrscheinlich ist, unsicher, selbst wenn es zu 99 Prozent wahrscheinlich ist?* Denn viele wissenschaftliche Begriffe haben in der Alltagssprache eine ganz andere Bedeutung als in der Forschung. Das betrifft etwa ›Risiko‹, ›bias‹ (Verzerrung, Vorurteil), ›Unsicherheit‹ oder ›Manipulation‹.[8] Oder Wissenschaftsskeptiker:innen zweifeln die Klimawandel-Auswirkungen an, indem sie einen Prozess isolieren. Ein Anstieg von CO_2 über *450 ppm? Gar kein Problem, das ist ein Gas of Life! Pflanzen wachsen besonders gut, wenn sie unter diesen Bedingungen leben!*

Auf der Website vom Desmog-Blog kann jede:r Nutzer:in prüfen, ob Personen und Institute Klimaforschung oder Lobby-Arbeit betreiben. Wer sich die Datenbank auf dieser Seite anschaut, in der US-amerikanische Journalist:innen seit vielen Jahren strategische Klimawandelleugner:innen und ihre Organisationen sammeln, dem fällt auf, wie wenige Frauen im Feld der Klimawissenschaftsleugnung agieren. 2021 waren von den 480 Personen 92 Prozent männlich. Umgekehrt ist ebenso auffällig, wie viele Frauen Gesichter der Klimaproteste sind.

Falls Sie einmal mit einem gut gerüsteten Klimawissenschaftsleugner sprechen konnten, werden Sie wissen: Jede Studie, die man anführt, wird mit einer Gegenstudie konfrontiert, welche die erste Aussage scheinbar widerlegt. Ein solches Gespräch ist chancenlos, weil zwei Menschen im Gestus der Belehrung verharren. Nicht umsonst werden inzwischen nicht mehr nur wissenschaftliche Argumentationshilfen wie *Fakten statt Behauptungen* von klimafakten.de empfohlen, sondern, wie bei der englischen Konversationshilfe *Starting the Conversation – Five Tips on How to Talk to Climate Deniers in Your Family* auch andere Gesprächsmodelle für derartige Unterhaltungen nahegelegt – gerade, wenn es sich um Freunde oder Familienmitglieder handelt.[9] Diese Gespräche nehmen bei geteilten Werten ihren Ausgangspunkt. Trotzdem bleibt der Eindruck eines Debattierklubs, für den man wie eine Wrestlerin trainieren muss.

Ich selbst bekam als Reaktion auf ein Radiointerview im Jahr 2020 einen 2,5 Zentimeter dicken Umschlag in Großformat von einem Herrn L. mit Diplom in Elektrotechnik zugestellt. Weil ich öffentlich bekannt hatte, der Klimaforschung zu vertrauen, schickte Herr L. mir sein eigens zusammengestelltes Argumentationspaket, um mich vom Gegenteil zu überzeugen – wobei ich aus Erfahrung sagen kann, dass Frauen, wie so oft, auch in diesem Kontext häufig das Ziel von gut gemeinter Belehrung werden. Die schlecht gemeinten Belehrungen und hasserfüllten Mails und Kommentare, die alle Personen, aber insbesondere Frauen erleiden, die sich öffentlich zum Klimawandel äußern, sollen an dieser Stelle nicht zur Sprache kommen.

Im Umschlag fand ich u. a. Kopien von wissenschaftlich anmutenden Artikeln der Global Warming Policy Foundation. Sie argumentieren, dass der Klimawandel, den wir derzeit erleben, natürlich ist. Die Global Warming Policy Foundation, die die globale Erwärmung selbst im Titel trägt, ist tatsächlich eine britische Lobbygruppe, die mit ihren Tätigkeiten die Erkenntnis des Klimawandels systematisch leugnet oder die Folgen herunterspielt. Vermutlich informiert sich Herr L. auf der Website vom »Institut für Klima und Energie« (EIKE), das eigentlich ein Verein ist – das Wort »Institut« ist nicht geschützt. Wenn ich dem Prinzip »check the messenger behind the message« folge, also beginne, die Hintergründe der Autoren, die auf EIKE gelistet sind, zu recherchieren, kann ich erkennen, dass sie selbst keine Klimaforschung betreiben. Sie legen ihre Thesen also nicht der wissenschaftlichen Forschungsgemeinschaft zur Prüfung vor, sondern versuchen emsig, ihren Leitspruch »Nicht das Klima, sondern unsere Freiheit ist bedroht« mit Studien zu belegen – als hätten alle Forscher:innen, die Klimaforschung betreiben, eine politische Agenda, der sie alles unterordnen und die blind macht für anderes.

Zusammen mit dem Computergrafiker Thomas Nocke und dem Klimaforscher und Physiker Georg Feulner vom Institut für Klimafolgenforschung habe ich herausgefunden, dass organisierte Klimawissenschaftsleugner fast ausschließlich statistische Kurven nutzen, um Argumente zu widerlegen.[10] Dies hat einen Grund: Statistiken lassen sich einfach verzerren (ohne die Daten selbst zu verfälschen), indem man bestimmte Daten ausblendet, einen Zeitraum ausschneidet und so den Trend visuell verändert – etwa wenn man nur die Temperaturentwicklungen von 1997 bis 2017 oder einen unvollständigen Teil der Daten zeigt. Wer Aktienkurse betrachtet, weiß, wie wichtig es für die Einschätzung ist, welcher Zeitraum und welche Skalierung gezeigt werden. Eine steile Gewinnkurve offenbart sich dann zum Beispiel in der Langzeitbetrachtung als kleiner Hügel. Auch hier trifft man auf ein Paradox: Zahlen bewirken einerseits große Glaubwürdigkeit, sie stehen für Objektivität und Sicherheit. Andererseits wurden gerade die Statistiken zum Ansatzpunkt, an dem in den letzten dreißig Jahren strategische Wissenschaftsleugnung ansetzte. Dass die (in deutlicher Mehrheit männlichen) Leugner:innen mit ihren Gegen-Kurven Erfolg hatten, liegt daran, dass sie nicht die Klimaforscher:innen überzeugen möchten, sondern die Menschen außerhalb der Wissenschaft, für die es mitunter reicht, dass eine Kurve wissenschaftlich aussieht.

Die Aufrüstung mit pseudowissenschaftlichen Argumenten begann bereits in den 1980er Jahren. Sie war sehr erfolgreich. Viel Schaden wurde gerade in den ersten Jahrzehnten und dann noch einmal gezielt vor dem Klimagipfel 2009 in Kopenhagen angerichtet. Für die USA haben Naomie Oreskes und Erik M. Conway diesen Schaden im Detail in ihrem Buch *Merchants of Doubt: How a Handful of Scientists Obscured the Truth on Issues from Tobacco Smoke to Global Warming* beschrieben. Für Deutschland erforschten Susanne Götze und Annika Joeres diese Zusammenhänge in *Die Klimaschmutzlobby*, ein Buch, in dem es um das unauffälligere, aber ebenso gezielte Bremsen von Klimapolitik geht.

Deutlich zutage tritt bei vielen strategischen Wissenschaftsleugner:innen, Lobbygruppen und Think Tanks die Grundhaltung liberalen und neoliberalen Denkens, die staatliche Regulierungen als Einschränkung der Freiheit von privatwirtschaftlichen Unternehmen ablehnt. Die strategische Klimawissenschaftsleugnung hat aber auch unter Menschen mit anderer Gesinnung leichtes Spiel, wenn sie auf generelle Wissenschafts- oder Medienskepsis trifft oder auf eine Skepsis gegenüber dem Staat als Akteur. Wer ›Mainstream-Medien‹ und ›Establishment‹ generell als tendenziös und unglaubwürdig erachtet, der wird auch der Klimaforschung der letzten Jahrzehnte keinen Glauben schenken.

Ich möchte der Frage, wie wir mit überzeugten Wissenschaftsleugner:innen sprechen können, in diesem Rahmen gar nicht weiter nachgehen. Zu diesem Thema gibt es bereits sehr gute Publikationen.[11] Ich denke aber, wir müssen uns gut überlegen, wofür wir unsere Kraft einsetzen. Lohnenswerter ist es, mit Menschen zu reden, die bereits vom Problem wissen sowie mit denen, die aus anderen Gründen verunsichert sind oder das Risiko anders einschätzen.[12] In Deutschland glauben deutlich mehr als drei Viertel der Menschen, dass der Klimawandel real, menschengemacht und ein großes Problem ist, das haben Studien immer wieder gezeigt.[13] Doch selbst wenn die gesamte Bevölkerung die Realität des Klimawandels akzeptieren würde, wäre noch nichts zur Politik gesagt, die daraus folgt.

Mir ist an dieser Stelle wichtig anzuerkennen, was Menschen, die nicht Teil der Forschung sind, wissen *können*. Für Laien kann es sehr schwer sein zu unterscheiden, was seriöse Wissenschaft im Unterschied zu anderen Quellen ist, wie einzelne Studien zu bewerten sind und wie ich unterscheide, wer Klimaforscher:in ist und wer sich von außen und ohne eigene Forschung in das Feld einmischt – auch wenn er oder sie einen Doktoren- oder Professorentitel besitzt. Die Frage *Was kann ich wissen?* hängt also untrennbar damit zusammen, wem oder was ich glaube und welche Übermittler:innen oder Botschafter:innen ich als vertrauenswürdig erachte – zumal wenn das Wissen meinen tiefsten Überzeugungen und Werten widerspricht.

Eine kurze Geschichte der Dringlichkeit

An dieser Stelle hilft ein historischer Rückblick auf das Klimawandelwissen der Öffentlichkeit, um die Gegenwart in Beziehung zum Wandel dieses Wissens während der letzten fünfzig Jahre zu setzen. Journalistische Medien wie Zeitungen und Radio, Dokumentarfilme oder Geographiebücher begannen immerhin bereits in den 1980er Jahren, die Erkenntnisse der Klimaforschung in die Öffentlichkeit zu tragen.

Das Thema veränderte das Umweltbewusstsein, das sich seit den 1960er Jahren in vielen Industrienationen ausgebreitet hatte. In dieser Zeit gewann die Umweltbewegung politisch zunehmend an Bedeutung. Immer mehr Menschen teilten die Sorge, dass die industrielle Lebensweise mit ungebremstem Wachstum und gesunde Naturräume nicht zusammengehen könnten. Damals waren die Diskussionen jedoch noch nicht von der globalen Erwärmung aufgrund von menschlichen Emissionen geprägt, auch wenn bereits einzelne Forscher zu diesen Fragen arbeiteten und die Entdeckung des Zusammenhangs von CO_2 und Erdtemperatur bis ins 19. Jahrhundert zurückreicht.[14] Diese Erkenntnisse blieben jedoch lange Fachkreisen vorbehalten.

Die Sorge um die Umwelt ist im Übrigen so alt die wie Industrialisierung selbst. Bereits im 19. Jahrhundert, als immer mehr Menschen in die Städte zogen und Fabrikschlote die Luft sichtbar verschmutzten, begann der Abgesang auf die gesunden Naturräume. Die Zukunft erschien seit dem Beginn der Industrialisierung nicht mehr nur als Horizont neuer Fortschritte, wie es die Erzählung der Moderne weiterhin verhieß, sondern gleichzeitig als menschengemachte Katastrophe. Diese Niedergangserzählung ist mit der Erzählung von Moderne und Fortschritt untrennbar verbunden.

Doch waren es noch andere Katastrophen als die globale, menschengemachte Erwärmung, die in den 1970er Jahren als dunkle Streifen am Horizont aufzogen. Der Bericht des Club of Rome *Die Grenzen des Wachstums* von 1972 bündelte diese Sorgen um den Planeten Erde. Die Forschergruppe hatte versucht, die Umweltbelastungen wie Luft- und Bodenverschmutzung aufgrund der verschiedenen Gifte der Industrie und Landwirtschaft, die Endlichkeit der Rohstoffe sowie die Vernichtung von wild gewachsenen Habitaten in Abhängigkeit von Bevölkerungswachstum und Lebensstandards global zu quantifizieren. Auch wenn sich die prognostizierte Datierung der Kipppunkte im Bericht später als zu ungenau erwies, setzte der Bericht der Vorstellung, dass es planetare Grenzen gibt, ein erstes Denkmal. Eine Gesellschaft, die auf allen Ebenen immer weiter anwächst, zerstört in ihrer systemischen Blindheit die Grundlage ihrer Existenz.

Damals bestand die beherrschende Angst in der Bedrohung durch Atomwaffen, denn die Grenzen des Wachstums waren fern, der kalte Krieg aber eine Realität. Die Menschen lebten in der permanenten Sorge, dass mit einem Schlag alles vorbei sein, ein nuklearer Winter alles Leben auslöschen könnte. Der Alltag fand bis in die 1980er Jahre hinein vor dem Horizont dieses Szenarios statt. Wenn es in einem späteren Kapitel um die Frage der Erzählungen und insbesondere um die Klimazukunft als Apokalypse gehen wird, werden wir auf diesen Punkt zurückkommen müssen.

Bereits in den 1970er Jahren traf die Nachricht vom menschengemachten Klimawandel dann vereinzelt auf das junge Umweltbewusstsein. Das öffentliche Wissen vom anthropogenen Klimawandel, also das Wissen in außerwissenschaftlichen Kreisen wie Politik, Medien und Gesellschaft, ist also etwas mehr als vier Jahrzehnte alt. Doch erst in den 1980er Jahren erhielten Forscher:innen, die mit ihren Erkenntnissen zum Treibhauseffekt und den daraus abgeleiteten Sorgen an die Öffentlichkeit traten, breitere Beachtung. Denn damals verfestigte sich die Datenlage, die die Theorie in der globalen Realität bestätigte. Es war insbesondere die tägliche Messung von CO_2 in der Atmosphäre seit den 1950er Jahren, die den Anstieg der menschlichen Emissionen in den Blick geraten ließ. Das menschliche Signal in Form zunehmender Emissionen seit der Industrialisierung offenbarte sich im Protokoll der stetig ansteigenden »Keeling-Kurve«, wie sie nach ihrem Begründer heißt, also jener Kurve, die den stetigen Anstieg von CO_2 in der Atmosphäre dokumentiert – ein Anstieg durch menschliches Zutun um inzwischen mehr als dreißig Prozent seit 1958. In Deutschland wird die gleiche Messung seit 1972 auf der Wetterstation Schauinsland im Breisgau durchgeführt – und bestätigt die Resultate. Die Frage, wann dieser Anstieg das Weltklima signifikant verändern würde, entwickelte sich zu einem besorgniserregenden Forschungsgegenstand.[15]

Erste Warnungen

In Westdeutschland war es der Arbeitskreis Energie der Deutschen Physikalischen Gesellschaft, der im Januar 1986 erstmals mit einer deutlichen Warnung an die Politik herantrat.[16] Die Mitglieder dieses Arbeitskreises waren Professoren der Physikalischen Gesellschaft, sie setzten sich mit Fragen der Energie auseinander, auch mit denen der Atomenergie. Sie hatten die internationalen Forschungen zu den Auswirkungen von Treibhausgasen gründlich studiert und daraus die dringende Notwendigkeit abgeleitet, die Politik zu warnen.

Die Pressemitteilung einer ihrer Informationsveranstaltungen trug den Titel *Zur Warnung des Arbeitskreises Energie der Deutschen Physikalischen Gesellschaft vor einer drohenden, weltweiten Klimakatastrophe.* Der mehrseitige Text enthält in etwa das, was die Klimaberichte bis heute Jahr für Jahr wiederholen. Auch ihre Prognose zum Anstieg des CO_2-Gehalts in der Atmosphäre auf 500–600 ppm, wenn Treibhausgase nicht reduziert werden, stimmt mit den Prognosen von heute grundsätzlich überein. Die Physiker empfahlen 1986 eine Verringerung der Emissionen um zwei Prozent pro Jahr, weil ihnen eine drastische Einschränkung später kaum machbar erschien. Die Warnung lautete: »Die CO_2-Klimakatastrophe ist – abgesehen vom nuklearen Holocaust – vermutlich die schlimmste Katastrophe, die die ganze Menschheit bedroht.«

Der Aufruf produzierte ein großes Echo in den deutschen Medien. In ihren Artikeln und Berichten verwendeten die Forscher:innen ausdrücklich den Ausdruck *Klimakatastrophe*, um den drohenden Auswirkungen einer starken Erderwärmung gerecht zu werden.

Einige Monate später, im August 1986, brachte der Spiegel den Titel *Die Klima-Katastrophe*. Auf dem Cover der Ausgabe war eine eindrucksvolle Bildcollage des Kölner Doms abgebildet, versunken in einem Meer von dunkelblauem Wasser. Von der Stadt Köln war nichts mehr zu sehen. Der Aufmacherartikel fasste die damals aktuellen Forschungen zum Klimawandel höchst prägnant und umfassend zusammen. Abermals ein Déjà-vu: So, wie der Artikel die Ursachen und Folgen in Grundzügen beschreibt, könnte er auch heute geschrieben worden sein. Für Deutschland war das Jahr 1986 offenbar ein Jahr des Erwachens, was die Problemlage der globalen Erwärmung anging. Es war aber auch das Jahr der Atomkatastrophe – denn im April war der Reaktor des Kernkraftwerks Tschernobyl explodiert.

Den Ernst der Lage kannte nicht nur die Politik seit den 1980er Jahren, auch die Energieindustrie war informiert. »Die Fossilunternehmen wissen seit Jahrzehnten, dass ihr Hauptprodukt die Erde erwärmt«, schrieb Naomie Klein in ihrem Buch *Klima gegen Kapitalismus* von 2014. In den 1980er Jahren, also zeitgleich mit dem Erwachen des politischen und öffentlichen Interesses, begann die strategische Wissenschaftsleugnung. Der geheime Klimabericht des niederländisch-britischen Konzerns Shell etwa wurde 1986 angefertigt und auf das Jahr 1988 datiert. Die beteiligten Autor:innen der Arbeitsgruppe Treibhauseffekt der Abteilung Gesundheit, Sicherheit und Umwelt hatten Studien ausgewertet und Experten befragt. Auch sie kamen zu dem Schluss, dass die ungebremste Emission von Treibhausgasen zu drastischen Veränderungen des Erdklimas für die kommenden Generationen führt und der Hauptverursacher fossile Energieträgern sind. Der Konzern stellte wissenschaftlich fundiert fest, dass das Produkt, welches er herstellt und verkauft, eine ökologische Katastrophe auslösen wird. Doch wie zuvor die mächtigen Tabakkonzerne, die das Geschäft des Zweifelns durch strategische Eingriffe in die Wissenschaft erfunden hatten, entschied sich Shell dafür, den Bericht als »vertraulich« zu behandeln und in einer Schublade zu versenken, aus Sorge vor einem politischen Verbot von fossilen Treibstoffen. Stattdessen wählte der Konzern gemeinsam mit anderen Erdölkonzernen eine andere Strategie. Er ging über zu geballter, strategischer Wissenschaftsleugnung.[17] Und das, obwohl der folgende warnende Satz Teil des Papiers war: »Wenn die globale Erwärmung jedoch spürbar wird, könnte es bereits zu spät sein, um wirksame Gegenmaßnahmen zu ergreifen, um die Auswirkungen zu begrenzen oder auch nur die Situation zu stabilisieren.« Die Treiber der globalisierten Märkte nutzten ihre Macht. Sie wollten sich um keinen Preis das Geschäft vermiesen lassen.

Auf internationaler Ebene gründeten die Weltorganisation für Meteorologie und die Vereinten Nationen 1988 den überstaatlichen Weltklimarat (IPCC). Dieser forscht nicht selbst, sondern fasst die wichtigsten Forschungen international in seinen Berichten zusammen, das erste Mal im Jahr 1990. 1992 fand der erste überstaatliche Klimagipfel in Rio de Janeiro statt. Ab diesem Zeitpunkt folgten gemeinsame Abkommen wie das Kyoto Protokoll von 1997, das als Meilenstein gilt, weil sich die Vertragsstaaten hier rechtsverbindlich für die Einschränkung von Emissionen verpflichteten. 2015 entstand auf der COP21 das Übereinkommen von Paris (COP steht für »Conference of the Parties«, gemeint sind die Mitgliedsstaaten der Vereinten Nationen). 195 Länder unterzeichneten das Dokument, in dem sie sich dazu bekannten, die globale Erwärmung deutlich unter zwei Grad zu begrenzen.

Bereits Ende der 1980er Jahre schien viel Wille zur konsequenten Lösung der Probleme vorhanden zu sein. In nur wenigen Jahren erfolgten zahlreiche Schritte, um die Erkenntnis der Erderwärmung in politische Handlungen zu überführen, in Deutschland wurden mehrere Institutionen gegründet. Zeitgleich mit Mauerfall und deutscher Wiedervereinigung, Anfang der 1990er Jahre, gründete die BRD zwei neue, staatlich finanzierte Klimaforschungszentren, das Potsdam Institut für Klimafolgenforschung und das Wuppertal Institut für Klima, Umwelt, Energie.

Um sich zu vergegenwärtigen, wie oft die Dringlichkeit bereits ausgerufen wurde, kann man sich alte Tagesschau-Sendungen ansehen. Zum Beispiel die Ausgabe vom 17. März 1995, die im Online-Archiv zugänglich ist. Die Sendung beginnt mit der Meldung zur Subvention von Steinkohle in Milliardenhöhe bis 1998. Es folgen Nachrichten über steigende Mietpreise, Abschiebung von Geflüchteten und rechtsradikale Angriffe auf türkischstämmige Mitbürger:innen. Auch diese Themen beschäftigen uns heute immer noch. Erst gegen Ende folgt die Meldung, der Wissenschaftliche Beirat der Bundesregierung Globale Umweltveränderungen (WBGU) habe vor einer drohenden Klimakatastrophe gewarnt. Im Hintergrund der Sprecherin wird das Foto eines qualmenden Autoauspuffs eingeblendet.

In der Tagesschau gilt das Prinzip »keine Nachricht ohne Ereignis«. Anlass für die Nachricht war die erste UN-Klimakonferenz in Berlin (die COP1). Vor diesem Hintergrund übergab der wissenschaftliche Regierungsbeirat der damaligen Bundesumweltministerin Angela Merkel eine Stellungnahme mit deutlichem Inhalt. Die Forscher:innen empfahlen, die Emissionen jährlich mit sofortiger Wirkung um ein Prozent zu verringern, weil in rund 25 Jahren ein Gegensteuern nicht mehr möglich und die Folgen drastisch wären.[18] Die Handlungslücke sieht inzwischen so aus: Etwas mehr als 25 Jahre später, also heute, im Jahr 2023, wird verlangt, die Emissionen innerhalb der nächsten sieben Jahre nicht um 1 oder 2 Prozent, sondern um ganze 65 Prozent gegenüber dem Jahr 1990 zu reduzieren, damit Deutschland seinen Beitrag zum 1,5-Grad-Ziel leistet.

Spätestens seit den 1980er Jahren wiederholt die Wissenschaft ihre tragischen Kassandra-Rufe Jahr für Jahr. Doch immer wieder drängten andere Themen in den Vordergrund, die für den politischen Alltag dringlicher waren, wie Finanzkrisen oder Kriege. Gleichzeitig verbuchte die systematische Wissenschaftsleugnung ihre Erfolge, indem sie immer wieder medienwirksam ihre Themen platzierte, Klimaforscher:innen verunglimpfte und deren Erkenntnisse mit Zweifeln überzog.

Wer sich mit dieser Geschichte befasst oder die Berichte der arktischen Nationen liest, in denen diese Länder bereits am Ende der 1980er Jahre ihre sich rapide verändernde Heimat plastisch beschreiben, kann nur staunen, wie lange das Thema bereits auf der Tagesordnung steht. Für jedes Land und insbesondere für die Industriestaaten müsste diese Geschichte eigens erzählt werden. Wissenschaftler:innen in den USA beispielsweise setzten den Klimawandel bereits in den frühen 1980er Jahren in aller Dringlichkeit auf die politische Agenda. Der Historiker Nathaniel Rich hat dies in einem Artikel mit dem Titel *Losing Earth: The Decade We Almost Stopped Climate Change* eindrucksvoll beschrieben.[19] Hier zeichnet Rich für die USA nach, wie in der Dekade zwischen 1979 und 1989 trotz eindrücklicher Warnungen und dem politischen Willen von Einzelpersonen ebenfalls keine wirksamen Maßnahmen zur Verringerung von Treibhausgasen getroffen wurden.

Kulturelle Vorstellungen unterscheiden sich von wissenschaftlichen Szenarien, und doch sind sie untrennbar miteinander verbunden. Die Klimaforschung wurde recht spät in kulturelle Bilder verwandelt, die viele Menschen erreichten. Der Film *The Day After Tomorrow* von Roland Emmerich, der 2004 in die Kinos kam, gilt hierbei als erster Meilenstein. *An Unconvenient Truth* mit Al Gore erschien im Jahr 2006. Spätestens mit diesen Filmen fand die Klimakatastrophe auch Eingang ins visuelle kulturelle Gedächtnis, im ersten Fall als eine New York vernichtende, gigantische Welle und plötzliche Eiszeit, im zweiten durch die Inszenierung von wissenschaftlichen Beweisen, Erdbildern und schmelzenden Gletschern.[20]

Beide Filme stehen für die Phase eines zunehmenden Klimawandelbewusstseins, sie können in ihrer Wirkung bis heute nicht überschätzt werden, auch wenn zahlreiche andere Filme inzwischen folgten. Sie waren nachhaltiger in ihrer Wirkung als der Eisbär, der lange Symbolfigur für die Erwärmung war, jedoch immer auch als Problem von anderen Lebewesen anderswo abgetan werden konnte. *Eine unbequeme Wahrheit* gewann zahlreiche Preise als Dokumentarfilm. Er wurde kostenlos an zahlreichen Schulen verbreitet, auch in Deutschland, so dass viele Kinder ihn sahen. Auf meine Frage, die auch dieses Kapitel leitet, woher sie vom Klimawandel wissen, antworteten viele meiner Studierenden: Durch den Film mit Al Gore.

The Day After Tomorrow wiederum wurde als Science Fiction und Katastrophenfilm beworben, hatte jedoch eine wissenschaftliche Grundlage. Er nutzte ein zwar als unwahrscheinlich, aber möglich diskutiertes Szenario des menschengemachten Klimawandels, bei dem es nach klimatischen Veränderungen zu einer raschen Abkühlung der Erde kommt, weil der Golfstrom, die globale warme Wasserpumpe, versiegt. Die Bilder des Films sind bis heute wirksam.

Sie grundieren die Vorstellungswelt eines Klimawandels als Apokalypse. Wenn es um den Kollaps des Golfstroms als Auswirkung der globalen Erwärmung geht, tauchen diese Bilder wie aus dem Unterbewusstsein der Bildredaktionen seit nun fast zwanzig Jahren immer wieder auf. Zuletzt etwa in der britischen Daily Mail, die eine aktuelle Studie zur Abschwächung des Golfstroms aufgrund der globalen Erwärmung mit einem Film-Still von New York unter Eis illustrierte.

Noch einmal: Bereits in den 1980er Jahren wussten Politiker:innen durch die Forschung, dass ausreichend sichere Erkenntnisse auf dem Tisch lagen, um grundlegende politische Entscheidungen für CO_2-Einsparungen zu begründen. Die Sprache der Wissenschaft war damals bereits sehr deutlich. Inzwischen lässt sich eine Verdeutlichung ihrer Sprache und eine Erhöhung der Dringlichkeit kaum mehr vorstellen. Die Worte und ihre Bedeutung sind nicht das Problem. In anderen Bereichen haben Politiker schon auf der Basis von weit weniger sicheren Informationen Entscheidungen getroffen. Hier ist der Moment, an dem wir verstummen möchten, weil das Gerede und die Realität immer weiter auseinanderklaffen. Daher stellt sich die Frage: »Was ist los mit uns? Was hält uns wirklich davon ab, das Feuer zu löschen, das unser gemeinsames Haus zu verbrennen droht«?[21] Wieso hat all das nicht gereicht?

Warum Wissen nicht zu genug Handeln führte

Wie man vom Wissen zum Handeln kommt, ist seit Jahrzenten die Kern- und Gretchenfrage des gesamten Feldes. Wissenschaftskommunikatoren werben damit, ›die Lücke zwischen Wissen und Handeln‹ zu verkleinern. Ein Klimagipfel trägt den Titel »Together for just, ambitious implementation NOW«, als könne ein Stoßgebet einen Kurswechsel bewirken. Doch die Verbindung zwischen Wissenschaft und Politik ist weder geradlinig noch direkt, auch wenn Wissenschaftsberatung der gängige Weg ist, um wissenschaftliche Erkenntnisse in »informierte Entscheidungen« zu verwandeln.

Beide Sphären, die wissenschaftliche und die politische, folgen unterschiedlichen Logiken und Prämissen. Stark verkürzt gesagt, ist die Sphäre der Wissenschaft geleitet vom Prinzip der Rationalität, die Wissenschaft untersucht, wie es ist. Sie sieht von moralischen Fragen weitgehend ab. Ihr Ideal sind Neutralität und Objektivität. Die Politik ist ebenfalls von Vernunft geprägt, sie berücksichtig rationale Argumente. Doch Politik sagt zusätzlich, was sein sollte, sie stellt andere Ziele ins Zentrum, zum Beispiel, wie Menschen leben wollen, also ethische Ideale und Werte.[22] In den Berichten des Weltklimarats wird der Unterschied von Politik und Wissenschaft durch die Begriffe »Politik-relevant« und »Politik-vorschreibend« unterschieden. Die Berichte sammeln fundiertes Wissen und leiten daraus Empfehlungen ab, auf deren Basis Politiker Entscheidungen treffen können. Vorschreiben, wie die Politik auf das Wissen reagieren soll, darf die Wissenschaft nicht, aber Hinweise geben, welche Handlungsmöglichkeiten sie für vernünftig hält. Grundsätzlich funktioniert diese Unterscheidung, um die verschiedenen Orte, von denen aus gesprochen wird, und ihre jeweilige Autorität samt deren Grenzen kenntlich zu machen.

Auch Deutschland hat die Abkommen von Kyoto 1997 und Paris 2015 ratifiziert. Was aber ist politisch seither geschehen? Man kann sagen, dass die Wissenschaft der Bundesrepublik Deutschland bisher nahezu alles getan hat, um das Risiko eines menschengemachten Klimawandels zu verstehen und die handlungsrelevanten Erkenntnisse an die Politik zu kommunizieren. Umso deutlicher klafft die Lücke zwischen Wissen und Handeln. Viel zu viel Zeit ist verschwendet worden, ohne dass ersichtlich ist, woran. Viele Maßnahmen wurden auf den Weg gebracht, die im Gesamtbild aber zu keinem signifikanten Rückgang von CO_2 geführt haben. So engagiert die Schritte hin zu einer globalen Klimapolitik und so ernst gemeint die vereinbarten Ziele waren, so klar stehen die weiterhin ansteigenden Emissionen für Politikversagen.

Dabei hatte Deutschland für sechzehn Jahre eine Bundeskanzlerin, die nicht nur Physikerin war, sondern bereits 1997 ein engagiertes Buch mit dem Titel *Der Preis des Überlebens. Gedanken und Gespräche über zukünftige Aufgaben der Umweltpolitik* verfasst hatte. Das Buch fordert ein energisches Handeln für Umwelt- und Klimaschutz. Es ist aus den Erfahrungen einer Politikerin geschrieben, die als Umweltministerin und während der ersten Klimagipfel die Bremsen und Hindernisse für die Durchsetzung von Schutzmaßnahmen kennengelernt hatte. Bereits damals hatte sie die Erfahrung gemacht, dass erst Katastrophen geschehen müssen, damit »konkrete und einschneidende Maßnahmen ergriffen werden«. Allerdings steht heute die Frage im Raum, ob es hier in den letzten Jahren nicht eine Verschiebung gab, wenn diese Politik nun nicht mehr gegen »den geballten Willen einer großen Mehrheit der Bevölkerung«[23] durchgesetzt werden muss, wie es sich 1997 noch darstellte, sondern von dieser Mehrheit ausdrücklich erwartet wird.

Die Lücke zwischen Wissen und Handeln fordert heute, vierzig oder sogar fünfzig Jahre nach den ersten Warnrufen, umso dringlicher Erklärungen. »Dass es so weitergeht wie bisher, ist die Katastrophe«, schrieb der Philosoph Walter Benjamin in den 1930er Jahren, als er versuchte, die Idee des Fortschritts in ihrer Ambivalenz zu fassen. Es ist das Weiter-so, das uns gefährlich wird.

Die Begründungen für das maßlose Scheitern sind vielfältig, sie füllen inzwischen Regalmeter kluger Bücher. Die meisten erschienen in den letzten Jahren, als die Themen Klimawandel und Desinformation gleichzeitig Konjunktur erfuhren. Dabei wird über Klimawissenschaftsleugner:innen und ihre Weltbilder oder auch Verschwörungsmythen mitunter mehr berichtet, als über diejenigen, die noch neue Ideen haben.

Wenn ich Bücher lese wie *Don't even think about it. Why our brains are wired to ignore climate change* von George Marshall, *Living in Denial* von Kari Marie Norgaard oder *What we think about global warming – when we try not to think about it* von Per Espen Stoknes, gewinne ich den Eindruck, unsere gesamte Veranlagung stehe dem Handeln im Fall der globalen Erwärmung im Weg. George Marshall entfaltet zum Beispiel die These, dass das menschliche Gehirn zwar die kompliziertesten Sachverhalte auf der rationalen Ebene zu verstehen vermag. Es gelinge aber nicht, diese Rationalität im Fall von großen und multiplen Krisen, wie es der Klimawandel ist, in angemessener Weise mit der Handlungsebene zu verbinden, weil sich das Wissen nicht gefährlich anfühle. Stattdessen würden die aus dieser Krise folgenden Erfordernisse in der Regel schlichtweg negiert. Das »rationale Gehirn« und das »emotionale Gehirn« blieben getrennt und kämen in der Kognition nicht zusammen.[24] Der Mensch und seine Art zu denken scheint nicht gemacht für die Probleme, die er produziert. Kurzfristiges Denken, das darauf abstellt, die Probleme in der Reihenfolge ihres Auftauchens zu lösen, ist lebenspraktischer als weit vorausschauendes Vermeiden.

In den Verstand kann nur gelangen, was die Sinne vorher strukturieren, so lässt sich eine zentrale Einsicht Immanuel Kants wiedergeben. Die knapp zweihundert Verzerrungsfehler, die die kognitive Psychologie kennt, scheinen Menschen systematisch von dem abzubringen, was für eine gelungene Verbindung aus Wissen und Handeln stünde. Diese Fehler sind beispielsweise in der beeindruckenden Grafik zum »Cognitive Bias Codex« wie ein Sieb zum Kreis um ein menschliches Gehirn angeordnet.[25] Entweder wird nicht angemessen erinnert, was leitend sein müsste, oder zu viele Informationen strömen ein, oder aber man gibt dem, was wichtig ist, nicht die nötige Bedeutung. Die Sammlung der Verzerrungsfehler ist noch weiter unterteilt, sie listet allein über fünfzig Gründe auf, die Menschen insbesondere davon abhalten, schnell und wirksam zu handeln. Diese reichen von »Ockhams Rasiermesser« über den »Bestätigungsfehler« bis hin zu »Versunkenen Kosten«. Von Logikfehlern, Pseudo-Expert:innen, unerfüllbaren Erwartungen und Rosinen-Pickerei handelt wiederum ein sehr instruktives Plakat von klimafakten.de, das Argumentationshilfen zum Thema Desinformation und Klimawandel liefern will. Angesichts dieser Literatur erscheint es fast als Wunder, dass überhaupt jemand ernsthaft handeln möchte – bei all den viel näherliegenden Wegen, zu leugnen.

Leugnen zum Selbstschutz; Weltbilder, die uns wie stählerne Rüstungen von der Wirklichkeit abschirmen; Werte, die uns schützen, aber gleichzeitig die Grundlagen der eigenen Existenz ausblenden – es gibt viele Begründungen und Entschuldigungen, die erklären, wieso Wissen und Handeln nicht in einer gelungenen Beziehung zusammenkommen. Wenn das die Antworten sind auf die Frage *Was ist der Mensch?*, dann haben wir allen Grund, die Hoffnung zu verlieren. Ich selbst würde an dieser Stelle jedoch gerne innehalten, weil es einen universellen Anthropos gar nicht gibt. Vielmehr wird die Vorstellung, »der Mensch« sei eben »so«, dazu gebraucht, uns davon abzuhalten, überhaupt etwas zu tun. Die Verbindung von Wissen, Untergang und Versagen ist jedoch auf spektakuläre Weise faszinierend, so dass sie, nicht zuletzt aufgrund ihrer medialen Wiederholung, inzwischen wie eine selbsterfüllende Prophezeiung wirkt.

Die Gründe, die dafür angeführt werden, dass Politik scheitert, liegen im widersprüchlichen Feld aus psychologischen, ideologischen und strukturellen (Politik, Recht, Ökonomie) Faktoren. Sie lassen sich in Wahrnehmungs- und Vorstellungsbarrieren sowie systemische Hindernisse untergliedern. Ich fasse hier einige der Hauptgründe zusammen, die für mich überzeugend erklären, wieso ein wirksamer Klimaschutz bis heute nicht so umgesetzt wurde, wie es dem Wissen angemessen gewesen wäre, ohne den Anspruch auf Vollständigkeit zu erheben.

Ich bin keine Politikwissenschaftlerin. Wenn ich im Folgenden Begründungen für die Trägheit auf politischer Ebene suche, dann mit dem Ziel, mir einen Reim auf die Lücke zwischen Wissen und Handeln zu machen – aller erfolgreichen Forschung und Wissenschaftskommunikation zum Trotz. Wir müssen die Gründe kennen, aus denen all das nicht genug war und ist.

Besonders häufig wird mit einer kognitiven Wahrnehmungsbarriere begründet, wieso wirksame Politik ausblieb, wie ich es im Kapitel zur Klimapsychologie bereits beschrieben habe. Diese Barriere gilt auch für die sogenannten Entscheidungsträger, für Stake Holder und Politiker:innen. Auch wenn die Zeichen der globalen Erwärmung im Heute immer spürbarer werden, gilt, dass das Thema für Menschen der gemäßigten Breiten viel zu lange abstrakt und entfernt blieb, ein Wissen, das sie lange nicht aus eigener Erfahrung, sondern größtenteils aus Berichten bezogen. Doch auch wenn wir die Zeichen selbst in unserer eigenen Realität deutlich sehen, bleiben die großen Zusammenhänge und die Veränderungen an anderen Orten weiterhin fern und abstrakt, oder die Veränderungen hier können noch immer ausgeblendet werden.

Dies mündet in dem Dilemma, dass die Klimakatastrophe nicht in den zeitlichen Dimensionen meteorologischer Ereignisse zu fassen ist. Anders als bei einem Sturm oder einer Flut ist der Zeitabstand zwischen Warnungen, Vorkehrungen und dem Eintritt der Ereignisse so groß, dass ein Gefühl notwendiger, also dringlicher Entscheidungen auf Leben und Tod nur schwer herzustellen ist. Während die Bedrohungen des Klimawandels auf Dauer gestellt sind, ist es das Gefühl der Dringlichkeit nicht. Für die Politik wie für das eigene Leben gilt aber, dass es konkrete Anlässe und ein Momentum braucht, um etwas am Weiter-So zu ändern und dafür Mehrheiten zu finden. Weil die Konsequenzen nicht spürbar genug sind, wird die Gefahr gar nicht oder nur in Ausnahmesituationen erlebt; sie erscheint nicht existenziell. Maßnahmen werden zugunsten anderer Themen nicht umgesetzt oder wieder zurückgenommen. Wenn beispielsweise die Gaspreise zu sehr steigen, wird die CO_2-Steuer aus sozialen Gründen wieder gesenkt oder sogar erwogen, die Laufzeiten der Atom- und Kohlekraftwerke zu verlängern. Die Strukturen, die die Probleme verursachen, werden immer weiter fortgeschrieben. Und diese Politik erscheint aus dem Heute betrachtet durchaus als notwendige, vernünftige Politik.

Der Faktor Zeit hat in der Politik andere Dimensionen als bei Klimaprozessen. Weit entfernt sind Auswirkungen des Klimawandels im Jahr 2050, 2100 oder 2500. Derartige Zeithorizonte sind auf der imaginativen wie politischen Ebene schwer zu fassen – auch wenn Häuser, Schulen, Kraftwerke oder Brücken für lange Zeiträume geplant werden und Förster:innen Bäume pflanzen, die sie erst in dreißig Jahren fällen möchten. Die Politiker:innen, die heute entscheiden, sind in der Regel nicht mehr im Amt, wenn die guten oder schlechten Früchte ihrer Entscheidungen reifen.

Es gibt einen weiteren Argumentationsstrang, nach dem gerade demokratische Prozesse dem Problem nicht gewachsen seien. Denn eine Politik für die umfassende Transformation zu machen, die fast alle Lebensbereiche in Frage stellt, ist schwierig. Politiker:innen müssen Mehrheiten sammeln und in Legislaturperioden von wenigen Jahren regieren. Entschlüsse werden in Kompromissen zerrieben, verschoben oder verhindert, wenn keine Mehrheit gefunden werden kann. Für die Politik Deutschlands spitzt der Autor und Journalist Bernd Ulrich diesen Gedanken zu, wenn er sagt, »wenn man den Deutschen zu viel zumutet, werden sie wieder zur Zumutung.«[26] Damit meint er, dass Politiker:innen davor zurückschrecken, drastische Änderungen zu verlangen, weil sie aus der Geschichte des Nationalsozialismus ableiten, dass dann eine Radikalisierung droht. Um also niemanden zu verärgern und womöglich eine sich radikalisierende Bewegung wie die der »Gelbwesten« in Frankreich auf den Plan zu rufen, verschieben Politiker:innen die Probleme in die Zukunft.

Das führt in der Konsequenz zum Argument, dass erst drastische Katastrophen, die sich plötzlich ereignen, zu einer wirksamen Politik führen. Ereignisse, anders als Szenarien und Warnungen, besitzen die Kraft, etwas zu verändern – und das umso mehr, je surrealer sie sind, je weniger sie also der erwarteten Wirklichkeit entsprechen. Fukushima, die Pandemie, der Krieg in der Ukraine – all dies sind kollektive Erfahrungen, die mit einem Schlag die Welt in eine andere verwandelten. Für viele fühlte sich die Pandemie an, als befänden sie sich in einem Science Fiction-Film. Es wurden Maßnahmen beschlossen, die fast niemand vorher für möglich gehalten hätte. Im Fall der globalen Erwärmung stellt sich jedoch die Frage, wie drastisch die Ereignisse eigentlich noch sein müssen – und für wen. Auch könnte sich der Verdacht aufdrängen, dass derartige Ausnahmezustände als »Schock-Strategie« genutzt werden, um das Projekt der Privatisierung und der Entmachtung des Gemeinwohls weiter voranzubringen, wie Naomie Klein es bei vergangenen Krisen und Katastrophen beobachtet hat.[27]

Hinzu tritt der immense Verständnisaufwand, den das Thema verlangt. Nicht jede:r möchte sich mit vielen Zahlen beschäftigen. Unabhängig von Bildungsabschlüssen gibt es mitunter eine Scheu, sich mit komplizierten Zusammenhängen zu befassen – auch aus Furcht, sie nicht zu verstehen. Dies gilt auch für Politiker:innen. Dass sich mit einem solch komplexen und endlos vernetzten Thema nur schwer punkten lässt, hat Auswirkungen auf ihre Politik.

Doch ist der Klimawandel nur teilweise vergleichbar mit dem vorausschauenden Bau von neuen Schulen, Brücken oder Seniorenheimen. Auch hier folgen aus Versäumnissen reale Probleme, die massiv sein können. Im Fall der globalen Erwärmung muss aber »die Natur«, zum Objekt der Politik werden. Wobei auch die Atmosphäre »totalitär« ist, mit ihr lässt sich weder verhandeln, noch ist sie bereit zu Kompromissen.[28] Doch sind weder der Schutz der Atmosphäre noch der Ökozid als ein Straftatbestand bislang erfolgreich im Rechtssystem abgebildet. Dass das Klimaschutzgesetz 2019 die Klimaneutralität für Deutschland bis zum Jahr 2045 im Gesetz verankerte, um das Grundrecht auf Freiheit für zukünftige Generationen zu gewährleisten, gilt deshalb für viele als Hoffnung auf eine wirksame Klimapolitik in der Zukunft.

Der Klimawandel ist ein globales Problem, das viele Verursacher kennt und in seinen Auswirkungen jede Region unterschiedlich trifft. Dies macht es politisch schwierig zu beschließen, welches Land damit anfängt, klimafreundlich zu handeln. Die Länder, die sich zuerst für eine wirksame Klimapolitik entscheiden, riskieren ihre Position im internationalen Wettbewerb. Denn die Energie, die Ausgaben für neue Technologien oder die Steuern für die Produktion werden dann signifikant teurer. Hinzu kommt der Streit um die historische Verantwortung an Treibhausgasen, die extrem ungleich verteilt ist. Hier geht es um Klimagerechtigkeit. Wieso soll ein Land, das bis vor zwanzig Jahren keine nennenswerten Industrien hatte, genauso große Einsparungen tätigen wie ein Land, das seit über zweihundert Jahren die Gewinne der Industrialisierung genießt und Hauptverursacher der gegenwärtigen Erwärmung ist? Und wer bezahlt die Schäden in Ländern, die keine nennenswerte Emissionen beigetragen haben, wie beispielsweise nach der unermesslichen Flut in Pakistan 2022?

Lange diente auch das Argument der Unsicherheit als Motiv für Untätigkeit. Dies bedeutet, dass sich keine Mehrheiten generieren lassen, solange die Erkenntnis des anthropogenen Klimawandels noch als ›unsicher‹ oder in den Medien als ›Meinung‹ diskutiert wird. Politisch wirkt die Unsicherheit mit dem Präventionsparadox zusammen. Wenn Maßnahmen dazu führten, dass Gefahren nicht eintraten, wird ihre Sinnhaftigkeit später in Frage gestellt. Das gleiche gilt für Prognosen, die sich nicht bewahrheiteten. In Deutschland wird hierzu oft die Warnung vor dem Waldsterben in den 1980er Jahren angeführt oder der Bericht des Club of Rome von 1972. Beides seien unbegründete Ängste und letztlich eine technikfeindliche »Mär der Öko-Apokalypse« oder »Schauermärchen von der geklauten Zukunft«.[29]

Kommen wir zu den systemischen Barrieren, die wohl die mächtigsten sind. Eine systemische Barriere besteht darin, dass die Klimakrise fast alles am Lebensstil der Industriegesellschaften in Frage stellt, was diese im vergangenen Jahrhundert erreicht haben. Sie geht an die Wurzeln der Gewohnheiten, ins Herz der Kultur, sie stellt Mobilitätsverhalten, Urlaubskultur, Essenstraditionen, Konsum in Frage, alles, was *normal* ist in der Welt, in der wir leben. Die Infrastrukturen, die wir heute haben, sind das in Technik und Politik gegossene Weltbild der Moderne. Technische und marktlogische Lösungen sind die Antwort auf Probleme, die Techniken zuvor verursachten haben. Die systemische Sicht enthüllt die unzählbaren Abhängigkeiten, die es in CO_2-intensiven Kulturen gibt. Deshalb ist der Klimawandel politisch etwas ganz anderes als es Waldsterben oder Ozonloch waren. Diese waren noch relativ einfach zu lösen, dem Ozonloch etwa konnte man durch die Ersetzung eines bestimmten Gases in einem begrenzten Sektor von Techniken begegnen. Gegenwärtig gibt es aber keine singuläre Lösung wie einen gigantischen CO_2-Staubsauger, der die Treibhausgase wieder aus der Atmosphäre zieht, sondern nur unzählige Maßnahmen in allen Bereichen.

Auf den Plakaten von vielen Aktivist:innen und Demonstrierenden steht seit vielen Jahren »System Change not Climate Change«. Ähnlich wirkt die Zuspitzung auf den Kampf von »Klima gegen Kapitalismus« (Naomie Klein), also die Gegenüberstellung des Klimawandels und der neoliberalen Entwicklungen, die den Staat zeitgleich Schritt für Schritt zugunsten der Märkte immer weiter entmachteten – und das in globalem Maßstab. In der Folge der Globalisierungsprozesse hat der Finanzsektor eine viel zu große Macht erlangt, die nun über der Politik und der Gemeinschaft steht. Die Logiken von Markt und Wertschöpfung haben die Ausbeutung der Natur fest eingeplant, ohne dass Natur »eingepreist« würde. Sie gilt weiterhin als billige Ressource. Die Theorien, auf denen diese Form des Marktes gründet, bauen auf endlosem Wachstum und Profiten auf. Und sie fußen auf einem fragwürdigen Menschenbild, das Eigennutz ins Zentrum stellt und die Freiheit Einzelner privilegiert.

Dass neben Fakten auch Glaubenssätze und Weltbilder die Politik mitprägen, führt zu massiven Auseinandersetzungen. Entlang der Gräben zwischen Ideologien verlaufen die großen Kämpfe, die Klimapolitik bislang am wirksamsten behindern. Weil zum Beispiel die Realität des Klimawandels das Projekt der Moderne und eines bestimmten technischen Fortschritts radikal in Frage stellt, gelten Forderungen nach mehr Klimapolitik vielen Menschen als »linke Politik« oder werden einer Tendenz zur »Ökodiktatur« verdächtigt. In den USA nennen Republikaner grüne Politiker:innen deshalb seit langem »Wassermelonen« (außen grün und innen rot). Hier verlaufen die ideologischen Gräben aber auch entlang religiöser Auffassungen. Evangelikale sprechen von »grünen Drachen«, die ihre Kinder mit Klimawissen in den Schulen dazu »verführen«, ins Werk Gottes einzugreifen, also mit Klimaschutzmaßnahmen den göttlichen Willen zu modifizieren. In Deutschland ist für die AfD scheinbar jede Klimaschutzpolitik ein im Kern linkes, sozialistisch eingefärbtes Ziel (im Parteiprogramm wird der anthropogene Klimawandel geleugnet). Aber auch eine Partei wie die FDP kann mit Klimaschutz vor allem dann etwas anfangen, wenn Nachhaltigkeit durch Innovation zu Green Growth wird, also technischen Fortschritt befeuert und unternehmerisch Geld verdient werden kann.[30]

Nicht umsonst wird in diesem Kontext immer wieder der Satz zitiert: »Es ist einfacher, sich das Ende der Welt vorzustellen, als das Ende des Kapitalismus.« Die dem Kulturwissenschaftler Fredric Jameson zugesprochene Äußerung meint, dass das Weiter-so in marktliberalen modernen Gesellschaften derart natürlich erscheint, dass ein Denken außerhalb dieser Logiken inzwischen unmöglich ist. Gegen diese Vorstellungsgrenzen schreibt Maja Göpel in ihrem Buch *Unsere Welt neu denken* an. Aber auch Walter Ötsch und Nina Horacek argumentieren so, wenn sie in *Wir wollen unsere Zukunft zurück. Streitschrift für mehr Phantasie in der Politik* schreiben, dass die unausweichliche marktfundamentale Ökonomisierung aller Lebensbereiche seit den 1980er Jahren in den meisten Demokratien zu einem Imaginationsstopp geführt hätte, also einer Anpassung von Bildung, Politik und Privatleben an die sogenannten Marktlogiken (Effizienz, Rationalität, Rentabilität, Messbarkeit) und einem Abbau des Sozialstaats.

Das Erdkino der Klima-Szenarien

Um sich die Zukunft vorzustellen und diese zu planen, gibt es Szenarien. Vor einigen Jahren fuhr ich zum Klimarechenzentrum in Hamburg, weil ich verstehen wollte, wie dort Daten verarbeitet werden und wie aus Simulationen Bilder werden. Ich erinnere mich eindrücklich, dass Ludwig Jäger, der Leiter des Zentrums, bei der Führung durch die Rechenanlage ein Megaphon brauchte. Weil das Berechnen von möglichst realistischen Klimasimulationen so viel Wärme verursacht, ist das Rauschen der Kühlung ohrenbetäubend.

Das Klimarechenzentrum tätigt die Klimamodell-Berechnungen für das Max-Planck-Institut für Meteorologie. Die Ergebnisse sind Teil der deutschen Beiträge zu den Weltklimaberichten der Vereinten Nationen. Der Rechenraum ist mehrere hundert Quadratmeter groß. Reihe für Reihe stehen sogenannte Hochleistungsrechner – bunt blinkende Netzwerkschränke mit mehreren zehntausend einzelnen

»Rechenkernen«, zwischen denen dicke Kabelstränge verlaufen.

Später führte mich Ludwig Jäger in einen kleinen, fensterlosen Raum des Instituts, in dem ein Flachbildschirm an einer Wand hing. Weil ich mich für Visualisierungen interessierte, wollte er mir die neuste Medientechnik vorführen. Wir setzten unförmige 3D-Brillen auf, um die Animation im vollen Umfang genießen zu können. Als er sie startete, erschien auf dem Bildschirm unser Planet, die Erde, im dunklen All.[31] Das Szenario zeigte eine noch drastischere Katastrophe als die globale Erwärmung. Unter dem Yellowstone Nationalpark inmitten der USA schlummert ein gewaltiger Supervulkan, dessen Magmakammer weit in den Erdkern reicht. Der Vulkan ist das letzte Mal vor rund 640.000 Jahren ausgebrochen und könnte potenziell jederzeit wieder ausbrechen.

Die einminütige Animation, auf die wir mit unseren Brillen starrten, zeigte nicht weniger als die dramatische Zunahme einer gigantischen Staubwolke über einen Zeitraum von einem Monat. Während sich die Erdkugel gleichmäßig drehte, konnten wir zusehen, wie sich die gelbe Asche wie ein Geist aus der Flasche über den nördlichen Teil des Erdballs ausbreitete. Schnell entwickelte sie sich entlang der globalen Winde zu einer riesigen, erdumspannenden Wolke. Schließlich schlug sich die Vulkanasche als braun-rötliche Schicht auf Nordamerika nieder. Gleichzeitig war auf einer Temperaturskala zu sehen, wie die Asche die Erde in kurzer Zeit durch ihren abschirmenden Effekt drastisch abkühlte.

Klimasimulationen ermöglichen es, wie mit einem Filmprojektor, zukünftige Szenarien vorstellbar zu machen. Aus sicherem Abstand beobachteten wir das Ende des meisten Lebens durch einen einzigen Vulkanausbruch. Um die Klimaauswirkungen des möglichen Ausbruchs simulieren zu können, benutzten die Wissenschaftler:innen dasselbe Klimamodell, mit dem sie auch die Szenarien für den Weltklimarat berechnen – mit dem Unterschied, dass es bei der globalen Erwärmung nicht um eine Aschewolke geht, die

die Sonne abschirmt, sondern um Treibhausgase, die die Hitze einfangen. Außerdem ist hier nicht von einem singulären Ereignis wie einem Vulkanausbruch oder einem Meteoritenschlag die Rede, das in Hollywoodfilmen und Computerspielen offensichtlich einen überzeugenderen Plot abgibt als die verteilte Schuld der Industrieländer, die sich zudem wenig spektakulär als »slow violence« zeitlich wie räumlich nicht plötzlich und überall gleich, sondern schleichend und regional sehr verschieden auswirkt.

Wenn ich mich durch die verschiedenen Szenarien derartiger Erdkinos klicke, beeindrucken mich die Bilder, ohne mich wirklich zu ergreifen. Alles wirkt wie ein surreales Spiel, bei dem wir jederzeit den Pause-Knopf drücken können oder nach dem Hinweis »Game over« ein neues Leben erhalten. Wir sind nicht Teil der Bühne, wir stehen nicht auf demselben Boden, den wir beobachten, sondern schweben als künstliches Auge über den Dingen. Wir sehen, wie der blaue Planet in ungesunder, lebensfeindlicher Färbung erscheint. Das ist die Wirkung der Bilder von der Welt, die das Schicksal des Planeten Erde als Ganzes zeigen. Die US-amerikanische Wissenschaftshistorikerin und Autorin Donna Haraway nannte Ansichten, wie sie Globus, Weltkarten oder die Satellitenbilder von Google Earth ermöglichen, den »Gottestrick«, also ein Verfahren, bei dem wir uns selbst nicht als Teil von dem begreifen, was wir beobachten. Der Gottestrick funktioniert wie beim psychischen Abwehrmechanismus der Spaltung, also wenn jemand den eigenen Krebstumor beim Screening gezeigt bekommt, diesen jedoch nicht als sein Schicksal erkennt. Wir brauchen diesen Trick, um Erkenntnisse zu generieren, aber wir sollten ihn nicht als einzige Sicht absolut setzen.

Wenn aber Szenarien verwendet werden, um Handlungsoptionen zu erforschen, tun sich weitere Möglichkeiten auf. Inzwischen gibt es Simulationsspiele, in denen man in die Rolle verschiedener Akteure schlüpfen kann, um die Folgen des eigenen Handelns oder Nicht-Handelns im Fast-Forward-

Modus zu erfahren. Diese Spiele gibt es als Brettspiele wie *CO_2-Second-Chance* oder *Keep Cool*. Und es gibt sie mittlerweile als zahlreiche Computerspiele, die Klimasimulationen enthalten, z. B. den Blockbuster-Titel *Civilization Thunder Storm*, ein Planspiel, bei dem man mit viel Ausdauer die Industrialisierung der Menschen seit der neolithischen Revolution aus der Perspektive eines Herrschers und Weltenmanagers nachspielen kann.

Sogenannte Klimadienstleistungen (»Climate Services«) wiederum sind seit dem Klimaabkommen von Paris im Jahr 2015 das Feld, in dem das wissenschaftliche Klimawissen an die Bedürfnisse von ganz verschiedenen Stake Holdern und ihre lokalen Wirklichkeiten übersetzt wird, also zum Beispiel für die Landwirtschaft in Griechenland oder den Schutz von Küstenstätten in den Niederlanden. Ein solcher Klimadienst ist auch das *Sensus Toolkit*, das am PIK entwickelt wurde. Es nutzt Szenarien, um das umfassende Wissen der Klimaforschung über die möglichen Zukünfte der Welt an Entscheidungsträger weiterzugeben, auch an solche, die ihr Handeln bislang gar nicht in diesem Rahmen begreifen. Es vermittelt insbesondere komplexes Denken in Systemen anstelle von losgelöstem Inseldenken. Mit diesen Szenarien, erklärte mir die Datenanalystin und Projekt-Koordinatorin des Sensus Toolkits Cornelia Auer, können Schlüsselpersonen ein Verständnis dafür erlangen, was die komplexe gegenwärtige Situation ausmacht und sie mit strategischem Planen verbinden, indem sie einen Umgang mit Unsicherheiten erlernen.[32] Indem die Stake Holder, die eine gewisse Umsetzungsmacht haben, die Szenarien ›durchspielen‹, können sie die Wechselwirkungen von Anpassungs- und Mitigationsstrategien – also Maßnahmen, die den Klimawandel abschwächen – vorwegnehmen.

Wieviel muss ich eigentlich wissen, um vom Klimawandel sprechen zu können?

Muss ich ein:e Klimaforscher:in sein oder eine Ausbildung in Wissenschaftskommunikation besitzen, um angemessen über das Thema zu sprechen? Sollte ich eine Aktivistin oder ein Politiker sein, um das Für und Wider der Maßnahmen gut vortragen zu können? Was ist mit jenen, die nicht von Berufs wegen mit dem Klimawandel befasst sind? Welche Sprache haben sie? Und was sind die Orte, an denen über den Klimawandel angemessen gesprochen werden kann? Die Wissenschaftskommunikatorin Mai Thi Nguyen-Kim beispielsweise meint, dass die große Aufmerksamkeit für den Klimawandel mitunter sogar kontraproduktiv wirke. Denn es sei schlicht unmöglich, in einer Talkshow angemessen über Wissenschaft zu sprechen, was in großen Öffentlichkeiten, wie etwa dem Fernsehen, jedoch erforderlich sei.

Lange bestand Gewissheit darüber, dass gute wissenschaftliche Aufklärung zu gutem Handeln führe. Dies ist auch heute noch der Fall. Auf der Plattform klimafakten.de, einem Portal, das seit vielen Jahren zu guter Wissenschaftskommunikation zum Klimawandel anleitet, kann ich viel Material einsehen, um über den Klimawandel sprechen zu lernen, so zum Beispiel »Sieben praktische Tipps, um Fakten erfolgreich zu verteidigen«. Die Materialien der Scientists for Future, mit denen sie die Bewegung von Fridays for Future unterstützen, sind ebenfalls vom Leitbild guter Wissenschaftskommunikation geprägt. Die öffentlich zugänglichen Präsentationen mit Folien, die alle für ihre Vorträge nutzen können, sind beeindruckend. Wenn es darum geht, Klimawissen umfassend und auf der Höhe der Vortragskunst zu vermitteln, sind derartige Hilfsmittel ein herausragendes Beispiel für gute Wissenschaftskommunikation.

Adam Corner und Jamie Clark von Climate Outreach empfehlen aber in ihrem Buch *Talking Climate*, nicht von den Daten, wissenschaftlichen Fakten und statistischen Zahlen, sondern von den Werten der Menschen ausgehend zu kommunizieren. Das ist letztlich ein enttäuschender Tipp für alle Wissenschaftskommunikator:innen, die über die globale Erwärmung anhand der Klimaforschung aufklären wollen, weil er besagt, dass es nicht ausreichen könnte, zu erzählen, was die Fakten sind. Auch die australische Soziologin Rebecca Huntley schreibt in ihrem Buch *How to talk about Climate Change in a Way that makes a Difference*, wieso es wichtig ist, beim Thema Klimawandel nicht nur über Wissenschaft zu reden. Sie schildert, wie sie selbst lange geglaubt hat, dass gute Aufklärung alles sei. Um das Paradox der Lücke zwischen Wissen und Handeln zu erklären, argumentiert sie, dass die Realität der Menschen viel verfahrener und chaotischer sei, als wir es uns mit einem Bildungskonzept vorstellen, das dem Defizitmodell einer einseitigen Belehrung folgt. Und sie stellt fest, dass »die gesamte Wissenschaftskultur [...] dagegen [wirkt], auch persönliche Ebenen zu integrieren, wenn es darum geht, Erkenntnisse zu vermitteln.«[33] Der norwegische Sozialpsychologe Pierre Espen Stoknes meint sogar, dass die Wissenschaftsvermittler:innen, die so sehr an das Defizitmodell glauben (also die Idee einer einseitigen Aufklärung durch Expert:innen), den Weg behindert hätten, weil sie so starrköpfig darauf beharrten, zu belehren.

Rebecca Huntley meint, dass viele Menschen bereits genug wissen, dass sie gar keine neuen Fakten benötigen. Was sie bräuchten, sei Trost und Inspiration. Aber viele können oder wollen nach vielen Jahren nicht mehr hören, was sie schon so oft gehört haben – was zur Folge hat, dass sie aufgrund von »Klimalangeweile« die Informationen selbst des neusten Klimaberichts gar nicht mehr durchdringen, obwohl sie existenziell sind. Bereits 2014 stolperte ich über einen inzwischen gelöschten englischen Blogpost mit dem Titel *Zehn Bilder des Klimawandels, die ich nie wieder sehen will*. Zur Not-To-See-Again-Liste gehörten die damals bereits wie durchsichtig gewordenen Bilder von Eisbären auf Eisschollen, brennenden Weltkugeln, trockenen, aufgeplatzten Böden – Flutbilder und Katastrophenbilder im Stil von *The Day After Tomorrow*. Der Blog-Autor kommentierte diese Art der Berichterstattung mit dem Satz »Immer müssen sie in irgendeine melodramatische Geschichte abrutschen.« Nicht nur das Wissen, auch die Bilder sind abgenutzt. Sie erreichen uns nicht. Das Thema Klimawandel ist für viele sterbenslangweilig geworden.

Was müsste passieren, damit die Klimaforschung in Zukunft nicht ein zutiefst melancholisches Projekt wird? Ein Projekt, das einzig darin besteht, dass Forscher:innen wie Chronist:innen des ökologischen Niedergangs, wie Berichterstatter:innen der globalen Insolvenz, das Sterben der Arten, den Verlust von ökologischer Vielfalt, das Abschmelzen der Pole und die sich verändernden Wettermuster in immer neuen Bildern und Zahlen als fortlaufendes Requiem dokumentieren?

Die Antworten, die es gibt, sind kleinteilig und versprechen keine Helden. Rebeca Huntley empfiehlt, wie viele andere Forscher:innen, dass der starre rationale Erzählbogen von den Fakten hin zu Lösungen endlich aufgebrochen werden müsse. Und vor allem, dass es weniger Vorträge und mehr Dialoge brauche, bei denen sich Menschen mit ihren Sorgen, Hoffnungen und Ängsten ernst genommen fühlen. Statt der so gut eingeübten vertikalen Kommunikation wissenschaftlicher Erkenntnisse – von oben nach unten – weiter zu folgen, gehe es darum, horizontale Formen zu praktizieren. In ihnen fänden Gefühle, persönliche Werte und Erlebnisse von Menschen einen Platz, tauchen neue Verbindungen auf.

Mir selbst wird ein wenig schwindlig bei den vielen Tipps und Hinweisen für eine gelingende Kommunikation. Der Weg vom Wissen zum Handeln, von der Physik in die Politik, ist keine Brücke, die einfach gebaut werden könnte. Er benötigt Wissen und Kreativität. Die Situation gleicht einem breiten Fluss, in dem etliche Steine liegen und plötzliche

Strömungen und Untiefen lauern. Auch wenn von Seiten der Wissenschaft bereits ein langer, höchst robuster Brückenträger mit sicheren Fundamenten gebaut wurde, reicht dieser nicht über den ganzen Fluss. Auch von der anderen Seite gibt es bereits mehrere Stege und kleine Boote, die zwischen den Ufern hin- und herfahren. In ihnen sitzen erfolgreiche Vermittler:innen wie Klimaforscher:innen, die ihr Wissen in die Politik tragen, oder Politiker:innen und Aktivist:innen, die über Wissenschaft sprechen. Doch der Fluss lässt sich nicht auf einmal überwinden. An manchen Stellen gelingt es gar nicht, vom einen Ufer zum anderen zu gelangen, oder Akteure setzen Sägen des Zweifels an und destabilisieren gezielt die Pfeiler der Wissenschaft. Auf alle Fälle gibt es bis heute keine Überquerung, bei der alle trocken bleiben. Das Bild eines Flusses ist aber vielleicht gar nicht ausreichend. Vielleicht trifft es eher das Bild eines Sees mit vielen Inseln. Eine große Insel ist die Wissenschaft, sie kämpft um ihren Platz in der Mitte des Sees, um für alle möglichst gut sichtbar zu sein. Am Ufer des Sees leben sehr verschiedene Menschen. Andere leben mehr oder weniger ohne Blick auf die Wissenschaft, manche sogar abgeschirmt auf ihren Inseln. Wo wäre in diesem Bild die Politik?

Die Kluft zwischen Wissen und Handeln ist auch nach Jahrzehnten noch zu groß. Statt weiter Wissenschaft und Daten allein zu kommunizieren, müssten die vielen Informationen und Fakten noch mehr mit kulturellen Bedeutungen verbunden werden. Hierzu braucht es nicht nur Klimaforschung und Politik. Es braucht kreative Akteur:innen aus anderen Feldern, die sich im Wasser »nass machen«, um kulturelle, soziale, künstlerische, politische oder ökonomische Verbindungen in Form anderer Geschichten zu bauen. Es ginge darum, beim Sprechen über die multiplen ökologischen Krisen zu einem radikal transdisziplinären Dialog zu gelangen, bei dem man auch mit partizipativ-kreativen Formen des kollaborativen Gestaltens arbeitet und die betroffenen Menschen und ihre Stimmen vor Ort einbezieht. Nur so ließe sich ernsthaft berücksichtigen, dass darüber hinaus Kulturen unterschiedliche Verständnisse vom Klimawandel besitzen und dass das diesem Verständnis zugrundeliegende Wissen nicht starr ist, sondern sich entwickelt. Auf diese Weise könnte man schließlich besser verstehen, wie eine Klimapolitik vor Ort durch kulturell spezifische Sichtweisen behindert oder gefördert werden kann.

4. Klimawandel ist Kulturwandel

Das Klima als Bühne der Kultur

Thinking like a climate – so lautet ein Buchtitel der britischen Anthropologin Hannah Knox. Sie begleitete die Stadt Manchester über viele Jahre bei ihren Bestrebungen, eine klimafreundliche Stadt zu werden. Denn letztlich ist es jede einzelne Kommune, die Maßnahmen umsetzen muss. *Wie das Klima zu denken* bedeutet, das Klima nicht als Hintergrund und Kulisse menschlicher Handlungen zu begreifen, also nicht allein auf die Veränderung menschenleerer Landschaften wie Gletscher, Korallenriffe oder Wälder zu blicken, sondern durch die Linse des Klimas auch die Kultur mit ihren menschlichen Handlungen zu befragen. Das Klima ist ein aktiver Teil der Bühne, auf der diese Handlungen stattfinden. Mit dieser Bühne gilt es zu denken.

In einem ähnlichen Sinne eröffnete der französische Schriftsteller und Wissenschaftshistoriker Michel Serres sein Buch *Der Naturvertrag* aus dem Jahr 1992 mit einem Gemälde Francisco Goyas. Auf dem Bild ist ein »stockschwingendes Feindespaar« zu sehen, das sich »inmitten von Treibsand [bekämpft]. [...] Bei jeder Bewegung saugt ein zähflüssiger Strudel sie weiter ein, so dass sie einander nach und nach selbst begraben.«

Serres nimmt Goyas Bild, um zu zeigen, dass es im Hintergrund – oder vielmehr im Untergrund – einen dritten Akteur im Kampf gibt. In diesem Fall ist es der Morast, den die Kämpfenden in ihrem hitzigen Konflikt vollkommen ausblenden. Immer stehen Menschen im Zentrum der Ereignisse. Immer liegen menschliche Anliegen und Konflikte im Mittelpunkt der Geschichte. Der Grund, auf dem sie stehen, wird in der Regel ignoriert. Serres formulierte in der Ära der ersten Klimakonferenzen: »Erde, Fluten und Klima, die stumme Welt, die schweigenden Dinge, ehedem als Dekor um die geläufigen Darstellungen gereiht, all das, was keinen je interessierte, zieht sich von nun an brutal und ohne Vorwarnung quer durch unsere Intrigen. In unsere Kultur, die sich davon immer nur eine lokale und vage, eine kosmetische Vorstellung gemacht hatte, bricht sie ein: die Natur.«[1]

Erde und Klima, Fluten und Land, sie sind nicht nur Dekor, sie sind die Bühnenbretter menschlichen Handelns. Dies wird in den letzten Jahren auch den westlichen Ländern immer deutlicher bewusst. Wenn sich aber der Untergrund ändert, wenn sich die Struktur der Bühne wandelt, wie verändert dies die Kultur? Welche Stücke müssen ganz anders gespielt werden, wie müssen sich die Konflikte dem Untergrund anpassen? Oder noch deutlicher: Was geschieht, wenn die Bühne selbst zu einem instabilen Akteur und Mitspieler wird, wenn diese plötzlich schwankt und in Teilen einbricht und die Schauspieler und ihre Stücke zu Fall bringt?

Der indische Historiker Dipesh Chakrabarty betont, wie sich mit dem menschengemachten Klimawandel die traditionelle Unterscheidung von Naturgeschichte und Kulturgeschichte radikal aufhebt.[2] Diese Unterscheidung hat lange das westliche Denken begleitet, weil sie ermöglichte, menschliche Angelegenheiten von denen der Natur zu unterscheiden, das Menschengemachte von dem, was das Natürliche oder »Gottes Werk« ist. Auch er meint, der Klimawandel entlarve die Vorstellung einer Natur als »Kulisse« im Hintergrund der Geschichte als unzureichend. Natur wurde lange als a-historisch und fast zeitlos betrachtet. Ebenso wurde die Verbindung von Menschen zu ihrer Umwelt in der Regel nur im Hintergrund weit wichtigerer Ereignisse wahrgenommen. Die Akteure und Gestalter der Menschengeschichte sind ganz andere als die der Naturgeschichte und auch die Geschwindigkeit, in der sie sich verändern, ist eine andere – die geologische Zeit und die historische Zeit, die Tiefenzeit und die Menschenzeit, unterscheiden sich grundlegend.

Die Frage, inwiefern der Klimawandel einen Kulturwandel bedeutet, ist wie die Frage nach den Gefühlen mit der vierten Frage von Kant *Was ist der Mensch?* verbunden, sie betrifft also die philosophische Anthropologie. Sie kann nur äußerst spekulativ beantwortet werden, denn während die Zukunftsbilder ansteigender Temperaturen und Emissionsverläufe eine deutliche Sprache sprechen, ist es ist viel schwieriger zu sagen, wie sich die Kulturen parallel zum abstrakten Gerüst dieser Linien verändern werden. Dazu können alle naturwissenschaftlichen Berichte letztlich keine Aussagen treffen, zumal sich Kulturwissenschaftler:innen in der Regel nicht mit der Frage der Zukunft, sondern mit Gegenwart und Geschichte befassen. Im Folgenden will ich diese Frage auf dreierlei Weise wenden. Zunächst ergründe ich den Zusammenhang von Kultur und Klima, wie er einerseits in der westlichen Klimakulturgeschichte aufscheint sowie andererseits als europäische Variante des Klimadeterminismus teilweise immer noch unser Denken, auch in Deutschland, bestimmt. Daran schließt eine kritische Sicht auf Klima und postkoloniales Erbe an, die die Frage des Klimarassismus berührt. Und schließlich versuche ich ein Bild davon zu zeichnen, was der Klimawandel für Deutschland bedeutet. Wer über den Anfang einer neuen Welt sprechen will, wie es die globale Erwärmung erfordert, sollte um die Geschichte dieses Anfangs und den Ballast wissen, der mit einer Kulturtheorie des Klimas einhergeht. Denn nicht für alle auf dieser Welt ist diese Geschichte und ist dieser Anfang der gleiche. Wenn ich in diesem Kapitel »wir« schreibe, spreche ich weiterhin aus der Perspektive von Deutschland und Europa.

Was wenige Menschen wissen oder immer wieder vergessen: Viele Landschaften in Deutschland, wie etwa die Lüneburger Heide, sind kein natürlich entstandenes Habitat, sondern eine Kulturlandschaft. Früher standen hier Eichen. Und nur wenn Schafe die Heide weiter intensiv beweiden, behält sie ihr für uns »natürliches« Gesicht. Der Kulturbegriff selbst hat einen Ursprung im Ackerbau, jener grundlegenden Verbindung aus Natur und Kultur, die vom Klima bestimmt ist. Die lateinische Wortwurzel ist *cultura/colere*: ›pflegen‹, ›bearbeiten‹, also Anbau, die Pflege des Erdbodens. Bei der Bearbeitung von Land wird Natur durch menschliche Tätigkeiten verfügbar gemacht und umgestaltet. So geht die Kultur mit der Umformung von Natur einher.

Dieser Gedanke lässt sich mit dem Klima verbinden. »Als Kultur wird ja bezeichnet, was die Menschen in Bearbeitung der Natur hervorgebracht haben, als Kultur wird aber auch bezeichnet, was den Individuen als eine nicht freiwillig gewählte, sondern historische, geografisch-klimatische, sprachliche oder politisch-religiöse Voraussetzung auferlegt wird. Wie das Klima kann die Kultur als Schicksal und Projekt zugleich betrachtet werden: als Bedingung und Ziel von Handlungen«,[3] schreibt der Kulturwissenschaftler Thomas Macho. Kulturgeschichte ist ein Prozess, bei dem Menschen sich den Bedingungen ihrer Umgebung auf unterschiedliche Weise anpassen. Das Klima ist Schicksal und Projekt für die Kulturen, weil sie mit dem Klima umgehen *müssen*. Darin besteht die Herausforderung. Zum Projekt wird das Schicksal, wenn Menschen kulturelle Antworten auf die Bedingungen finden, also zum Beispiel angepasste Kleidung herstellen und Behausungen bauen sowie Techniken entwickeln, die ihr Klima erträglicher machen. Stile und Formen des Bauens, der Essgewohnheiten sowie der Kleidung konnten nicht unabhängig vom Klima entstehen.

Über die Zusammenhänge von Klima, Kultur und Geschichte dachte der japanische Philosoph Watsuji Tetsurō Ende der 1920er Jahre in seinem Buch *Fūdo. Wind und Erde* nach.[4] Er fasste »das Klima als ein Moment [...], durch welches das menschliche Dasein bestimmt ist«. Diesen Gedanken übertrug er auf kulturelle Erzeugnisse, wenn er meinte, »[e]inen Kunststil in Bezug auf das Klima [zu] interpretieren heißt, den nicht aufhebbaren Zusammenhang zwischen Klima und Geschichte aufzuzeigen.«[5] Indem Watsuji die Künste vor allem aus der Vorstellung eines klimatisch gestimmten Gemüts heraus ableitete, schlitterte er immer wieder in deterministische Interpretationen. Doch unabhängig davon zeigt er, dass etwa eine Klimageschichte der Architektur zutage fördern kann, wie die unterschiedlichen Bauweisen von Häusern – ob durchlässig oder abgeschlossen, porös oder gedämmt – klimatische Überlegungen in sich tragen. Auch die Geschichte künstlicher Klimate in Innenräumen, also von Heizung, Kühlschrank oder Klimaanlagen, kann als Folge dieses Zusammenhangs erzählt werden. Die Kulturwissenschaftlerin Eva Horn hat diesen Zusammenhang für die künstliche Kühlung von Innenräumen in ihrem Aufsatz *Air Conditioning. Die Zähmung des Klimas als Projekt der Moderne* eindrücklich beschrieben.[6] Wenn wiederum die Isolierung von Fassaden Gesetz wird, um Heizenergie einzusparen, zeigt sich darin ebenfalls der Zusammenschluss von Technik, Kultur und Klima, nur eben unter den Vorzeichen des anthropogenen Klimawandels.

Gleichzeitig ist Kultur mehr als die Abhängigkeit vom Klima. Viele Bau- oder Kleidungsstile lassen sich nicht aus dieser Anpassungsleistung verstehen. Ein simpler Determinismus in der Beziehung zwischen den Kulturen und ihrem Klima ist nicht erkennbar. Auch wenn die Bedingungen nicht frei gewählt sind, ist das, was aus den Bedingungen gemacht wurde, wie mit ihnen umgegangen wird, äußerst variabel. Für die Geschichte der Kulturen hat der britische Historiker Arnold Toynbee dieses Wechselspiel mit der

Umwelt zwischen den Polen »Challenge« und »Response« gefasst.[7] *Wir können den Wind nicht ändern, aber die Segel anders setzen.* Das Klima ist mithin eine Herausforderung, auf die Menschen, sofern genügend Zeit ist, mit ihrer Fantasie antworten können.

Der Zusammenhang zwischen Klima, Kultur und Geschichte lässt sich nicht auflösen. Dies zeigt die Kulturgeschichte des Klimas, die kulturelle Entwicklungen mit den Veränderungen des Klimas zusammenbringt.[8] Hier wird von ›Klimaregime‹ gesprochen, also von einer Herrschaftsform und Ordnung, die Gesellschaften als basale Bedingung prägt. Diese Geschichte zeigt das Klima nicht als passiven Hintergrund, sondern als Akteur, der einen gewaltvollen wie förderlichen Einfluss auf menschliches Handeln haben kann. Das »Klima definiert einen Rahmen oder Handlungsbedingungen, innerhalb derer sich die gesellschaftliche Dynamik entwickeln kann. Im Verlauf der historischen Entwicklung verbreitert sich dieser Rahmen.«[9] Das Klima steckt den Rahmen ab, es beschränkt die Möglichkeiten des Stückes, also der Handlungen, die geschehen können. Aber was dann wirklich geschieht, ist etwas anderes.

Hier stellt sich die Frage, inwiefern ein aktiv gestaltender Umgang in Zeiten der zunehmenden globalen Erwärmung und Wetterchaotisierung möglich ist und was es bedeutet, wenn die Herausforderung zu groß ist oder zu teuer wird. Inwiefern die Anpassungen vorausschauend gestaltet oder von der Not erzwungen sind, wurde in den letzten Jahren immer wieder als Gegensatz von »transformation by design« und »transformation by disaster« gefasst.

Vorstellung vom gesunden Klima

Im Alltagswissen besteht die kaum bezweifelte Vorstellung, dass das Klima Psyche und Gesundheit auf vielfältige Weise beeinflusst, wobei mitunter unklar ist, inwiefern diese

Annahme aus Erfahrungen oder aus kulturell gewachsenen Erwartungen kommt. Wenn der Winter lang, grau und nasskalt ist, gilt dies als Grund für Antriebslosigkeit und Winterdepressionen, während der Frühling neue Vitalität bringt. Wer unter Rheuma leidet, weiß, dass nasskaltes Wetter zu Schmerzen führt. Um eine etwas genauere Vorstellung davon zu erlangen, wie Kultur und Klima zusammenhängen, kann man betrachten, wie beide in der Geschichte zusammengedacht wurden. Dass das Klima die Kultur beeinflusst, gehört nämlich zum festen Bestandteil der europäischen Wissensgeschichte.

Auch wenn wir heute nicht mehr meinen, dass sich das Wetter bei jedem auf die gleiche Weise in Stimmungen niederschlägt, also dass die Beziehung von Menschen zum Wetter immer kausal und unhintergehbar ist, hat das Wetter dennoch Einfluss auf das Wohlbefinden. Wenn das Wetter schnell zwischen Warm- und Kaltfronten oder Tief- und Hochdruck wechselt, wie es in den gemäßigten Breiten normal ist, kommt es bei einigen Menschen zu Kopfschmerzen. Eine Föhnlage – der warme Fallwind aus den Alpen – führt zu Benommenheit und Müdigkeit. Der Scirocco auf Sardinien, ein heißer und starker Wind, der Saharasand mit sich bringt, gilt ebenfalls als Ursache für Kopfschmerzen und Nervosität. Wenig Licht über lange Zeiträume drückt auf die Stimmung und mindert die Leistungsfähigkeit, weil es die Hormonproduktion im Körper verändert und sich auf die menschlichen Zellen auswirkt.

Das Gegenbild dieser schlechten Einflüsse waren Vorstellungen von Klimaten, die als heilend für den Körper gelten. Berg- und Waldluft sind frisch und belebend, das Klima der Nordsee gilt als gesundes »Reizklima«. Der Beiname »Luftkurort« kam auf, als in der zweiten Hälfte des 19. Jahrhunderts zahlreiche Lungenheilstätten eröffneten. Die Wahl der Orte war bestimmt durch Klimafaktoren wie die Höhe über dem Meeresspiegel, die Temperaturen, Sonnenstunden und Feuchtigkeitsverhältnissen. Im 19. Jahrhundert nahmen

Ärzte sogar an, dass es ›immune Orte‹ gäbe, also Orte, die allein durch ihre klimatischen Bedingungen vor Infektionskrankheiten wie der Tuberkulose schützen. Fortan wurden Klimatherapien wie Freiluftliegekuren, Licht- oder Sonnenkuren an hochgelegenen Orten wie Davos, im Taunus oder Ascona gegen Lungenkrankheiten und andere zivilisatorische Immunschwächungen als Heilmittel angeboten. Einige hundert Orte in Deutschland dürfen bis heute das Prädikat »Luftkurort« tragen. Wobei wahrscheinlich ist, dass viele Orte dieses Siegel mit dem voranschreitenden Klimawandel abgeben müssen, weil sie die Bedingungen nicht mehr erfüllen.

Die Stadt ist das Gegenbild der Luftkurorte. Ihre Luft galt vor allem im Sommer auch vor jeder Feinstaubbelastung als ungesund. Aus diesem Grund ziehen Bewohner:innen bis heute in den heißen Monaten regelmäßig Richtung Berge oder Küsten. Aber bereits lange zuvor verließen sie im Sommer ihre Städte, wie beispielsweise die Römer:innen, um der Hitze in ihren Sommerresidenzen auf dem Land zu entfliehen. Dieser Praxis folgten insbesondere Gesellschaften aus den gemäßigten Breiten, die den Wechsel von Jahreszeiten kannten und ihr Leben danach strukturierten. Der Tourismus ist auch entstanden, weil er uns in bestimmten Jahreszeiten ermöglicht, angenehmere Klimate zu besuchen.

Klimakulturgeschichte

Umwelt und Geschichte zu verbinden, ist eine relativ späte Entwicklung der zweiten Hälfte des 20. Jahrhunderts. Der Historiker Wolfgang Behringer hat eine Kulturgeschichte des Klimas verfasst, die die »Archive der Gesellschaft« in diesem Sinne mit den »Archiven der Erde«, also die Sozial- und Kulturgeschichte mit den klimatischen Ereignissen gemeinsam betrachtet, um zu sehen, welche politischen Ereignisse sich auf welcher klimatischen Bühne zutrugen.[10]

Die Geschichte, die unter diesem Gesichtspunkt in den Blick kommt, ist eine andere als die der Macht oder der Gesellschaft. Erst in der klimatisch stabilen Warmzeit, dem Holozän, verwandelten Menschen ihre Umwelt in Kulturlandschaften. Sie nutzten regionale Klimabedingungen, um beispielsweise Reis oder Korn anzubauen. Die verwandelten Landschaften bestehen aus Anbauterrassen und Bewässerungssystemen, aus trockengelegten Sümpfen und aus parzellierten Feldern, für die Wälder schwinden mussten. Der Beginn dieser Zeit vor 8.000 bis 10.000 Jahren gilt als neolithische Revolution, denn diese Phase brachte einen so großen Wandel für die Kulturen, wie ihn Historiker:innen später nur für die industrielle Revolution veranschlagten. Mit den neuen Formen der Landnutzung entstanden feste Siedlungen. Die Zentralisierung von Staatsgewalt, neue Formen des Wirtschaftens und neue Gesellschaftsstrukturen gingen einher mit gesteigerten technischen und wissenschaftlichen Entwicklungen. Städte entwickelten sich im Mittelmeerraum, Mesopotamien, Nordindien, Nordchina und Südamerika. In ihnen entfalteten sich Schriftsysteme, Wissenschaften, Technik und Kunst. Diese Geschichte bezeichnete der Soziologie Norbert Elias in den 1930er Jahren als »Prozess der Zivilisation«. In diesem Prozess, der nicht gerichtet sein muss, geht die immer größere Unabhängigkeit von der Natur einher mit einer Zurückdrängung von vielfältigen Ökosystemen. Gleichzeitig kam es im Verlauf dieser Entwicklungen zu immer weniger Naturkontakten. Die bis heute oftmals immer noch herrschende eurozentrische Sicht, der zufolge bestimmte Gesellschaften komplexer organisiert seien als andere, ist inzwischen überholt, weil sich im Kulturenvergleich gezeigt hat, dass diese Unterscheidung keine Grundlage hat.

Die Umwelt, die wie eine Bühne für menschliche Geschichte erscheint, war aufgrund klimatischer Veränderungen immer wieder großem Wandel unterworfen. Sie wurde vom jeweils herrschenden Klimaregime verändert. Das Klima erscheint hier als ein Akteur, der wie ein großer Mahlstrom alles mit seinen mal langsamen, mal schnellen Strudeln erfasst und in verschiedenen Intensitäten durchwalkt.

Bis zum Mittelalter bedeutete die Warmzeit für Europa eine merkliche Verschiebung der Ökosysteme, so Behringer. Die Baumgrenze in den Alpen wanderte nach oben, die Weinanbaugebiete breiteten sich weiter nach Osteuropa aus. Vor ungefähr 8400 Jahren schmolzen die Gletscher ab, Küstenlinien veränderten sich in großem Stil, es kam zu enormen Fluten, neuen Meeren. Die Reste der frühen Kulturen am Schwarzen Meer liegen heute unter dem Meeresspiegel. Deshalb berichtet die Kulturgeschichte auch von den einschneidenden politischen Folgen klimatischer Veränderungen für die ersten Hochkulturen infolge der Austrocknung der Sahara und des Ausbleibens der Nilüberschwemmungen. Viele Gesellschaften und Reiche wie das antike Ägypten oder die Gesellschaft der Maya zerbrachen im Zusammenhang mit diesen Entwicklungen.[11]

Die Geschichtsforschung konnte politische Ereignisse jedoch nicht nur mit längerfristigen, sondern auch mit kürzeren Klimaveränderungen von ein bis zwei Jahren in Verbindung bringen. Extreme Winter in Europa, wie der, der durch den Ausbruch des Vulkans Laki in Island im Jahr 1784 ausgelöst wurde, oder die Jahre ohne Sommer 1816/1817, als es infolge des Ausbruchs des Tambora auf der Südhalbkugel zu sehr kalten Sommern kam, werden mit Auswanderungswellen und Aufständen in Europa verknüpft.[12] Die Klimawandelfolgen infolge der Vulkanausbrüche gingen einher mit Hungersnöten und eventuell sogar mit dem Zusammenbruch von Regierungen. Behringer diskutiert sogar, ob die Französische Revolution durch die Lebensmittelknappheit aufgrund der Wetterextreme, ausgelöst durch den Ausbruch des Vulkans Laki, zusätzlich angefacht wurde. Generell gilt, wenn die Nahrungsmittel für die Bevölkerung knapp und teuer wurden, führte dies häufig dazu, dass Gesellschaften begannen, die Herrschaftsansprüche ihrer Regierungen nicht mehr anzuerkennen. Dieser Umstand trifft bis heute zu.

Im Unterschied zu vergangenen Jahrhunderten lassen sich die Ereignisse der gegenwärtigen Heißzeit, die sich menschengemachten Emissionen verdankt, nicht mehr als ein unabänderliches Schicksal oder höhere Gewalt erzählen. Sowohl die Erzählung wie die Rolle der Protagonisten haben sich grundlegend verändert. Gesellschaften üben spätestens seit der Industrialisierung eine signifikante geologische Macht auf die Natur aus, dies fasst der Begriff des Anthropozäns. War es zuvor möglich, Natur als wahlweise vernichtendes, gutmütiges oder verzeihendes Schicksal zu betrachten, ist dieses Schicksal nun die Folge von Menschenwerk. Der anthropogene Klimawandel ist ein Kultur-Natur-Hybrid, gleichzeitig gegeben und gemacht, weil er die Folge gesellschaftlicher Ziele und Handlungen ist. Dies hat der französische Wissenschaftsphilosoph Bruno Latour immer wieder herausgestellt. Die eingangs angeführte Metapher von der Natur als einer Bühne und dem Klima als einem von dieser Bühne untrennbaren Teil muss deshalb um eine weitere Facette ergänzt werden. Nicht nur ist die Natur kein stummes, stilles Dekor, keine Kulisse im Hintergrund menschlicher Handlungen. Mit dem menschengemachten Klimawandel sitzen unter dem Bühnenboden bestimmte Teile der Menschheit, welche das Klima beeinflussen, also die Bühnentechnik bedienen. Über Seilwinden, Theaterzüge und Hebel steuern sie die Eigenschaften des Bühnenbodens – lange, ohne davon Genaueres zu wissen. Doch nun ist diese Steuerung außer Kontrolle geraten. Die Geschichte der Industrialisierung und Globalisierung war eine Geschichte zunehmenden Freiheit, befeuert und ermöglicht durch fossile Energien, welche nun das Klima aufheizen.

Manche Klimawissenschaftszweifler:innen jedoch nutzen die wechselhafte Klimageschichte, um den menschengemachten Klimawandel zu relativieren. Aus der Kurve der Warm- und Kaltzeiten der vergangenen Jahrtausende leiten sie das beruhigende Argument ab, dass sich das Klima schon immer verändert und dies bislang kein Ende der Menschheit bedeutet habe. Die Geschichte klimatischer Veränderungen in der Vergangenheit taugt aber leider nicht zur Relativierung, da sie die natürliche Klimavariabilität mit dem menschengemachten Klimawandel gleichsetzt. Die fossilen Emissionen haben die Atmosphäre bereits so stark verändert, dass die natürliche Klimageschichte nicht mehr den Rahmen für die Physik des Wetters bildet, wie sie frühere Gesellschaften kannten. Zudem wird das Erreichen von Tipping Points, also Grenzen, zu denen Prozesse wie das Abschmelzen der Pole oder eine Abschwächung des Golfstroms sich innerhalb weniger Jahre hochschaukeln, bei steigenden Temperaturen wahrscheinlicher.

Krisenrituale

Menschen reagierten in der Vergangenheit kulturell auf Naturkatastrophen. Sie entwarfen Praktiken, welche sie aus der Opferrolle brachten und in Krisenzeiten Gemeinschaft stifteten. Der Historiker Gerrit Jasper Schenk nennt diese Kulturpraktiken »Krisenrituale«.[13] Dies sind Handlungen und Kultgegenstände, die Menschen beistehen, um Notzeiten und Katastrophen zu bewältigen. Votivgaben, Wettergötter, Wetterheilige und Nothelfer wurden genutzt, um menschliche Ohnmachtsgefühle zu überwinden. Die Gläubigen riefen sie bei Naturkatastrophen, Unwettern wie Hagel und Starkregen, Dürre, Feuer oder Pest an. Besonders verbreitet waren in Europa schon seit dem Römischen Reich große »Flurumgänge«, bei denen die bestellten Felder in Prozessionen umrundet wurden, und Bittprozessionen, die christliche Gemeinden für eine gute Ernte abhielten oder um Naturkatastrophen zu verhindern. Auch durch feierliche Umzüge in Städten, geordnet nach gesellschaftlichen Gruppen, stellten sich die Menschen unter den Schutz von Heiligen. Solche Bittprozessionen fanden beispielsweise in Florenz seit 1354 bis ins 18. Jahrhundert regelmäßig statt. Bei diesem Ritual trugen die Gläubigen Kultgegenstände und Bildnisse ihrer Heiligen und umkreisten die Stadt betend und singend entlang eines festgelegten Weges. Mit den Prozessionen reagierten sie auf erlittene Krisen, zum Beispiel in Dürrezeiten, um Regen zu erbitten, aber auch bei Krieg, Seuchen oder Erdbeben. Wenn heute in Süddeutschland oder Italien immer noch Hagelkanonen verwendet werden, um Regenwolken von den Weinreben zu vertreiben, haben diese die Wetterheiligen zum Teil ersetzt, wobei umstritten ist, inwiefern die Kanonen überhaupt gegen den Hagel helfen. Deshalb ersetzen sie die kirchlichen Bitten bis heute nicht immer. Derartige Krisenrituale stärkten die Identität der Gruppe, sie verbanden aber auch Katastrophen über lange Zeiträume mit dem kollektiven Gedächtnis.

Aber welche Krisenrituale helfen in Zeiten des menschengemachten Klimawandels, die Identität der Gruppe zu stärken? In Lars von Triers Weltuntergangsfilm *Melancholia* (2011) gibt es in der Schlussszene ein selbstgebautes Tipi aus langen Stöcken, wie Kinder es im Wald bauen. In diese offene Hütte setzen sich die Hauptdarstellerinnen Claire und Justine sowie das Kind Leo, um im Schneidersitz ihr Ende zu erwarten, während der zerstörerische Planet auf die Erde zurast. Die depressive Justine hat dieses Ritual ersonnen, sie ist die einzige, die das große Ende gelassen hinnimmt. In ihrer dürftigen Schutzhöhle halten die drei gegenseitig ihre Hände. Das Ritual wirkt beruhigend. Für westliche Gesellschaften gibt es gleich mehrere Rituale. Während Mülltrennung, Mehrwegbecher und -taschen, ökologischer Konsum oder die Kompensation von Flugmeilen eher vereinzelnde Alltagsrituale sind, können aktivistische Aktionen und Demonstrationen wie von Fridays for Future oder Extinction Rebellion als kollektiv wirksame Krisenrituale betrachtet werden. Auch wenn bei ihnen keine Götter, sondern die Politik angerufen wird, stiften sie eine Gemeinschaft und lindern die Ohnmacht.

Anders als zur Zeit des Kalten Krieges, in der kollektive Übungen zur Vorbereitung auf den Atomkrieg begrifflich als

Zivilschutz gefasst wurden, gibt es gegenwärtig aber keine Form der Krisenrituale, die einen Schutz gegen die langsame Gewalt des Klimawandels versprechen. Auch gibt es in der modernen Geschichte kaum Erinnerungskultur wie Rituale oder Museen für Naturkatastrophen, so dass viele Erfahrungen immer wieder vergessen werden. Wenn in der Regel Kriege, die Gründungen von Reichen oder Revolutionen erinnert werden, bleibt kein Platz für Umweltgeschichten. Hochwasseranzeigen sind eine der wenigen Formen, die für eine plastische Erinnerung im öffentlichen Raum sorgen. Ganz anders stellt sich dies in der japanischen Kultur dar, die schon immer mit Erdbeben und Taifunen leben musste und zudem zwei nukleare Katastrophen kennt. In Japan gibt es eine Vielzahl an Erinnerungsritualen und -orten sowie an Vorkehrungen für die nächste Katastrophe. In der europäischen Erinnerungskultur jedoch drängten die Geschichten menschlicher Machtkämpfe die Geschichten der Auswirkungen von Naturkatastrophen und Hungersnöten immer wieder an den Rand. Zudem scheint es den allgemeinen Wunsch zu geben, Zerstörungen nach dem Wiederaufbau bald wieder zu vergessen. Die traumatisierende Struktur von Katastrophen, die dennoch bleibt, wird wohl weniger in Geschichtsbüchern, als in Form mythischer und damit übergeschichtlicher Erzählungen tradiert. In ihnen dauern die Erfahrungen an. Das prominenteste Beispiel sind Erzählungen der Sintflut, wie sie fast alle Gesellschaften kennen. Sie speichern die Gefühle, die diese Katastrophen auslösten, in einer universellen Form.

Klimageschichte als begrenztes Modell für die Gegenwart

Was können wir aus der Kulturgeschichte des Klimas für heute lernen? Was ist vergleichbar, was ist neu? Historiker:innen warnen davor, die Geschichte als Blaupause für die Gegenwart zu nehmen, weil die Bedingungen für

Ereignisse immer andere sind. Gleichzeitig gilt, was der Historiker James Fleming sagt, der die Geschichte des Geo-Engineerings bis ins 19. Jahrhundert erforscht hat – *Without history, everything is unprecedented* – alles ist neu und noch nie dagewesen, wenn man die Geschichte nicht kennt. Was bedeutet es also, wenn sich unser derzeitiges Klimaregime durch die menschlich befeuerte, globale Erwärmung so massiv und schnell verändert? Wenn sich nicht nur zwei Jahre ohne Sommer, sondern möglicherweise ein Dutzend oder mehr Jahre ohne Winter aneinanderreihen? Was können wir aus der Geschichte lernen, wenn das Klima nun überall unsicher und dauerhaft instabil wird und wir wissen, dass dies kein Ergebnis höherer Gewalt ist?

Die Geschichte zeigt, dass die Verlässlichkeit, die wir für ›unser Klima‹ als Abfolge immer ähnlicher Muster erwarten, schon oft durch große Abweichungen unterlaufen wurde. Diese Abweichungen gehen jedoch in der Regel über die Erinnerung einer Generation hinaus. Die Vorstellung eines stabilen Gleichgewichts des Klimas, die wir für unseren Alltag als Anhaltspunkt brauchen, ist unserem Erinnern geschuldet, das nur einen verhältnismäßig kurzen Zeitraum abdeckt. Diese Erinnerung ist unzuverlässig. Auch wenn wir die historischen Veränderungen des Klimas vergessen haben, waren sie drastisch und real.

Zugleich zeigte die Kulturgeschichte, dass Klimaveränderungen oft mit politischen Unruhen, Umwälzungen alter Herrschaftsstrukturen und großen Umsiedelungen einhergingen. Was lässt sich aus diesem Zusammenhang für heute ableiten? Die Dimension ist heute eine andere, da die globale Erwärmung viele Länder in einem kurzen Zeitraum gleichzeitig trifft. Der Sozialpsychologe Harald Welzer argumentierte bereits 2008, dass die Gefahren solcher Umwälzungen und sozialen Gewaltfolgen im Westen beispielsweise durch blutige Wasserkriege, wie sie bereits im Sudan infolge immer trockenerer Böden herrschen, immer noch unterschätzt werden. Der Grund ist, dass die Klimaberichte und die Forschung weiterhin naturwissenschaftlich dominiert sind. Welzer meint, es erscheine »absurd, sich vorzustellen, dass das, was bislang in die Zuständigkeit von Meteorologen, Meeresbiologen und Gletscherforschern fällt, kulturelle Katastrophen wie Systemzusammenbrüche, Bürgerkriege, gar Völkermorde zur Folge haben könnte, zumal in einem Augenblick, wo ja alles noch ganz in Ordnung zu sein scheint.«[14] Heute, wo diese Folgen bereits an den Grenzen Europas täglich deutlich werden, steht die Frage im Raum, wie es die europäische Gesellschaft verändern wird, wenn sie ihr Ideal von Menschlichkeit für Klimavertriebene an den eigenen Grenzen aufgibt.

Die Dimension ist aber auch insofern eine andere, als die Folgen der globalen Erwärmung im Fall der Industrienationen viel verletzlichere und höher technisierte Gesellschaften treffen, die äußerst anfällig sind für Naturkatastrophen. Wenn sich die Bühne ändert, hat dies heute ganz andere Auswirkungen, da ihre Ausstattung inzwischen viel mehr Personal und technische Aufbauten beinhaltet. Während zu Beginn des Holozäns nur geschätzt fünf Millionen Menschen auf der Erde lebten, sind es heute fast 8 Milliarden. Sie leben in historisch entstandenen Nationen mit festen Grenzen und in Ballungsräumen. Der Schaden aufgrund der Klimawandelfolgen ist für viele Kulturen auf monetärer Ebene so groß, weil so viel Wert im Ausbau ihrer Technosphäre steckt. Die Schadensberichte der Rückversicherungen steigen Jahr um Jahr, nicht nur, weil die Extremwetterereignisse zunehmen, sondern auch, weil immer mehr gebaut wird an Orten, die bei Fluten und anderen Ereignissen höchst vulnerabel sind. Die Flutkatastrophe im Ahrtal hat zum Beispiel den Rekordschaden von 29 Milliarden Euro verursacht. Zum Vergleich: Der deutsche Bildungsetat lag 2022 bei gut 20 Milliarden Euro. Die Frage lautet, wie dieses vermeintliche »Schicksal« zum Projekt einer Menschheit werden kann, die anders als die Kulturen zuvor von den menschlichen Gründen dieses »Schicksals« weiß.

CO_2-Kolonialismus. Die »C-Story der menschlichen Zivilisation«

Die menschengemachte globale Erwärmung lässt sich durch verschiedene Linsen betrachten. Eine, die das allgemeine Bild vom Klimawandel noch einmal drastisch verändert, ist die der Jahrhunderte langen Geschichte von Kolonialismus und Imperialismus. Inwiefern es wichtig ist, die Kolonialgeschichte mit der gegenwärtigen Klimakrise zusammenzudenken, habe ich selbst lange nicht ausreichend begriffen, weil ich das Thema ausgehend von den naturwissenschaftlichen Grundlagen betrachtete. Inzwischen erachte ich es jedoch als grundlegend, über diesen Zusammenhang viel zu wissen, um anders über den Klimawandel sprechen zu können. Denn nur wenn die Klimakrise als soziale Realität erzählt wird, lassen sich die Beziehungen von Menschen und Klima kulturell denken. Der Anfang einer neuen Welt, also einer Welt, die sich aufgrund des anthropogenen Klimawandels merklich verändert, stellt sich nämlich sehr verschieden dar, je nachdem, welchen Teil der Erde ich bewohne. Für viele Menschen in den ehemaligen Kolonien ist dieser Anfang bereits ein zweites Ende, weil ihre Kulturen schon während der Kolonialzeit vernichtet wurden. Der »Imperialismus und der anhaltende (Siedler-)Kolonialismus beendete bereits Welten, seitdem es diesen gab«, schreibt die kritische Geographin Kathryn Yussof aus Großbritannien.[15] Diese Perspektive macht klar, dass es nicht die *eine Menschheit* gibt, die als Faktor und Spezies Mensch die Erde verändert, sondern dass im Sprechen über die Menschen als Universalie die soziale Ungleichheit systematisch ausgeblendet wird.

Es ist die Industrialisierung, die den Beginn des Anstiegs der Emissionen aufgrund fossiler Brennstoffe markiert. Diese Entwicklung war zunächst äußerst lokal. Ohne auf Fragen von Kolonialismus und Imperialismus explizit einzugehen, ist sie besonders eindrucksvoll als »C-Story of Human Civilization«, also als Kohlenstoffgeschichte der menschlichen Zivilisation« auf einer animierten Weltkarte zu sehen, die eine aus Daten abgeleitete Schätzung menschlicher Emissionen jährlich seit 1750 zeigt.[16] Als ich die animierte Karte vom Institut für Klimafolgenforschung in Potsdam das erste Mal sah, dachte ich sogleich, dass das eine wichtige Perspektive sei. Durch sie begreifen wir die höchst ungleiche Emission von Treibhausgasen anders, weil die Karte uns – z. B. Deutschland – in dieser Geschichte verortet. Sie berührt unser ›fossiles Imaginäres‹ anders als die üblichen Kurven eines weltweiten Anstiegs von CO_2. Hier gibt es nicht nur eine einzige ansteigende Kurve, sondern die fossilen Emissionen werden in ihrer zeitlichen und räumlichen Ausbreitung animiert.

Auf der Weltkarte sieht man, wie sich Länder in unterschiedlichem Tempo von Blau über Grün und Gelb bis Dunkelrot einfärben, je nachdem, wieviel Millionen Tonnen Kohlenstoff pro Jahr sie bereits ausgestoßen haben. Dabei sind alle Arten von fossilen Brennstoffen eingerechnet, egal ob Holz, Kohle und schließlich Erdöl, das im 20. Jahrhundert zum primären Energieträger wurde. Hinter der Farbkodierung verbirgt sich ein exponentielles Wachstum. Blau steht für 0,001 Millionen Tonnen (also 1 Million kg), gelb für 1 Million Tonnen, Rot für 100 Millionen Tonnen Kohlenstoff.

Wenn ich die Animation starte, kann ich innerhalb von nur einer Minute bestaunen, wie sich die industrielle Lebensform während weniger Jahrzehnte ausgehend von ganz bestimmten Kulturräumen entwickelte und rasch verstärkte. Fossile Emissionen nahmen ihren Ausgang um 1750 in Großbritannien. Ende des 18. Jahrhunderts begannen auch Deutschland und Frankreich in zunehmend großem Stil zu emittieren, kurz darauf die Ostküste der USA. Um 1840 fingen auch Russland, Norwegen und Schweden an, fossile Energieträger zu verbrennen, 1860 folgen Indien und Australien. Um 1900 erscheint Großbritannien bereits rot eingefärbt, diese Farbe markiert den Ausstoß jenseits von 100 Millionen Tonnen CO_2. Südafrika, Argentinien und schließlich China steigen hingegen überhaupt erst zum

Ende des 19. Jahrhunderts in den Prozess ein. Deutschland erreicht die 100 Millionen Tonnen in der industriellen Hochzeit während des Ersten und Zweiten Weltkriegs. Zu diesem Zeitpunkt haben die größten Teile Afrikas und Lateinamerikas noch nicht einmal begonnen, CO_2 nennenswert zu emittieren. Diese Regionen färben sich auf der Karte erst in den 1950er Jahren blau und grün. Japan erreicht die 100-Millionen-Tonnen-Marke um 1980, China Ende 1990, Indien erst nach dem Jahr 2000.

Was die Karte sinnfällig macht, ist die Trennung von Industriegesellschaften, Schwellen- und Entwicklungsländern. In der Sprache der Farben bedeutet dies, dass die Entwicklungsländer noch im dunklen Blau liegen, während die Industrienationen bereits seit über zwei Jahrhunderten wie glühende Kohle leuchten.

Wer über das weltweit verbleibende CO_2-Budjet reden will, um das 1,5-Grad-Ziel nicht zu verfehlen – derzeit werden 400 Gigatonnen CO_2 angenommen – muss diese Karte kennen. Denn sie macht offensichtlich, dass der heutige Klimawandel das Ergebnis einer bestimmten Kulturgeschichte ist. Die Hauptursache für die großen klimatischen Veränderungen, die den Planeten derzeit transformieren, liegt in der Lebensweise der Industriegesellschaften, also jenes im Westen vorherrschenden Lebensstils, der seit der Aufklärung ausgehend von Europa geprägt wurde und technischen Fortschritt sowie ökonomisches Wachstum ins Zentrum stellte. Inwiefern sich die Industrialisierung in Verbindung mit einer kapitalistischen Wirtschaftsform als besonderer Emittent historisch hervortat, muss im Vergleich mit den sozialistischen Ländern betrachtet werden, die ebenfalls für hohe Emissionen verantwortlich waren. Es muss Spekulation bleiben, ob in diesen Ländern nach dem Ende des Ostblocks wegen der zunehmenden Ausbreitung der neoliberalen Ordnung die Emissionen exponentiell anstiegen.

Die Karte legt aber auch nahe, die Kulturgeschichte generell aus der Perspektive fossiler Energieträger zu erzählen, um umfassender zu imaginieren, welche vielfältigen Bedeutungen fossile Rohstoffe und CO_2-Emissionen für unsere Kultur besitzen.[17] Denn Gesellschaftssysteme basieren immer auf bestimmten Energiesystemen, wobei mit Öl betriebene Maschinen seit dem Ende des 19. Jahrhunderts menschliche Arbeitskraft, auch die Arbeit von versklavten Menschen, ersetzten. Die Energiesysteme bestimmen, wie Gesellschaften ihre Umwelt verändern. Energieträger formen aber nicht nur die Landschaften und Infrastrukturen von Gesellschaften, wie etwa Energienetze im Boden oder geteerte Straßen, sondern auch ihre Werte und ihr jeweiliges Verhältnis zur Natur. Die Infrastrukturen »übersetzen« sich »in die Innenwelten«, bilden also auch »mentale Infrastrukturen«,[18] wie Harald Welzer schreibt. Sie formen unsere Werte und unser Bild der Zukunft sowie das Verhältnis von Natur und Kultur. Energie- und Machtgeschichte sind genauso miteinander verbunden wie Klima und Kultur. Die »Petromoderne«, wie Alexander Klose und Benjamin Steininger das Zeitalter der Verbrennung von fossil gespeicherter Sonnenenergie nennen, durchdringt jeden Lebensbereich. Sie brachte bestimmte soziale Verhältnisse und Lebensweisen hervor. Öl ermöglichte aber auch die Unabhängigkeit von den klimatischen Bedingungen.

Die C-Story zeigt, welche Gesellschaften an der Petromoderne wann teilgenommen haben oder wie diese auf andere Gesellschaften ausgeweitet wurde. Sie veranschaulicht diese Bedingungen auf der Folie einer Karte, die selbst in diese Geschichte verwickelt ist. Denn die Karte, die der C-Story zugrunde liegt, verwendet eine Projektionsart, die nicht nur den Europäer:innen aufgrund ihrer großen Verbreitung vertraut ist. Im Hintergrund liegt eine abgewandelte Mercator-Navigationskarte aus dem 16. Jahrhundert, bei der Europa im Zentrum liegt und die als Karte für die Seefahrt seit dem Zeitalter der Eroberungen diente.

An dieser Stelle möchte ich einen Faden aufgreifen, der die Fragen von Kultur und Klima auf problematische Weise miteinander verbindet. Eine Preisfrage der Berliner Akademie der Wissenschaften lautete im Jahr 1743: »Werden die unterschiedlichen Gemütsarten der Menschen auch von dem Klima beeinflusst, unter dem sie geboren werden?« Die Frage steht in einer Bildungstradition, die den Zusammenhang von Klima und Mentalität behauptet und heute noch wirksam ist. Da der Klimadeterminismus zur westlichen Kulturgeschichte und der Europas gehört, gilt es zu hinterfragen, inwiefern uns diese Ideen bis heute beeinflussen (wobei klimadeterministische Konzepte auch in anderen Kulturen, wie etwa der chinesischen, eine lange Tradition besitzen[19]).

Die Frage der Berliner Akademie der Wissenschaften bezeugt, wie in der Ideengeschichte vom Klima über Jahrhunderte die Vorstellung herrschend war, dass das Klima nicht nur ein Faktor unter vielen, sondern *ein maßgeblicher Faktor* sei, der die Unterschiede der Gesellschaften erklären kann. Bis heute erscheint dieser Zusammenhang vielen plausibel, klimadeterministisches Denken ist im Alltagsdenken tief verankert. Die Wesensmerkmale bestimmter Landesbewohner:innen erscheinen vielen heute immer noch wie natürliche Ableitungen aus den verschiedenen Klimaten – im positiven wie im negativen Sinne, jedoch gleichermaßen geprägt von Ressentiments. Sie ergänzen bis heute allgemein verbreitete gesellschaftliche Vorstellungen über ethnische Identitäten und Gesundheit, sie erscheinen vielen in ihrer Wahrnehmung des Alltags unhintergehbar. Kulturen, so die These, unterscheiden sich, weil sie ihre Existenz an unterschiedlichen geographischen und klimatischen Standorten bestreiten. Das ist die Idee einer Kulturtheorie des Klimas, die Kulturen geografisch aus ihrer Umwelt und maßgeblich aus ihren Klimabedingungen ableitet. Der Mensch erscheint hier bestimmt durch den Ort, an dem er lebt.

Wer einen solchen Zusammenhang vertritt, ist ein:e mehr oder weniger starke:r Klimadeterminist:in. Determinismus meint hierbei zunächst den schlichten Gedanken, dass Ereignisse durch Vorbedingungen geprägt sind. Zum Beispiel: Wenn es kalt ist, ist es hilfreich, einen Pullover aus Wolle zu tragen. Die Höhe bestimmt die Grenze für den Anbau bestimmter Pflanzen. Kulturen, die den Winter kennen, bilden Vorräte. Doch die historische Klimatologie, wie sie von Europa ausging, erklärte die Beziehung von Menschen und ihrer Umwelt lange monokausal und linear. Die Klimageographen fassten die Verbindung als Schicksal, bei dem biologische und kulturelle Entwicklung in eins fielen. Zu Recht wurde die Annahme eines zwingenden Determinismus in der zweiten Hälfte des 20. Jahrhunderts in der Forschung nicht weiter verfolgt. Die Verabschiedung von dieser Denkweise erfolgte aber nicht allein wegen ihres rassistischen Impetus. Vielmehr passte sie nicht zur Vorstellung eines modernen, zivilisierten und freien Menschen, der die natürlichen Bedingungen dank ›seines Genius‹ hinter sich lässt. War nicht die Geschichte von Zivilisation und Fortschritt eine, in der sich Menschen immer mehr von ihren Bedingungen emanzipiert hatten, insbesondere durch technische Fortschritte?

Dies ist das Diktum der Moderne und ihres Erfolgsnarrativs bis heute, darin liegt die Ambivalenz des Zivilisationsprozesses: Die Geschichte erzählt, wie sich Gesellschaften zunehmend von den beschränkenden Faktoren ihrer Biologie und Umwelt befreiten. Leitspruch dieses Verhältnisses könnte ein Aphorismus aus den Niederlanden sein, jenem Land, das seit Jahrhunderten gewohnt ist, sich mittels Deichen und Technik die umweltlichen Bedingungen passend zu machen: *Den Wind kann man nicht verbieten, aber man kann Mühlen bauen.* Die modernen Menschen bestimmen selbst, wie sie die Elemente nutzen. Durch immer bessere Techniken machten sie sich unabhängig von den Elementen, in zunehmend angepassten Klimakapseln überstehen sie mittlerweile fast jedes Wetter, so dass diese Beziehung nur noch in Ausnahmesituationen als existenziell erlebt wird, wie etwa bei einem plötzlichen Schneesturm auf einer Autobahn, wenn Fahrer:innen stundenlang in klirrender Kälte festsitzen. In der Regel erscheint aber eine Innentemperatur von 20–24 Grad wie ein Grundrecht. Die häufigsten Todesursachen in Deutschland wie in vielen anderen Ländern liegen in einer ungesunden Lebensweise, nicht in Gefahren der Umwelt.

Nico Stehr und Hans von Storch brachten bereits im Jahr 2000 den Gedanken in deutschsprachige Debatten, dass man sich die Ideengeschichte des Klimadeterminismus noch einmal genau anschauen müsse. Denn der Klimadeterminismus, wenngleich als Begriff abgeschafft, lebe im Gewand neuer Konzepte wie Klimawandelfolgen, Vulnerabilität oder Anpassungsstrategien implizit weiter. Der problematische Determinismus sei nur verdrängt, aber immer noch wirksam, weil er tief in die Paradigmen der westlichen Gesellschaften eingedrungen ist.[20] Der Soziologe Ulrich Beck hatte ähnlich in Bezug auf die ungleich verteilten existenziellen Klimawandelfolgen argumentiert, als er schrieb, »[d]as Weltbild der natürlichen Gleichheit aller Menschen wird verdrängt durch das Weltbild einer natürlichen, das heißt durch Naturkatastrophen erzeugten Ungleichheit der Menschen.«[21] Im Folgenden möchte ich weiter verfolgen, inwiefern die westliche Sicht, die Klima und Kultur in wertender Weise miteinander verband, bis heute ein bestimmtes Sprechen über die Klimawandelfolgen hervorbringt, das problematisch ist.

Die Klimadoktrin der gemäßigten Zonen

Menschen sehen verschieden aus und sie haben voneinander abweichende Kulturen entwickelt. Die Kultur aus dem Klima abzuleiten, ist ein sehr alter Gedanke, der aus dieser an sich trivialen Beobachtung folgt. Für Europa reicht er bis in die griechische Antike zurück. Doch war der Gedanke von Beginn an ein Werturteil über Menschen, indem er sie hierarchisch in höhere und niedrigere Gesellschaften, in entwickelte ›Hochkulturen‹ und ›primitive Kulturen‹ einteilte. So begründete Aristoteles die Überlegenheit der Griechen gegenüber anderen Völkern, den sogenannten »Barbaren« (griechisch für Stammelnde, Stotternde, eigentlich: br-br-Sager), klimatisch und geographisch. Sein Volk sei von Natur aus körperlich wie moralisch den Bewohner:innen der kalten Regionen der Pole wie den heißeren Asiens überlegen. Anders als diese seien die Griechen aufgrund ihres weder zu kalten noch zu warmen Klimas intelligent und mutig zugleich.

In Europa übertrugen Kulturtheoretiker wie Michel de Montaigne, der Baron de Montesquieu, Johann Gottfried Herder und Immanuel Kant diesen Gedanken auf die durch Seefahrt und imperiale Eroberungen ausgeweitete Welt. Abgesehen von Herder verfolgten sie dabei eine recht kausale Sicht. Die Kulturgeographen der Aufklärung legten damit den Grundstein einer Klimadoktrin, welche der Idee »klimatischer Gesetze« folgte, also der Vorstellung, dass bestimmte Kulturen, Politikformen und Charaktere *von Natur aus* gegeben sind.[22] Wie regional variabel das Konzept aber tatsächlich funktioniert, wobei es die jeweils anderen abwertet, erkennt man daran, dass die Autoren ihre jeweilige Heimat, also Frankreich, die Ostsee oder Preußen zur »Wiege der Zivilisation« und des Denkens erklärten.

Montesquieu leitete aus der Reaktion von Fasern auf Hitze und Kälte das »Klimagesetz« ab, dass auch die Nerven und Muskeln von Menschen in der Kälte straff und stark, in großer Wärme jedoch schlaff und weichlich würden. Die gemäßigten Zonen tragen ihr Programm bereits im Namen. Als gemäßigt gilt, wer seine Gefühle im Griff hat und rationale Entscheidungen trifft. Charaktereigenschaften wie Nüchternheit, Kühle, Fleiß, Konzentration, Rationalität und

Strenge wurden mit diesen Zonen gleichgesetzt. Tropische Klimate hingegen standen für Unbeständigkeit, Zerstreuung, Lebhaftigkeit und ›Triebhaftigkeit‹ bis hin zur Polygamie sowie für Faulheit. Die Vorlesungen von Immanuel Kant zur physischen Geographie, in denen er für die Überlegenheit der Europäer (männlich) argumentierte, waren so populär, dass der Klimadeterminismus im 19. Jahrhundert schließlich zu einer anerkannten Doktrin wurde und die europäische Rassentheorie und Rassenhygiene als Lehre bis hin zum Sozialdarwinismus mitbegründete.

In der Bezeichnung der tropischen Zonen, aber auch wenn die globale Erwärmung mit Feuer oder maßloser Hitze assoziiert wird, schwingen bereits moralische Vorurteile mit.[23] Die tropischen Zonen heißen auf Englisch *torrid zones* bzw. auf Französisch *zones torrides*, wobei *torrid* im Englischen nicht nur glühende Hitze, sondern auch alle Formen starker Gefühle und erotischer Leidenschaft bezeichnet. Ein weiteres Beispiel ist die Idee der Faulheit, die mit den Tropen verbunden wurde. Der Begriff geht auf die Feuchtigkeit in den Tropen zurück, die die Europäer in Form von ›fauligem Wasser‹ als Brutstätten von allen möglichen Krankheiten erachteten. In der Übertragung auf Menschen wird die Faulheit zum fehlenden Antrieb.

Besonders deutlich werden die Abwertungen der Tropen und ihrer Einwohner vor der Folie europäischer Klimaangst während der Kolonialzeit, wobei unklar ist, was zuerst war, die Diskriminierung oder die Erklärung der Abwertung vom Standpunkt des Klimas. So war es damals üblich, die als schwach geltenden Mitglieder der europäischen Gesellschaft wie Kinder und Frauen am besten in der Heimat zu lassen oder aber die Wohnorte in den tropischen Kolonien auf kühleren Höhen zu errichten. Tatsächlich gewöhnen sich Menschen in der Regel nach ungefähr zwei Wochen an ein anderes Klima. Die Angst vor den zersetzenden Folgen eines tropischen Klimas zeigt sich zum Beispiel darin, dass die gesamte britische Kolonialregierung von 1834 bis

1939 in den Sommermonaten mit Sack und Pack von Neu Delhi in das mehrere hundert Kilometer entfernte, kühlere Shimla am Himalaya umzog, aus Sorge, sonst weniger gesund und dadurch arbeitsunfähig zu sein. Es war wohl die Angst vor ›Verweichlichung‹, ›schwindender Rationalität‹, ›undisziplinierter Faulheit‹ und dem Rückgang ihrer Arbeitskraft aufgrund anhaltend feuchter Hitze, welche die Kolonialmacht dazu bewegte, die eigenen Landsleute in kühlere Höhen zu verbringen. Erst als Elektrizität neue Kühltechniken ermöglichte, blieb die Regierung in Delhi. Für Kolonialmächte erschien es innerhalb des abwertenden Klimaschemas konsequenterweise auch als Notwendigkeit, die neu aufgebauten Infrastrukturen und Institutionen mit ihren eigenen Landsleuten zu besetzen, also Staatsbeamte wie Lokführer, Postboten oder Lehrer aus ihren Herkunftsländern mitzubringen.

Der Klimadeterminismus untermauerte Eurozentrismus und rassistischen Ethnozentrismus. Zusammengefasst bildet diese Sicht die »tropical nastiness doctrine«, wörtlich die Lehre der ›schädlichen‹ oder ›ekelhaften‹ Tropen. Diesen Begriff brachte der US-amerikanische Anthropologe und Geograph James Blaut in seinem Buch *The Colonizer's Model of the World* in den 1990er Jahren auf.[24]

Das ideengeschichtliche Erbe des Klimadeterminismus wiegt schwer. Die aus den Klimazonen gewonnenen Vorstellungen von Moral und Mentalitäten, mit denen die Kolonialherren über die Einheimischen urteilten, blieben über Jahrhunderte stabil, ihre schematische Einteilung prägt das Denken in Teilen bis heute. Seit Aristoteles leiteten insbesondere die Europäer aus diesen Zuschreibungen einen natürlichen Herrschaftsanspruch über die Einwohner:innen anderer Klimazonen ab. Dies erschien ihnen als Akt der Menschlichkeit, weil die ›einfachen Gemüter‹ zu ihrem eigenen Wohl von rationalen und zivilisierten Menschen kontrolliert werden müssten. Die typisch klimadeterministische Ableitung in diesem Zusammenhang ist der Gegensatz von ›zivilisiert‹ und ›wild‹. Missionierung und Zivilisierung sollte diesen Menschen helfen, auf die nächste Stufe der Entwicklung zu gelangen. Besonders folgenreich war jedoch, wie die Kolonisatoren die klimatischen Vorurteile direkt auf die Arbeitsmoral der kolonialisierten Zwangsarbeiter:innen und versklavten Menschen übertrugen. Montesquieu schrieb zum Beispiel: »Es gibt Länder, wo die Hitze den Körper so entnervt und den Willen so schwächt, daß die Menschen nur durch die Furcht vor Strafe zur Erfüllung einer lästigen Pflicht getrieben werden können: hier verstößt die Sklaverei also nicht so sehr gegen die Vernunft [...].«[25] Anstelle die sozialen Bedingungen und Traumatisierungen zu sehen, unter denen die Menschen seit der Kolonialisierung lebten, konnten diese einfach als faul, unbelehrbar, kindisch, undiszipliniert, aufsässig und krankheitsanfällig verurteilt werden.

Hart versus weichlich, rational versus kindlich, diszipliniert versus gefühlsgesteuert – es ist auffällig, wie für die gemäßigten Zonen Eigenschaften geltend gemacht werden, die als männlich gelten, während für die heißeren Klimazonen Eigenschaften angeführt werden, die historisch Frauen zugeschrieben werden. Für eine Kulturgeschichte, die jahrhundertelang vom Patriarchat geprägt war und das Weibliche als schwach und irrational abwertete, ist dies wenig verwunderlich. Der klimatisch gemäßigte Mensch war in dieser Geschichte ein Mann.

Fortschritt und Entwicklung als Kraftfeld des Eurozentrismus

Das Klima, wenn es zu einer Kulturtheorie wird, begünstigt eine monokausale, lineare Vorstellung von Gesellschaften wie sie sich zwischen den Polen »wild« und »zivilisiert« ausdrückt. Gesellschaften und Klima verbinden sich in diesem Denken zu einem festen Gefüge zwischen Rückständigkeit und Fortschritt, Aufstieg und Fall. Daraus folgte die wie ein Naturgesetz anmutende Gewissheit der Europäer, ein optimales Klima bringe bessere Gesellschaften und Menschen, also Entwicklung und Fortschritt und damit Überlegenheit hervor. Mit dieser Perspektive rechtfertigten sie über Jahrhunderte ihren Imperialismus.

In diesem Kontext stehen die Pseudoforschungen, wie man heute sagen würde, des damals höchst anerkannten US-amerikanischen Geographen Ellsworth Huntington. Er wollte statistisch erklären, welches Klima die beste Arbeitsleistung garantiert – Huntington zufolge waren dies genau 15 Grad Celsius Außentemperatur. Spätere Studien stellten keinen derartigen Zusammenhang zwischen Arbeit und Klima fest. Als Kartograph zeichnete Huntington Weltkarten, die zeigen sollten, wo das Klima für die »menschliche Energie« am günstigsten sei. Auf seinen Karten zerfällt die Welt in zwei Teile: die gemäßigten Zonen und den Rest der Welt. Die gemäßigten Zonen schienen in der Logik dieser Karten ein Garant für Zivilisation und Reichtum zu sein.

Derartige Weltkarten bestätigten die eurozentristische Gewissheit, dass die gemäßigten Breiten besonders ›hoch‹ entwickelt waren. Wer an die bestimmende Kraft des Klimafaktors und eine einzige Rationalitäts- und Fortschrittsgeschichte glaubte, erkannte in den Karten die gemäßigten Breiten als natürliche Ursache von Entwicklung und Wohlstand. Alle anderen Länder hatten also nicht nur *andere* Erkenntnisformen und Institutionen, sondern waren rückständig. Der Blick auf einen »Entwicklungsstand« ist bis heute in der hierarchischen Einteilung von Industriestaaten, Schwellen- und Entwicklungsländer gültig, obgleich diese Idee bereits seit Jahrzehnten kritisiert wird.

Die Kolonisatoren konnten mit der »tropical nastiness doctrine« die brutale Ausbeutung und ihren absoluten Herrschaftsanspruch über die Menschen in den tropischen Breiten rechtfertigen. Die ›Wiege des Geistes‹ konnte sich nur in den gemäßigten Zonen entwickeln, so die Auffassung.

Wenn nun die menschengemachte globale Erwärmung voranschreitet, brechen diese Deutungen wieder auf und tönen die Ängste, die die Erwärmung begleiten, auf zweifache Weise. Zum einen rufen sie das alte Deutungsschema »schlechter Klimate« auf, zum anderen schreiben sie die alte, imperiale Ordnung fort, jedoch unter neuen Vorzeichen. Denn in großen Teilen sind die alten Imperien die Verursacher des Problems, während viele der ›Opfer-Zonen‹ (»sacrifice zones«), wie Naomie Klein sie nennt, in den ehemaligen Kolonien liegen.

Wenn die gemäßigten Zonen heißer werden

Doch wie verändern sich die kulturellen Deutungen, wenn die gemäßigten Zonen nicht mehr gemäßigt sind, sondern zu »torrid zones« werden? Anlässlich einer Ausstellung konnte ich einem Vortrag des singapurischen Künstlers Kent Chan beiwohnen, der diese Fragen aus einer anderen Richtung, nämlich aus der tropischen Perspektive stellt. Er dekonstruiert die »tropical nastiness doctrine« in Zeiten der globalen Erwärmung, indem er Bildmaterial aus tropischen Ländern – aus Fernsehen, Film- und Kunstgeschichte sowie den sozialen Medien – zum Thema Hitze sammelt und unter dem Titel »Heatwaves« zu einer bunten, widersprüchlichen Erzählung montiert. Kent Chan berichtete, wie er seine Mutter im tropischen Singapur fragte, wie sich diese den Winter vorstelle. Sie antwortete, sie wisse es eigentlich nicht, aber sie stelle sich den Winter vor wie auf Bildern und alten Gemälden von Winterlandschaften. Chan kontrastierte diese Erzählung mit seinem eigenen Besuch im Königlichen Museum der schönen Künste in Brüssel. Dort hängen die berühmten Winterbilder von flämischen Malern wie Pieter Brueghel. Das Bild *Winterlandschaft mit Eisläufern und Vogelfalle* von 1565 zeigt zum Beispiel eine tief verschneite Dorflandschaft mit zugefrorenem Weiher, auf dem die Menschen Schlittschuh laufen. Nun richtete der Künstler die Frage an die gemäßigten Breiten, was mit ihren kulturellen Imaginationen geschieht, wenn die ihnen vertraute Klimazone, die sie als so wichtig für ihre Kultur erachten, immer mehr den Charakter der Tropen annimmt? Und was es bedeutet, dass Kunstmuseen ihre Räume standardmäßig auf eine Temperatur von ungefähr 20 Grad Celsius regulieren, während sie Kunst aus den Tropen aus den kunsthistorischen Sammlungen in der Regel ausschließen und, wenn überhaupt, dann nur in völkerkundlichen Sammlungen zeigen?

Um anders über den Klimawandel zu sprechen, gilt es, die Sicht der gemäßigten Breiten auf Hitze und Tropen zu kennen und sie von ihrem historischen, eurozentrischen Ballast zu befreien, um so zu einer anderen Deutung der Klimazonen zu kommen.

Verwundbarkeit und Klimaungerechtigkeit

Die Einteilung der Nationen in Industriestaaten und Entwicklungsländer, Gewinner und Verlierer, lässt sich bis heute an den Bildwelten des Klimawandels ablesen. Wenn man journalistische Medien der letzten dreißig Jahre heranzieht, erscheinen diese Bilder recht standardisiert. Ihre Auswahl ist der Aufmerksamkeitslogik des Journalismus und insbesondere den Entscheidungen der unter Zeitdruck arbeitenden Bildredaktionen unterworfen, welche Ereignisse möglichst spektakulär, eingängig oder emotional vermitteln möchten. Die Bilder lassen sich grob in sechs Typen einteilen.

Unter den Bildern von Klimawandelfolgen (1) und -vorboten dominieren Motive wie vertrocknete Böden, Überschwemmungen und Sturmschäden, Waldbrände, schmelzende Gletscher und Pole. Die Ursachenbilder (2) zeigen in der Regel Schlote von Braunkohlekraftwerken oder Fabriken, stark befahrene Autobahnen und Kreuzfahrtschiffe. Als symbolische und metaphorische Bilder (3) dienen Eisbären oder brennende Weltkugeln. Lösungen werden in Energiewendelandschaften verbildlicht. Wenn auf den Bildern zu den Folgen des Klimawandels Menschen (4) abgebildet sind, dann eher Opfer aus dem globalen Süden. Porträts von Akteur:innen (5) zeigen meist Politiker:innen auf Konferenzen. Erst 2018 kamen Bilder von Klimaaktivist:innen und Protesten (6) hinzu. Insgesamt sind Fotografien, wie es im Journalismus üblich ist, vorherrschend, obwohl es noch unzählige andere Bildformen wie Schaubilder, Cartoons oder Illustrationen gibt.

An den Motiven fällt einerseits auf, dass der Klimawandel in der Regel mit menschenleeren Landschaftsbildern verknüpft ist. Als wäre die Erwärmung eine Sache der Natur alleine. Bei der Abbildung von Menschen in Zeitungen und anderen Medien lässt sich wiederum eine Ungleichheit in der Bildpolitik erkennen. Die Verwundbarkeit von Menschen wird in den gemäßigten Breiten anders dargestellt als die von Menschen im globalen Süden. Während der Flut 2021 in Nordrhein-Westfalen und Rheinland-Pfalz zeigte die deutsche Berichterstattung beispielsweise Menschen, die verzweifelt vor ihrem verlorenen Hab und Gut standen. Oder Politiker, die diese Orte abschritten und tatkräftige Hilfe anboten. Auch wenn die Bilder drastisch waren und die Verwundbarkeit durch Klimawandelfolgen für Deutschland erstmals in den Blick geriet, waren die Menschen immer noch Akteure, die trotz aller Fassungslosigkeit handlungsfähig blieben und eine Stimme hatten.

Im Gegensatz dazu stellen Bilder von Dürre- oder Flutkatastrophen im globalen Süden, zum Beispiel aus Mali, Pakistan oder Bangladesch, Menschen viel stärker als leidende und stumme Opfer dar – ohne Recht am eigenen Bild. Wir sehen sie auf dem aufgebrochenen, trockenen Boden ihrer verdorrten Felder sitzen oder bis zur Hüfte im Wasser stehen. Deutsche Mitbürger:innen erblickte man so bislang eher nicht.

Anders als in Mali oder Bangladesch erscheinen Katastrophen für die meisten Menschen in Deutschland nicht als existenziell, für viele selbst dann nicht, wenn es Todesopfer zu beklagen gibt. Versicherungen und Wiederaufbauhilfe versprechen Linderung, Gesundheit und Ernährung bleiben für die Betroffenen gewährleistet. Akteure hier, Opfer dort – dieses Schema gehört zur westlichen Ikonographie von Katastrophen. Es stellt Entfernung und Fremdheit her, wo Erfahrungen vergleichbar sind – etwa beim plötzlichen Verlust eines Hauses während einer Flut.

Die britische Humangeographin Kate Manzo hat verschiedene klimaaktivistische Kampagnen verglichen und dabei herausgestellt, wie unterschiedlich die Darstellungen von Verwundbarkeit im Fall der globalen Erwärmung sind. Klimaforscher:innen nutzen die Verwundbarkeit – *vulnerability* – seit vielen Jahren als ein Kernkonzept, um die Folgen der globalen Erwärmung zu beschreiben. Es bedeutet, einer Gefahr ausgesetzt oder von ihr bedroht zu sein. Die Bewohner:innen des globalen Südens wurden zum Symbol des verwundbaren Menschen, zu Ikonen der Verwundbarkeit.[26] Manzo spricht sogar von einem »Vulnerabilitäts-Paradigma«. In ihm müssen insbesondere Frauen, Kinder und ältere Menschen als stumme, unschuldig leidende und wehrlose Ikonen herhalten. Denn Unschuld ruft meist ein besonders hohes Maß an Solidarität hervor, weshalb viele Menschen bereitwillig für Kinder oder Tiere spenden. Auf diese Weise werden Armut und Verwundbarkeit in der westlichen Wahrnehmung verknüpft, was insbesondere für Entwicklungsländer gilt. Solidarität, Mitleid und Anteilnahme sind Privilegien, die Menschen bestimmten Menschen zukommen lassen – und anderen nicht.

Dass sich Menschlichkeit je nach Nähe oder Ferne abschwächt oder höchst geizig verteilt wird, ist ein Umstand, den die Moralphilosophie bereits seit langem problematisiert. Anhand von Gedankenspielen wie »Wenn du allein durch einen Wunsch einen Mann in China töten und sein Vermögen in Europa erben könntest, ohne dass jemand davon erführe« wurde im 18. und 19. Jahrhundert ausgelotet, wie dehnbar und beweglich das Gewissen ist – wobei China für die größtmögliche Distanz steht.[27] Die Grenzen der Menschlichkeit haben etwas mit räumlicher Entfernung zu tun. Doch Ferne allein ist nicht alles, denn das Verwundbarkeits-Paradigma »reproduziert ohne es zu wollen die koloniale Idee eines überlegenen globalen Nordens und eines minderwertigen globalen Südens.«[28] Dies ist ein weiterer Effekt der »tropical nastiness doctrine«, der in solchen Zuschreibungen bis heute wirksam ist. Die stummen Opfer und wehrlosen Anderen in den Zonen der Verwundbarkeit finden sich so in einer Machtkonstellation wieder, die höchst asymmetrisch ist. Zudem deckt sich diese Zweiteilung mit der bis heute verbreiteten Vorstellung, dass Menschen in den tropischen Breiten mehr Widerstandskraft besäßen und weniger Schmerz und Leid empfänden, entweder weil sie von Natur aus resistenter seien oder sich bereits an ein hartes Leben gewöhnt hätten. Eine Vermutung, die keine Grundlage besitzt.[29]

Klimarassismus in Zeiten globaler Erwärmung

Inwiefern der menschengemachte Klimawandel eine rassistische Dimension besitzt, ist auch in deutschen Debatten zu selten Gegenstand. Diese Zusammenhänge zu thematisieren, fordert aber die Klimagerechtigkeitsbewegung. Die US-amerikanische Umwelt-Kommunikatorin und -aktivistin Leah Thomas weist darauf hin, dass die Umwelt- und Klimabewegung meist von sozialen Fragen getrennt wird. Sie fordert, die Narrative der Umweltbewegung mit intersektionalem Blick so umzugestalten, dass sie für Menschen, die nicht dem Stereotyp der gebildeten, westlichen und weißen Umweltaktivist:innen entsprechen, inklusiver werden.[30] Eine intersektionale Perspektive deutet soziale Ungleichheiten als Wechselbeziehungen von Klasse, Gender, Ethnizität und Nation, wie sie zum Beispiel Schwarze Frauen erfahren. Die ugandische Klimaaktivistin Vanessa Nakate schreibt in ihrem Buch *Unser Haus steht längst in Flammen* (2021), wie Stimmen aus afrikanischen Ländern systematisch ausgeschlossen und ignoriert werden. Sie selbst musste die bittere Erfahrung machen, dass sie von einer Presseagentur von einem Gruppenbild mit Klimaaktivist:innen nach einer Pressekonferenz 2020 in Davos im Nachhinein herausgeschnitten wurde. Die einzige Frau, die nicht aus Europa kam, wurde gleichsam gelöscht, so dass nur ihre vier europäischen Mitstreiter:innen zu sehen waren.

»Soziale Ungerechtigkeit und ökologische Ungerechtigkeit werden durch dieselbe Flamme genährt: die Unterbewertung, Kommerzialisierung und Ausbeutung aller Formen von Leben und natürlichen Ressourcen, vom kleinsten Grashalm bis hin zu den in Armut lebenden und unterdrückten Menschen weltweit«, schreibt Leah Thomas.[31] Die britische Autorin und Aktivistin Janine Francois meint ebenfalls, »[d]er Klimawandel ist das Ergebnis des Weißen Westlichen Kolonialismus«.[32] Daraus folgt, dass *der Mensch*, der im Ausdruck *menschengemachter* Klimawandel enthalten ist, nicht auf eine abstrakte Menschheit bezogen werden kann. Denn in der Regel ist dieser verursachende Mensch *Weiß*.[33] Der Rassismus, der auch in den Karten der Emissionen und Verwundbarkeiten zum Ausdruck kommt, so Jeremy Williams, ist systemisch und strukturell (also ein Zusammenspiel aus Politiken, kulturellen Normen und Institutionen, die Ungleichheit begünstigen), er hat Wurzeln, die weit in die Kolonialzeit zurückreichen. Wenn wir durch diese Linse blicken, beginnt der anthropogene Klimawandel nicht mit der Industrialisierung, also jener Zeit, als bestimmte Länder begannen, fossile Brennstoffe in ihren Fabriken zu verfeuern, sondern bereits mit der Ausbeutung der kolonialisierten Länder. Denn diese machte die westlichen Länder reich. Die Dampfmaschine von James Watt wiederum war durch einen Kredit bezahlt, der durch die Westindischen Plantagen finanziert wurde. Es sind bis heute die gleichen Menschen, also die Bewohner:innen der ehemaligen Kolonien und die Nachfahren der Sklaverei, die nun zusätzlich unter der

Klimagewalt des Westens leiden, denn, so Leah Thomas, es sind dieselben imperialen Unterdrückungssysteme, die nun auch den Planeten unterdrücken und schädigen.[34]

Die Frage ist, wie Verursachung hier und Auswirkungen anderswo, Täter und Opfer, in einer Erzählung zusammengebracht werden können. Williams meint, »wenn sich Ursache und Wirkung miteinander in Verbindung bringen ließen, wäre es vielleicht offensichtlicher, dass der Ausbau eines Flughafens, die Eröffnung eines neuen Kohlebergwerks oder der Ausstieg aus einem internationalen Vertrag Gewaltakte sind.«[35] Eine britische Plakatkampagne, die Kate Manzo als Beispiel für eine Bildsprache anführt, die sich dieser Zusammenhänge bewusst ist, trug den Titel »Climate Changed«. Sie zeigt einen nigerianischen Ziegenbauern, der in der Hocke auf vertrocknetem Boden sitzt. Hinter ihm liegen mehrere verendete Ziegen. Der Blick des Mannes konfrontiert die Betrachter:innen frontal, herausfordernd blickt er direkt in die Kamera. Über ihm steht in großen Buchstaben »Tut mir leid, dass ich Sie störe. Könnten Sie möglicherweise den Thermostat ein Grad herunterdrehen?« In einer solchen Bildsprache werden die Ursachen und die Folgen in einer klima-ungerechten Welt miteinander verbunden (und dies in ganz anderer Weise, als wenn die Thermostate aufgrund von Energieknappheit infolge des russischen Krieges gegen die Ukraine heruntergedreht werden).

»Schwache Klimaziele sind rassistische Politik«.[36] Das planetare *Wir*, das durchaus verbindend im Umweltdiskurs wirkt, tut dies oftmals um den Preis, Unterschiede zu unterdrücken. Insofern gilt es im eigenen Sprechen zu überdenken, wer eigentlich bei dieser Verwendung von *Wir* gemeint ist, welcher *anthropos*, welche Gesellschaften beim menschengemachten Klimawandel am Hebel sitzen. Wer von einem universellen Wir spricht, verschleiert ungewollt, dass der Klimawandel ein massives Klimagerechtigkeitsthema ist. Nicht alle Menschen müssen ihre Lebensweise und nicht alle Gesellschaften ihre fossilen und verbrauchsintensiven Energie- und Produktionsformen ändern. Williams zitiert einen Bauern aus Uganda, der sagt: »Erst als ich an einer Veranstaltung über den Klimawandel teilnahm, hörte ich, dass nicht Gott, sondern die reichen Menschen im Westen uns das antun.«[37] Bis heute sind die imperialistischen Mächte am Wirken, noch immer gibt es strukturellen Rassismus in den internationalen Beziehungen.

Wer die menschengemachte Erwärmung im Alltag so gut wie möglich verdrängt, verleugnet das eigene Klimaprivileg und verhindert so, über Klimaungerechtigkeit zu sprechen. Das gleiche gilt aber auch, wenn wir die Klimakrise in Deutschland zu einem Thema machen, das allein die Natur betrifft, also *primär* anhand von gestressten Wäldern oder aussterbenden Wildtieren, nicht aber anhand der Auswirkungen auf Menschen anderswo verhandelt wird. Wälder und Wildtiere sind wichtig, weil sie unsere Erfahrungswelt direkt betreffen, ich werde selbst im Verlauf dieses Kapitels darauf zurückkommen. Wenn wir aber die Menschen anderswo ausblenden, bleibt kein Raum, um über das wichtige Thema der Klimagerechtigkeit zu sprechen. Doch auch die häufig gemachte Einteilung in ›Gewinner‹ in den gemäßigten Zonen und ›Verlierer‹ in südlichen Zonen greift zu kurz. Wenn in solchen Einteilungen über die Auswirkungen des Klimawandels gesprochen wird, wird die globale Erwärmung als unabwendbares Schicksal für Menschen im Süden akzeptiert. So kehrt eine Variante des Klimadeterminismus unter neuen Vorzeichen zurück.

Doch auch die Polregionen sind keine ›Gewinner‹. *The right to be cold* – das »Recht auf Kälte« – wie es die Umwelt- und Menschenrechtsaktivistin, die Inukerin Sheila Watt-Cloutier, für die Menschen in den kalten Zonen fordert, verweist auf einen Zusammenhang von Klima und Kultur, wie wir ihn hierzulande noch nicht wahrnehmen. Watt-Cloutier stellt Dialog und Story Telling ins Zentrum ihres Tuns und spricht so über Umweltrechte und kulturelle Rechte in der Arktis. In den nördlichen und tropischen Regionen zeigte sich viel früher, wie Kulturen vom Klimawandel beeinträchtigt werden. Was passiert, wenn eine Kultur, die auf Eis, Schnee und Kälte beruht, wegen des Eisrückgangs nicht mehr ihre lebensnotwendigen Wege zurücklegen kann? Oder wenn die traditionelle Jagd und Fischerei deswegen entfällt? Oder wenn eine Lebensweise, die mit Rentierherden verbunden ist, auf den auftauenden Böden unmöglich wird? Hierbei geht es nicht allein um Praktiken, sondern um kulturelle Welten und Geschichten, die mit dem Eis verschwinden, nachdem sie bereits durch den Kolonialismus zerrüttet wurden. Wenn durch eine Begrenzung der Emissionen das Klima geschützt werden soll, geht es weniger um die Rettung der Erde (die »Natur«), als vielmehr um die Erhaltung von Kulturen. Welche Kulturen hierbei als ›Kollateralschaden‹ geopfert werden und welche nicht, ist eine Frage der Klimagerechtigkeit.

Klimakultur und Klima 2050

Nachdem ich die Geschichte der Vorurteile betrachtet habe, die tief im europäischen Klimazonen-Denken gründen, möchte ich fragen, was eigentlich über die Klimazukunft Deutschlands bekannt ist, um auf diese Weise eine Sicht darauf zu gewinnen, was der Klimawandel als Kulturwandel in Deutschland bedeuten könnte. Hierbei wechsle ich vom vernetzenden, globalen Blick zu einer singulären, regionalen Sicht. Es ist sonderbar, dass die drohenden Veränderungen für Deutschland bis vor einigen Jahren noch akzeptabel schienen, weil vor allem davon gesprochen wurde, dass sich das Verbreitungsgebiet von Insekten, die Krankheiten übertragen, oder die Anbaugebiete von Wein verschieben würden. Beides klang harmlos oder im Fall des Weinanbaus sogar erstrebenswert. Nachdem ich einen Artikel zum Thema Klimabilder online publiziert hatte, erhielt ich eine belehrende und verärgerte E-Mail von einem Kritiker. Er hatte sich nicht nur die Mühe gemacht, meine E-Mail-

Adresse herauszufinden, sondern hängte sogar ein Foto von sich selbst in Badehose mit Sonnenbrille an. Er kommentierte, dass der Klimawandel für Mittel- und Nordeuropa eine gute Sache sei, weil er so endlich wärmere Temperaturen genießen könne. Dies ist ein naheliegender Gedanke in einer Kultur, die Griechenland und das Mediterrane als ihre Wiege ansieht. Die äußerst instruktive Ausstellung *Mensch. Natur. Katastrophe. Von Atlantis bis heute*, die 2014 in Mannheim eröffnet wurde, endete mit ein paar Flaschen Wein auf einem Podest als Symbol und Ausblick auf die zukünftige Erwärmung Deutschlands, eine Vereinfachung des Themas, die mich damals bereits befremdete, mir aber heute, nur wenige Jahre später, als zynisch und vollkommen unangemessen erscheint. Im Katalog schrieben zwei Geograph:innen, dass für die Menschen der mittleren Breiten »die positiven Effekte überwiegen« dürften, wie damals wiederholt zu lesen war.[38] Lange konnte sich die Vorstellung der gemäßigten Breiten halten, ihre Bewohner würden besser davonkommen als andere. Mit der Geschwindigkeit der Veränderungen, wie wir sie nun erleben, haben wenige gerechnet.

Wenn wir in Zeiten der globalen Erwärmung ergründen möchten, wie das Klima Kulturen prägt, inwiefern der Klimawandel also Kulturwandel bedeutet, welche Bereiche der Kultur vom Klimawandel herausgefordert werden, können wir von Klimamodellen und den bereits sichtbaren Entwicklungen ausgehen. Einen umfassenden Zugang für einzelne Regionen liefert zum Beispiel das Bildungsportal *Klimafolgen Online*. Die Wissenschaftsjournalisten Nick Reimer und Toralf Staud wiederum haben das aktuelle Wissen für Deutschland aus ganz verschiedenen Bereichen zusammengetragen. Für ihr Buch *Deutschland 2050. Wie der Klimawandel unser Leben verändern wird* (2021) haben sie mit verschiedenen Expert:innen wie Klimaforscher:innen, Städteplaner:innen oder Förster:innen gesprochen, um zu ergründen, was die Erwärmung in den verschiedenen Bereichen bedeutet.[39]

Grundlage dieses Wissens sind einerseits Klimasimulationen und Szenarien, wie sie die Klimawissenschaften im Lauf der letzten Jahrzehnte erarbeitet haben. Angenommen wird beispielsweise ein Anstieg der globalen Temperaturen um 1,5 oder 2,0 Grad Celsius im Durchschnitt. Was beschreiben die Autoren für Deutschland?

Es gibt neue Gefahren wie etwa durch sehr viel mehr gleichzeitige und großflächige Waldbrände, aber auch neue gesundheitliche Risiken. Außerdem kommt es zu mehr Extremwetterereignissen mit katastrophalen Folgen. Insbesondere neue Hitzeextreme und langanhaltende Hitzewellen werden zum Problem. Wenn es heißer als 37 Grad Celsius ist und sich dazu sehr feuchte Luft gesellt, droht ein Hitzschlag, weil der Körper nicht mehr regulieren kann. Insbesondere die Städte stauen Hitze an. Aber auch Weidetiere wie Kühe halten der zunehmenden Hitze nicht stand. Zu den Gesundheitsgefahren gehören auch giftige Bakterien und Blaualgen in Seen und Meeren. Und es gibt neue Insekten, die Krankheiten übertragen.

Wenn sich die Jahreszeiten ändern, so Reimer und Staud weiter, kommt auch die Ökologie, die Wechselbeziehungen von Pflanzen, Vögeln und Insekten, aus dem Takt. Der Kuckuck zum Beispiel benötigt, wenn er aus dem Süden über die Alpen zurückgeflogen kommt, die Nester anderer Vögel. Diese haben aber wegen des früher einsetzenden Frühlings bereits gebrütet, so dass er keine vollen Nester mehr antrifft. Eine Anpassung ist weder für die Tiere noch für die Pflanzen möglich, weil die Veränderungen viel zu schnell ablaufen. Der Klimawandel ist also ganz offensichtlich ein zusätzlicher Antreiber des Artensterbens. Auch das Ökosystem Wald ist kein Gewinner des Klimawandels, der Trockenstress schwächt die Wälder massiv. Fichten und selbst Buchen und Eichen leiden unter den anhaltenden trockenen Jahren. Klimaresiliente Bäume sind bislang nicht in Sicht, selbst wenn bereits mit marokkanischen Altzedern oder mongolischen Linden experimentiert wird. Auch neue Anbaupflanzen für die Landwirtschaft wie Kichererbsen, Soja und Hirse werden diskutiert.

Dürren sind allgemein ein Problem. Denn wenn der Jetstream aufgrund der zunehmenden Erwärmung seine Kraft immer mehr verliert, kommt es seltener zu Druckunterschieden und damit immer häufiger zu stabilen Wetterlagen, die über mehrere Wochen andauern. Wenn dann Regen nach einer langen Zeit der Trockenheit plötzlich fällt, wird der Boden ihn nicht aufnehmen können, da er oft als Starkregen niedergeht. Diese neuen Wettermuster führen unter anderem dazu, dass Verteilungskonflikte um Wasser in Deutschland wahrscheinlich werden.

Neue Baunormen mit höheren Kosten werden von Reimer und Staud ebenso angesprochen wie der Verlust der meisten Skigebiete und die Küstenerosion. Bereits heute fließen Milliarden in neue und höhere Deiche, von denen einige bereits den Namen »Klimadeich« tragen. Der Meereswasserspiegel bedroht Küsten und alle ostfriesischen Inseln, aber auch große Teile vom Binnenland bis Itzehoe oder Lüneburg. Der Tourismus wird sich ebenfalls verändern, wenn langjährige südeuropäische Ferienziele im Sommer wegen des andauernden Hitzestresses nicht mehr als erstrebenswert erscheinen.

Wenn ganze Regionen anderswo unbewohnbar werden, gibt es zahlreiche unkalkulierbare Folgen – wie neue Migrationsbewegungen. So werden in der Klimakrise aus singulären, lokalen Ereignissen global vernetzte Probleme.

Viele Klimawandelfolgen, die ich im Buch von Reimer und Staud lese, gehören zum Aufgabenbereich von Feuerwehr, Krankenhäusern und Technischem Hilfswerk. Die Autoren beschreiben – um in der Metapher der Bühne zu bleiben –, was sich in der Struktur des Bühnenbodens und in der Atmosphäre auf der Bühne verändert. Wenn ich die vielen Folgen aneinanderreihe, die das Buch behandelt, bemerke ich, wie existenziell sie sind. Aber wie verändern sie den Alltag und das, was wir als Kultur fassen? Harald Welzer spricht von der »radikalen Transkulturalität des Klimawandels«. Er leitet daraus tiefgreifende Veränderungen für Wirtschaft, Politik und Gesellschaft ab. »Der Klimawandel ist«, sagt Welzer, »vor allem ein kulturelles Phänomen – denn nur als solches schlägt sich auf der Erde nieder, was Meteorologen, Ozeanologen und Gletscherforscher an Veränderungen im Klimasystem festgestellt haben.«[40] Und weiter: »Aber nicht nur die Politik, besonders auch die Wissenschaft muss sich trauen, vom ›Denken wie üblich‹ abzugehen und Szenarien aus den Klima-Prognosen abzuleiten, die der sozialen und kulturellen Revolution angemessen sind, die der Klimawandel bedeutet.« Doch anders als die Auswirkungen auf die Natur bleiben die Auswirkungen des menschengemachten Klimawandels auf die Kultur auch in Nick Reimers und Toralf Stauds *Deutschland 2050* nur schwer greifbar – und dies, obwohl sie uns diese Zukunft nicht für ein fernes Land erzählen.

Waldbaden und das Schwinden kultureller Resonanzräume

Ich möchte ausgehend von diesem Gedanken fragen, wie wir uns die Welt in einer so veränderten Wirklichkeit erzählen werden, um in dieser Erzählung einen Sinn zu finden. Wie werden uns diese Veränderungen als Menschen verändern? Wenn eine Landschaft zerstört wird, werden damit auch die Geschichten zerstört, die zu dieser Landschaft gehörten – oder werden neue Geschichten aus diesem Verlust entstehen? Wird es einen Phantomschmerz geben oder werden wir vergessen, was wir nicht kennen, wie es uns die Sozialpsychologie mit dem »Shifting Baseline Syndrom« glauben macht? Werden wir uns an immer weniger gesunde und vielfältige Naturräume gewöhnen?

Ich selbst nahm vor wenigen Jahren an einem Kurs in Waldbaden teil. Weil einer meiner Arbeitsschwerpunkte Medien- und Naturästhetik ist, wollte ich wissen, was mich

Kursleiter:innen und Naturcoaches lehren, die einen tiefen Kontakt mit Wäldern und Bäumen versprechen. Waldbaden, Shinrin-Yoku, eine Praxis aus Japan, ist eine Mischung aus Waldmedizin, Schule der Sinne und meditativen Elementen, die gerade für Städtebewohner:innen als besonders gesund erachtet wird. Riechen, Fühlen und Schmecken, langsames Laufen und genaues Sehen sind der Kern des Waldbadens. Gemeinsam öffnen sie einen anderen Zugang zum Ökosystem Wald und zum eigenen Körper. Wir jedoch landeten in einem Monokulturwald am Ende des Herbstes, der nach einem besonders heißen und trockenen Jahr bereits seine Blätter verloren hatte. Die kleinen, dünnen Bäume wirkten geschwächt und krank. In der Ferne rauschte eine Autobahn, zudem wurde es unangenehm kalt an den Füßen. Die Übungen führten bei mir zur Frage, was Waldbaden in Forsten bedeutet, die nicht vital und gesund sind, sondern Monokulturen, die bereits angegriffen sind vom Klima der letzten Jahre.

Reimer und Staud haben für ihr Buch auch den Biologen und Biodiversitätsforscher Horst Korn vom Bundesumweltamt für Naturschutz befragt und wollten wissen, ob der Mensch dafür sorgen müsse, dass der Moselapollofalter, die Rotbauchunke oder der Gletscherfloh nicht aussterben – also Tiere, die wenige kümmern, weil fast niemand weiß, dass es sie überhaupt gibt –, oder ob es nicht »drängendere Fragen gäbe«. Der Biologe antwortet mit einer bedenkenswerten Gegenfrage: »Brauchen wir den Kölner Dom?«[41] Er sieht Verantwortung gleichermaßen für Tiere und Kulturgüter, umso mehr, als Klimawandel und Artenschwund in ihren Ursachen menschengemacht sind.

Naomie Klein, die in ihren Büchern soziale Wirklichkeiten global verbindet, betonte in einem Interview, wie es ihr Herz zerreißt, dass sie ihrem Sohn möglicherweise bald keine Seesterne mehr zeigen kann, die sie als Kind an der Westküste der USA kennenlernte. In ganz ähnlicher Weise hat die US-amerikanische Literaturwissenschaftlerin Ursula Heise in ihrem Buch *Nach der Natur. Das Artensterben und die moderne Kultur* (2010) die Frage nach der Erzählweise und der kulturellen Symbolik des Artensterbens gestellt. Mindestens seit der Romantik sei diese Erzählung konstant geblieben, nämlich als tragische und schuldhafte »Geschichte des vom Menschen ausgelösten Verfalls und Untergangs der Natur«.[42] Bis heute gehöre diese Erzählung, in der die Modernisierung die Natur zerstört, zu unserem »kulturellen Grundinventar«. Es seien bestimmte »charismatische« Arten wie der Dodo oder das Nashorn, »deren Schicksal als für die Kulturen bedeutsam dargestellt« werden.[43]

Weltkulturerbe und Weltnaturerbe gehören zusammen, weil Kultur nur im Kontakt zur Natur lebendig bleibt. Wenn Natur immer monotoner wird, wenn etwa immer größere Gebiete zu absterbenden oder verbrannten Wäldern verkümmern, wenn wir »mit unserem täglichen Leben eine Spur der Verwüstung durch die Erde [ziehen]«, wie es der Wirtschafts- und Klimaminister Robert Habeck in einem Interview sagte, verändert dies auch den kulturellen Resonanzraum. Es verändern sich nicht zuletzt die Menschen und das Bild, das sie sich von sich selbst machen. Kultur steht in unauflöslichem Zusammenhang mit Natur, auch wenn uns dies im Alltag nur selten bewusst ist.

»Der Mensch lebt von der Natur, heißt: die Natur ist sein Leib, mit dem er in beständigem Prozeß bleiben muß, um nicht zu sterben. Daß das physische und geistige Leben des Menschen mit der Natur zusammenhängt, hat keinen anderen Sinn, als daß die Natur mit sich selbst zusammenhängt, denn der Mensch ist ein Teil der Natur«,[44] schreibt der junge Karl Marx. Die Verknüpfung ist nicht allein biologisch-existenziell, sondern wirkt auch geistig-spirituell. Heutige Menschen aber pflegen immer intensivere Beziehungen mit allen Arten von Technologien. Immer öfter treten virtuelle Realitäten als Erfahrungsräume an die Stelle von Naturerfahrungen. Parallel zu diesem Prozess nehmen die Naturräume in ihrer Ausbreitung weiter ab und schwindet die Vielfalt der Arten.

Dieses kulturkritische Argument ist zwar nicht neu, aber die Anteile haben sich verschoben. Zusammengenommen könnten beide Entwicklungen darauf hinauslaufen, dass sich viele Kulturen bald im Resonanzraum einer immer ärmeren Natur weiter entwickeln müssen oder dies nur noch auf der Grundlage der Naturdubletten tun können, wie sie die gerechneten Welten immer eindrücklicher vor Augen führen.

Fazit: Kultur für die Zukunft

Vor etlichen Jahren machte ich mich im Rahmen eines Gemeinschaftsprojekts mit dem Künstler Stefan Saffer auf die Suche nach Mischungen von Kultur und Ökologie. In unserem Projekt »Austertraum« diente uns die Auster als Bild für eine »Lebensgemeinschaft«.[45] Weil Austern Riffe bilden und dort in wechselseitigen Beziehungen mit anderen Tieren und Pflanzen einen Lebensraum gestalten, regten sie das ökologische Denken im 19. Jahrhundert an. Wir hatten die Auster gewählt, weil wir vom Haus der Kulturen der Welt in Berlin eingeladen waren, einen Beitrag zum Projekt »Überlebenskunst« zu schaffen. Aufgrund seiner markanten Form trägt dieses Kulturhaus den Spitznamen »schwangere Auster«.

Für unsere Recherchen suchten wir zahlreiche Menschen aus ganz unterschiedlichen Fachgebieten auf, um mit diesen über eine nachhaltige, überlebensfähige Kultur zu sprechen. Wir trafen unter anderem zwei Anthropologen, einen Zukunftsforscher, einen Kurator, einen Politikwissenschaftler und wir besuchten eine Geologin im Kalksteintagebau Rüdersdorf, wo versteinerte Austern zu finden sind. Sie erzählte uns die Geschichte der Überlebenskünstlerin Auster, die seit über 50 Millionen Jahren auf der Erde lebt.

Die Spur der Auster führte uns aber auch zu einer Wattwanderung mit der Biologin Alexandra Markert vom Forschungsinstitut Senckenberg am Meer in Wilhelmshaven.

Sie nahm uns bei Ebbe mit zu den imposanten Austernriffen in der Nordsee. Diese gehen auf eine pazifische Austernart zurück, die sich dort, fünfzig Jahre nachdem die Europäische Auster vor allem durch Überfischung ausgestorben war, durch die Erwärmung des Wassers aufgrund des Klimawandels verbreiten kann. Die Austern bilden mit ihren Riffen architekturartige Strukturen, in denen auch andere Arten ein Zuhause finden. So formen Krebse, Pflanzen und Miesmuscheln heute eine ›internationale‹ Gemeinschaft mit der pazifischen Auster in der Nordsee. Ich erinnere mich gut, wie wenig die Erfahrung dieser Austernnatur mit unseren eigenen Naturerwartungen zu tun hatte, denen zufolge Natur ›schön‹ und ›angenehm‹ für uns sein soll. Wir liefen in unseren Anglerhosen durch die Muschellandschaft wie über einen fernen Planeten oder ein zerklüftetes Ruinenfeld. Aus den Schalengebäuden der gigantischen Austern huschten immer wieder pazifische Krebse – auch sie sind Überlebenskünstler und globale Klimawanderer. Nur daran, dass die Muscheln ab und zu einen dünnen Strahl Wasser in die Luft spritzten, erkannten wir, dass sie lebten. Im Gespräch meinte Alexandra Markert lapidar, für sie als Biologin sei der Mensch nichts anderes als ein Tier. Und sie befand, »es hat noch selten Lebewesen auf dieser Welt gegeben, die trotz des Wissens um die Sache ihren eigenen Lebensraum zerstört haben.«[46]

Dass inzwischen alles, auch der letzte Winkel dieser Erde, von Kultur kontaminiert sei, ist ein Gedanke, der mit der geologischen Idee vom ›Menschenzeitalter‹ aufkam, dem Anthropozän. Natur ist nirgends mehr ›unberührt‹. Inzwischen gibt es an jedem Punkt der Erde messbare Plastikteilchen oder Strahlung, also Spuren menschlicher Einträge in die Atmosphäre, die Böden und die Gewässer. Diese Spuren stehen für eine Welt, die heute selbst in den abgelegensten Gegenden auf einer Mikroebene mit Kultur in Form ihrer Reste, Ablagerungen und Verschmutzungen durchsetzt ist. Doch auch im sichtbaren Bereich hat sich das Antlitz der

Erde in den letzten Jahrhunderten stark gewandelt. Das zeigen Satellitenbilder, Karten und andere Inventurmedien der Erdoberfläche, auf denen das ordnende Raster der Plantage als Zeichen von Monokulturen infolge des »Plantagenzeitalters« – des »Plantationocene«, wie Donna Haraway und Anna Tsing es nennen – offensichtlich wird.

Die Mengen an anthropogenen Materialien, also Beton, Glas, Plastik oder Metall für die weltweite Infrastruktur und Technosphäre könnten bald ein höheres Gewicht aufweisen als die Biomasse aller Lebewesen auf der Erde. Im Moment beträgt diese ›anthropogene Masse‹ etwa fünfzig Kilogramm pro Quadratmeter, die Meere eingerechnet, berechnete eine Forschergruppe.[47] Bereits knapp achtzig Prozent der Landgebiete sind von Menschen verändert durch Landwirtschaft, Straßen, Forste, Industrien oder Siedlungen. Nur etwas mehr als zehn Prozent der Meeresgebiete sind von diesen offensichtlichen Eingriffen unbeansprucht. Wenn nun die Kultur wie eine einzige Kraft (und eben nicht nur bestimmte Kulturen, wie die kapitalistische oder neo-liberale) als der mächtige Umwandler von Natur angesehen wird, kann ein Bild entstehen, in dem ›die Menschheit‹ wie beim biblischen Sündenfall oder einem Krebsgeschwür die Erde vernichtet. Wenn diese Vorstellung außerdem mit der Vorstellung einer Kulturgeschichte verbunden wird, die einzig die Richtung einer technisierten Monokultur kennt, dann kann diese Beobachtung dazu führen, sich diesem Prozess ohnmächtig hinzugeben oder ihn sogar bewusst weiter anzutreiben, da er ›eben zur Natur des Menschen gehört‹. Doch habe ich in diesem Kapitel zu zeigen versucht, dass es einen solchen Menschen als Universalie nicht gibt. Denn nicht alle beuten die Natur auf die gleiche Weise aus, sondern große Teile der Menschheit stehen selbst auf der Seite der Ausgebeuteten.[48]

»Wir haben moderne Probleme, für die es keine modernen Lösungen gibt«, schrieb der portugiesische Soziologe Boaventura de Sousa Santos. Zur Trennung von Kultur und Natur im Zuge der europäischen Aufklärung und Moderne gehörten die Abwertung anderer Kulturen sowie das Leitbild, das die eigene Rationalität dazu befähigt, die Ressourcen der Erde auszuschöpfen. Menschen- und Naturausbeutung durch die Kolonisatoren, so de Sousa Santos weiter, habe letztlich denselben Ursprung wie dieses Leitbild.[49]

Die Diskussion, inwiefern die Beziehung von Kultur und Natur in Zeiten der ökologischen Krise neu gedacht und gestaltet werden muss, wird seit vielen Jahren lebhaft geführt. Im Gegensatz zu anderen Kulturen fußt die europäische Moderne auf der Trennung dieser beiden Bereiche. Bereits zu Beginn des »Umweltzeitalters« (Frank Uekötter) und der Umweltpolitik kam jedoch der Begriff der »Mitwelt« auf, um die starre Gegenüberstellung von Mensch und Natur, Mensch und Umwelt aufzulösen, bei der die Natur zum Objekt wird. Aber auch das Konzept der Lebensgemeinschaften wie in der Konvivialität (kon-vivere: die Kunst, gemeinsam zu leben) oder der Ko-Habitation, fasst diese Verbindung neu, indem sie die Solidarität und die ökologische Vernetzung auf Menschen und andere Arten überträgt. Die Idee der Symbiose und des »Sich-Verwandt-Machens« (»making kin«, Donna Haraway) wiederum denkt die Lebensgemeinschaft nicht als begrenzte Verwandtschaft von Klein- oder Großfamilien, sondern über die Artgrenzen hinweg, weil Existenzen vielfältig miteinander vernetzt und verbunden sind.

Dies sind Wege, um die Beziehung zwischen Menschen und Natur nicht mehr im Bild von Pferd und Reiter, also der Kontrolle und Beherrschung, zu denken. Ein so gedachtes Verhältnis steht der ökologischen Ordnung entgegen, es zerstört die Grundlagen der Existenz. Bilder für einen anderen Kultur-Natur-Verbund könnten Symbionten wie Misteln auf einem Baum sein. Die Mistel steht hier für die Kultur, die in Symbiose auf und von dem Baum lebt, wobei Misteln ihren Wirt am Leben lassen.[50] Eine Kultur, die um die Endlichkeit ihrer Lebensgrundlagen weiß, wird »sich darauf einstellen müssen, dass es in Zukunft nur noch eine einzige Natur gibt«, so der Kulturwissenschaftler Leander Scholz.[51]

Sie muss das ökologische Paradigma auf allen Ebenen auch in die gesellschaftlichen Strukturen einbauen. Dies würde bedeuten, nicht mehr die Konkurrenz, sondern die Kooperation in den Mittelpunkt zu stellen.[52] Dieses Leitbild würde die Ökologie in die Sozialordnungen von Recht und Politik überführen und Natur nicht nur ökonomisch in Geld abbilden, um sie zu einer planerischen Finanzgröße machen.

»[W]elchen Zustand der Umwelt sollen wir auszeichnen, gar fixieren im stetigen Wandel, im ›Fließgleichgewicht‹ von Natur und Kultur?«[53] Barbara von Wulffen fragte 1988, als sie diese Zeilen schrieb, noch, welcher Zustand von Natur eigentlich erhaltenswert sei – der des idyllischen Weidelandes im 19. Jahrhundert oder die wiederaufgeforstete Landschaft des 20. Jahrhunderts. Diese Frage stellt sich immer noch, oftmals als eine ästhetische Frage, wenn über die Möblierung von Landschaften mit Solarpanelen und ihre Umwandlung durch Windkrafträder in Energielandschaften diskutiert wird oder wenn Monokulturen auch visuell die Vielfalt weiter vernichten. Gleichzeitig erscheint Renaturierung inzwischen existenziell, weil sich ein Fließgleichgewicht zwischen beiden Sphären nicht einstellt.

Die Verbindung zwischen Klimawandel und Kultur ist offen und begrenzt zugleich. Ich selbst habe keine abschließenden Antworten auf all die Fragen, die aus dieser Verbindung entspringen. Ich denke aber, eine Klimakultur der Zukunft würde versuchen, Vorstellungen, Erklärungen und Erzählungen dafür zu liefern, was das »In-der-Welt-Sein« unter den neuen Bedingungen von Klimaungerechtigkeit und Artensterben in Zeiten des Klimawandels für ganz verschiedene Menschen und nicht-menschliche Wesen bedeutet. Eine Klimakultur der Zukunft müsste über die physikalische Basis einer Weltbeschreibung der Klimaberichte hinausgehen, aber auch über die sozio-ökonomischen Deutungen. Damit die Welt eine Welt für uns alle bleibt, müsste die Politik einen Vertrag mit der Natur schließen, wie ihn Michel Serres bereits zu Beginn der 1990er Jahre vorschlug. Es ginge nicht nur um einen Sozialstaat, der soziale Gerechtigkeit ermöglicht, sondern gleichzeitig um einen »Naturstaat«, der den Wert des guten Zusammenlebens auf alles Lebendige bezieht. Diese Ideen sind bereits seit langem verfügbar. Die Frage ist nun, welcher Form von Kultur es gelingt, das Bewusstsein der gemeinsamen Lebensgrundlagen zur Basis ihrer politischen Verfassung zu machen.

5. Den Klimawandel vorstellen und erzählen

Stellen wir uns vor, die meisten Staaten der Erde schalten in den kommenden fünf Jahren ihre fossilen Technologien ab und werden klimaneutral. Zudem gelangen die Technologien, die CO_2 in großem Stil wieder aus der Luft entnehmen, dank immenser Förderung und internationaler Zusammenarbeit zur Marktreife. Auf diese Weise gelingt es, Hunderte von Gigatonnen CO_2 und andere Treibhausgase wieder aus der Atmosphäre zu entfernen. Deutschland schafft außerdem Einsparungen, weil nicht mehr Konzerne, sondern die Gemeinden selbst Windkrafträder und Solarpanels besitzen, also ihren eigenen Strom vor Ort erzeugen. Eingespart wird auch, weil der öffentliche Verkehr inzwischen so gut organisiert ist, dass Autos unattraktiv geworden sind. Gegen die Erhitzung sind Straßen und Dächer in vielen Städten inzwischen weiß bemalt, außerdem wurde viel Teer auf diesen Straßen und Plätzen durch Grün ersetzt. Die Städte sind im Sommer nicht nur kühler, sondern es wird auch mehr Regenwasser gesammelt. Die Farbe des Himmels wiederum ist seit ein paar Jahren phasenweise etwas milchig. Denn immer wieder injiziert die EU mittels Ballons große Mengen von Partikeln in die Atmosphäre, die die Sonneneinstrahlung reduzieren. Dafür sind die Sonnenuntergänge durch die Reflexion der Staubnebel glutrot und prachtvoll.

An derartigen Szenen lässt sich prüfen, welche Erzählungen für uns glaubhaft sind und welche unrealistisch erscheinen, welche wir uns wünschen und welche uns mit Freude oder Ängsten erfüllen. Welchen Unterschied macht es, wie wir uns die Zukunft, die Transformationen und die Veränderungen unserer Welt erzählen? 2018 sprachen in Deutschland plötzlich alle über den Klimawandel.

Das Thema war endlich ganz oben auf der Agenda, nicht nur auf den Wissenschaftsseiten von Zeitungen oder anlässlich einer neuen Klimakonferenz. Parallel zu den Protesten von Fridays for Future verstärkten viele Städte und Gemeinden ihre Bestrebungen, eine zukunftsfähige Gesellschaft zu werden, die klimaneutral lebt. Gleichzeitig wurde der Ruf nach neuen Narrativen in den letzten Jahren immer lauter. *From story to action*: Gemeinden, Unternehmen, NGOs, Politiker:innen, Kampagnenmachende und Werbeleute meinen, dass eine gemeinsame, starke Erzählung endlich zur Umsetzung der Klimaziele führen würde.

Auch die Stadt Potsdam hatte sich auf den Weg gemacht. So gelangte ich im Herbst 2018 aufgrund meiner Expertise für Klimakommunikation in die Position, die Bestrebungen des Potsdamer Klimarats, eine CO_2-neutrale Stadt zu werden, mitverfolgen zu dürfen. Plötzlich saß ich als Sprecherin der AG Haushalte und Kommunikation in mehreren Sitzungen im Rathaus. Dort priorisierte der Klimarat gemeinsam mit zahlreichen Akteur:innen aus dem Feld des nachhaltigen Bauens, der Energiewirtschaft, der Zivilgesellschaft und weiteren Potsdamer Wissenschaftler:innen »Handlungsfelder und Umsetzungsmöglichkeiten« auf Basis von umfassenden Gutachten. Die meisten von uns wirkten ehrenamtlich mit.

Die Basis für diese Entwicklungen ist ein Dokument mit dem Titel *100 % Klimaschutz – Masterplan für Potsdam 2050*. Der Masterplan setzt auf der Ebene der brandenburgischen Landeshauptstadt die Bestrebungen Deutschlands um, in allen Sektoren CO_2 einzusparen. Die Vorarbeit war bereits geleistet: Expert:innen hatten in bunten Excel-Listen über einhundert Maßnahmen für verschiedene Felder zusammengestellt, kategorisiert nach umsetzenden Akteur:innen, ihrer Hebelwirkung und ihrer Kurz- oder Langfristigkeit. Die energetische Sanierung von Gebäuden, die dezentrale Wärmeerzeugung über Wärmepumpen, der Ausbau des öffentlichen Nahverkehrs oder die Förderung von Sharing-Angeboten waren Punkte in diesen Listen. Mir fiel auf: Wer die Pläne liest, die die Transformation auf kommunaler Ebene umsetzen sollen, hat eher nicht den Eindruck, dass es sich um Visionen für eine neue Gesellschaft handelt. Stattdessen geht es vor allem um die Verbesserung von Infrastrukturen, also um Techniken, die meist unsichtbar im Hintergrund bleiben sollen und mit denen ihre Nutzer:innen gar nichts zu tun haben (wollen). Im Unterschied dazu beinhaltete das Handlungsfeld »Haushalte und Kommunikation« Ideen für Kampagnen, runde Tische, Öffentlichkeitsarbeit, Jugendarbeit, Netzwerke und Klimapreise, also Formate, mit denen das Thema Klimaschutz in vielen Gruppen der Bürgerschaft kommuniziert werden kann. Aber wer darf dort worüber sprechen, was genau soll kommuniziert werden?

Welche Geschichte möchten wir erzählen?

Besonders lebhaft habe ich einen eintägigen Workshop in Erinnerung, der Anfang 2019, also ein Jahr vor der Pandemie stattfand. Eine Kommunikationsagentur leitete die Veranstaltung. Ziel war es, ein gemeinsames Kommunikationskonzept, eine »konzertierte Strategie« und »schlüssige Story« zu erarbeiten, um das Ziel von »100 Prozent Klimaschutz« aus dem Potsdamer Masterplan voranzutreiben. Denn alle Beteiligten wussten, dass der Masterplan unter den meisten Menschen der Potsdamer Zivilgesellschaft bislang immer noch viel zu unbekannt war.

Während die Agentur ein Brainstorming unter dem Titel *Welche Geschichte möchten wir erzählen?* anleitete, standen wir vor mehreren großen Flipcharts, die unbeschrieben auf unsere Zurufe warteten. Langsam entstand eine Liste mit Ideen: Die Gruppe wollte Geschichten über *Gesundheit* und *Lebensqualität, Zukunftsabsicherung, Verantwortung, Vorbildfunktion* und *Stolz* sowie *Potsdam als Wohlfühloase* erzählen. Weitere Punkte waren *Chancen und neue Wege* sowie *Lieber ein Schritt als kein Schritt.* Das Brainstorming war kein Feuerwerk der Ideen, es verlief eher stockend. Schnell wurden Hindernisse klar, die das Denken der Gruppe einschränkten. Die Erfahrung deckt sich mit anderen Situationen, in denen Worte und Vorstellungen für das fehlen, was der Klimawandel gerade für unser eigenes Leben vor Ort und unsere Zukunft bedeutet. Es gab aber auch ganz triviale Hindernisse. Dem Leitbild der grünen Stadt lief beispielsweise das Corporate Design von Potsdam zuwider, denn dieses, so der Hinweis vom Stadtmarketing, nutzt für jede Form der Öffentlichkeitsarbeit ein dunkles Blau, aber kein Grün. Wenn wir ehrlich sind, zeichnete sich in den Wörtern, die am Ende auf der Tafel standen, keine Geschichte ab, die den Wandel, den der Masterplan wünschte, glaubhaft erzählen könnte. Keine Geschichte, die zum rigorosen Ziel der hundertprozentigen Klimaneutralität führt. Niemand wollte irgendjemandem auf die Füße treten, niemand wollte die alten Erzählungen von ungebrochener Innovation und Wohlstand aufgeben und sich mit Ideen vorwagen, die unrealistisch und geradezu absurd klingen, weil sie so sehr am Bekannten rütteln, dass man als Dummkopf oder Fantast erscheint. Klimaschutz blieb abermals ein Unterkapitel der bereits herrschenden Erzählungen. Ein Bruch, eine tiefgreifende Veränderung oder gar ein Systemwandel, wie er für die radikalen Einsparungen nötig wäre, kam nicht zur Sprache.

Zudem stellt sich die Frage: Wer kann, soll und darf eigentlich neue Narrative entwickeln? Erwarten wir sie von den städtischen Energieunternehmen oder den Rathäusern, dem Stadtmarketing, den städtischen Wohnungsgesellschaften oder von Kommunikationsagenturen?

Transformation im Masterplan

Transformationen sind nicht planbar, aber gestaltbar, so lautet eine zentrale Einsicht der Transformationsforschung. Dabei kann der Potsdamer Masterplan als Beispiel für den Ansatz gelten, den Deutschland insgesamt beim Klimaschutz auf politischer Ebene verfolgt. Dutzende anderer Städte wie Frankfurt am Main, Lübeck, Leipzig oder Stuttgart haben sich vergleichbare Masterpläne als Rahmen gegeben – viele inzwischen mit dem ambitionierten Ziel, nicht erst 2050, sondern bereits in weniger als zehn Jahren klimaneutral zu werden.

Ich stelle fest, dass es bei der Festlegung der Einsparungsziele in den meisten gesellschaftlichen Gruppen inzwischen keine grundlegenden Dissonanzen mehr gibt. Was Fridays for Future fordern, klingt ebenfalls nicht überzogen: Sie möchten eine Welt, die weiterhin vielfältig und gesund ist, in der es Naturräume gibt, Extremwetterereignisse niemanden vertreiben und das Prinzip der Generationengerechtigkeit gilt. Das deutsche Bundes-Klimaschutzgesetz wiederum schreibt die Klimaziele fest, wie sie im Pariser Abkommen beschlossen wurden, damit diese Zukunft ermöglicht wird. Bis 2030 sollen dem Gesetz zufolge die deutschen Treibhausgasemissionen um mehr als die Hälfte verringert werden – im Vergleich zum Jahr 1990. CO_2-neutral soll das Land bis 2045 werden. Die Einsparungen sind nach verschiedenen Sektoren aufgeschlüsselt.

Die Masterpläne auf Kommunal- wie Bundesebene haben planwirtschaftlichen Charakter, nur dass es keine zentrale Stelle gibt, von der aus die Durchsetzung gesteuert wird. Dies erkennt man daran, dass trotz aller Pläne die Ziele verfehlt und die Emissionskurven steiler werden, was bewirkt, dass die Zahlen Jahr um Jahr der Realität neu angepasst werden müssen. Aus diesem Grund erscheinen die Pläne vielen Menschen als Lippenbekenntnisse. Denn es gibt kaum Anreize, die stark genug wären, auch ohne die kapitalistische Eigendynamik auszukommen, die den Erfolg fast »wie von alleine« befördert, wenn der Wandel Gewinne abwirft. Die Pläne für die Transformationsprozesse liegen bereit, doch fehlt nicht nur der Wille, sondern auch die Möglichkeit ihrer Durchsetzung. Denn in der Regel haben Städte weder die Macht noch das Geld, die Pläne erfolgreich umzusetzen.

Einige Monate nach dem Workshop nahm ich mir mit Studierenden noch einmal den Potsdamer Masterplan vor, um die Narrative aus dem Textdokument herauszulesen. Denn auch ohne Ideenworkshop sind die 36 Seiten bereits von Erzählungen durchzogen. Sie finden sich im Text und den Bildern, den Zahlen und Kurven, die den Weg in eine CO_2-neutrale Stadt bahnen sollen. Dabei orientierten wir uns an einer Minimaldefinition: Jede Erzählung braucht mindestens einen Anfang, einen Wandel und ein Ende. In diesen Bogen sind in kausaler oder chronologischer Weise Ereignisse eingebettet, die die Situation transformieren. Des Weiteren brauchen Erzählungen Akteur:innen wie Helden, Opfer oder Gegner, wobei diese aus Menschen, Institutionen oder Naturkräften bestehen können. Hinzu treten die Ziele dieser Akteur:innen. Und schließlich gibt es verschiedene Erzählperspektiven.

Zunächst fiel uns auf, dass der Titel *Masterplan* bereits den größtmöglichen Anspruch ausdrückt. Der Plan präsentiert sich als Meister und Vorreiter. Die wichtigste Erzählung erscheint in Form von zwei Kurven, die zeigen, wie schnell das Ziel der Emissionseinsparungen bis 2050 parallel zur Effizienzsteigerung, etwa von Heizungen oder elektrischen Geräten, erreicht werden soll. Auf einer übergeordneten Ebene beinhaltet der Plan die Grundannahme, dass das Klima vor den Menschen geschützt werden muss, damit ein gesundes Leben in Zukunft möglich ist. Im Zentrum steht eine Gegenüberstellung von Natur (Opfer) versus Technologie (Täter), aber auch das Ausbalancieren und die »Heilung« von Natur durch Technik (Retter). Als Mittel der Transformation stehen ökonomische Aspekte im Vordergrund. Hier ist leitend, dass Klimaschutz der Wirtschaft zugutekommt, neue Jobs bringt und deshalb für die Zukunft gut ist. Was den Wandel ermöglichen soll, sind Innovationen, die technische Effizienz steigern. Sie sind das bevorzugte Mittel, um die Emissionen zu senken – nicht etwa Suffizienz, also Einsparungen. Motor für die effiziente Technologie sind smarte Stadt und Digitalisierung, wobei die intelligente Stadt Synonym für die nachhaltige Stadt geworden ist, was sich im Übrigen als Narrativ in allen Industriestaaten durchgesetzt hat. Dazu kommen verschiedene Technologien der Energiewende, also Wasser- und Solarkraft, Windenergie, Erdwärme und nachwachsende Rohstoffe. Der Klimaschutz wird als eine wirtschaftlich rentable Unternehmung erzählt.

Die Essenz des Masterplans besteht darin, die Geschichte als Erfolg und Chance zu erzählen. Zugespitzt lautet die Erzählung: *Wir werden weiterhin so leben können wie bislang, ohne dass der Wandel weh tut, weil sich vor allem hinter den Fassaden, im Boden und unter den Motorhauben etwas ändern wird.* Wenn der Wandel sichtbar wird, dann in Form von mehr Grün in der Stadt. Und wenn wir selbst etwas an unseren Gewohnheiten verändern, tut es nicht weh, sondern geschieht zu unserem eigenen Wohlsein.

Was der Masterplan hingegen nur sehr leise und zaghaft erzählt, sind Ideen von einem anderen Wirtschaften, Gemeinschaftsbildung und Gemeingut sowie für einen partizipatorischen Prozess in der Umsetzung.[1] Gar nicht erzählt werden Geschichten des Systemwandels oder des aktiven Verzichts.

Die Transformationsforschung weiß, dass sich insbesondere Gemeinden mit hohem Einkommen schwer tun, sich auf den Weg der Transformation zu machen. Weil es auch Potsdam weiterhin nicht schafft, die Emissionen stark genug zu reduzieren, gibt es inzwischen Bürgerbewegungen und Proteste, die dafür kämpfen, dass die Versprechungen der Politik endlich real werden. Sie richten sich also nicht, wie klassische Proteste, *gegen* die Politik, sondern treten *für* die politische Einhaltung von gemeinsam vereinbarten Zielen ein.

Narrative besitzen Macht, sie machen Politik. Denn es macht einen großen Unterschied, welche Erzählung, welches Narrativ gewählt wird. Die Weltuntergangserzählung folgt einem anderen Narrativ als die Erzählung technischer Lösungen oder grünen Wachstums. In Kriegszeiten sind Narrative Teil von Desinformation, Propaganda und Mobilmachung. Weil Begriffe wie ›Narrativ‹, ›Mindset‹ ›Storytelling‹ und ›Framing‹ seit einigen Jahren als *buzzwords* allgegenwärtig sind, erachte ich es als essentiell, zunächst zu fragen, was Narrative leisten können und was ihre Grenzen sind, aber auch, wann sie problematisch werden. Sonst werden diese Begriffe zu einem leeren Zentrum, das sich mit ganz unterschiedlichen Erwartungen füllen lässt. Wer beginnt, über Narrative nachzudenken, merkt aber auch, dass plötzlich fast alles, was wir über den Klimawandel kommunizieren, zu einem Narrativ wird oder zumindest Teil eines solchen ist.

Wenn seit einigen Jahren der Ruf nach neuen Erzählungen und Methoden des Storytelling, also des Geschichtenerzählens, im Bereich der Klimawandelkommunikation immer lauter wird,[2] dann liegt dies an einem Dreiklang von Gründen. Erstens konnte die Erzähl- und Kognitionsforschung zeigen, wie sehr Menschen in Erzählungen denken. Geschichten sind eine der wichtigsten Formen, um sich die Wirklichkeit zu erschließen, um Themen in Form von sinnstiftenden Erzählungen zu begreifen. Erzählformate vermögen es, Neues oder Erlebtes in Kategorien zu bringen. Sie erklären aus der Vergangenheit, warum etwas so geworden ist, wie es ist, aber sie entwerfen gleichzeitig, was deshalb für die Zukunft erwartet werden kann.[3] Jede Erzählung ist eine Suche nach Sinn und beeinflusst, wie wir die Welt wahrnehmen und deuten.

Weil es zweitens die Gesellschaft bislang nicht geschafft hat, sich in Richtung einer CO_2-Neutralität zu transformieren, da also das Wissen allein nicht zu genug Handeln führt, hoffen viele Akteur:innen, den Wandel über neue Narrative, also neue Sichten auf die Wirklichkeit anzuregen – *vom Erzählen zum Handeln*. Denn Handlungen sind oft durch Erzählungen und Bilder geleitet. Dabei kommt zum Tragen, dass Narrative immer bestimmte Gefühle und Werturteile transportieren, also normativ wirken. Darauf bauen Demokratien auf, weil sie den Wandel nur mit großem Rückhalt in der Gesellschaft vorantreiben können. Die Narrative müssen dabei transparent in ihren Zielen wie in ihren Motiven sein. Dies unterscheidet sie von Narrativen im Kontext der »dunklen Propaganda«, die ihre eigentlichen Ziele verschleiert und Narrative als Waffe nutzt.[4] Wenn grundsätzlich gilt, dass Narrative unser Handeln prägen, gilt es diesen Zusammenhang zu nutzen, also zunächst das Denken zu verändern: *Change your mind and the rest will follow*. Die hohe Konjunktur des Begriffs ›Narrativ‹ steht für ein weit verbreitetes Vertrauen in die Macht von Narrativen, also Ideen in Form von Bildern und Worten: Wenn ich schon nicht die Macht habe, die Wirklichkeit direkt zu verändern, kann ich diese Veränderung mit anderen Narrativen zumindest auf den Weg bringen. Nachhaltigkeit etwa könnte erreicht werden, indem Utopien, also positive Imaginationen von Zukunft geschaffen werden.

Im Fall der globalen Erwärmung sollen deshalb drittens nicht mehr Katastrophengeschichten erzählt werden, die ohnmächtig machen, sondern positive und konstruktive Geschichten, die motivieren und ermächtigen, anstatt zu bremsen. Die globale Erwärmung soll in ein anderes Narrativ gefasst, neu erzählt werden. Derartige neue Geschichten werden zurzeit händeringend gesucht. Zu Erzählenden machen sich Transformationsdesigner:innen, Kommunikationsagenturen, Umweltkommunikator:innen und viele andere.

Auch ich erhalte Einladungen zu Veranstaltungen von Kulturhäusern, Think Tanks oder regierungsnahen Institutionen, an denen ich ablesen kann, wie Narrative als Motor für Handeln gelten. Zum Beispiel, wenn auf globaler Ebene gefragt wird: »[W]elche Weltbilder liegen dem politischen und gesellschaftlichen Umgang mit der Krise des Erdsystems zugrunde? Wie kann die Vielfalt der Weltzugänge in eine geteilte planetare Praxis zur Bewältigung der aktuellen Herausforderungen überführt werden?« Oder wenn Personen gesucht werden, »die das Thema Klimakrise aktiv bewegen und neue Klimanarrative schreiben.« Denn »[d]ie Klimakrise hat ein Vermittlungs- und Kommunikationsproblem. Doch wie können Menschen zum Handeln bewegt werden? Wie gelingt ein Mindset-Wandel vor allem auf der systemischen Ebene?«[5] Gesucht wird nach einem Mission Statement. Mindset, Weltbilder, Narrative – mit welcher Einstellung gelingt der Wandel, welches Weltbild hingegen ist der Sache eher hinderlich?

Was die Begriffe andeuten: Beim Wunsch nach neuen, großen Narrativen muss jedem klar sein, dass diese immer mit Ideologien verschwimmen, da es um nicht weniger als neue Paradigmen und Normen für eine Gesellschaft geht. All diese Begriffe haben eine große Schnittmenge. Um zu verstehen, wann Narrative zu Ideologien werden, hilft abermals die Erzähltheorie. Eine Erzählung setzt Ereignisse in Beziehung, sie bringt Geschehnisse in eine kausale oder chronologische Abfolge. Dies geschieht im Kleinen wie im Großen. Kulturelle Narrative, also übergeordnete Erzählungen, die lange herrschend sind, bestimmen, wie Menschen einer Gesellschaft über ein Thema denken und was sie fühlen. Der französische Philosoph François Lyotard nannte sie »Metanarrative« oder »Meistererzählungen«. Als eine solche fasste er zum Beispiel die Vorstellung »Gott ist allmächtig«. Große Narrative sind immer Teil von Ideologien, weil sie die Macht besitzen, durch ihre Verknüpfung mit Gefühlen und Werten Normen zu setzen. Dabei sind Metanarrative historisch wandelbar und unterscheiden sich kulturell. Welche Narrative als glaubwürdig oder aber als unrealistisch gelten, hat wiederum viel damit zu tun, wie etabliert und legitimiert eine Erzählung in einer Gesellschaft ist. Denn Erzählungen besitzen eine unterschiedliche Legitimität, je nachdem, wer sie erzählt.

Deshalb gibt es innerhalb einer Gesellschaft immer verschiedene und sich widersprechende Narrative und Gegennarrative, Hegemonien und Gegenhegemonien. Auch die Erzählung vom Klimawandel gliedert sich in Metanarrative. Die beiden herrschenden Narrative, mit denen auch die deutsche Gesellschaft derzeit den menschengemachten Klimawandel erzählt, sind die vom Weltuntergang und vom technologischem Fortschritt, also Narrative des christlichen Glaubens und der Moderne – wobei diese ineinandergreifen.[6]

Wird die Klimawandel-Metaerzählung im Weltuntergangsnarrativ gefasst, dann ist bedeutsam, dass sie ihre eigene Bedingung vernichtet. Denn mit der Welt verschwindet auch ihre Geschichte. Das gleichzeitige Ende der Welt und der sich auf ihr abspielenden Geschichten macht ein Cartoon deutlich, in dem man eine versunkene Insel im Meer sieht. Nur eine Palme sowie die obere Hälfte einer versunkenen Sprechblase ragen aus dem Wasser. Kommentiert ist das Bild mit dem Satz »Wie sich der Klimawandel auf Mensch-auf-einsamer-Insel-Cartoons auswirken wird.« Beim globalen Klimawandel geht nicht nur eine kleine, lokale Welt verloren, sondern die Bedingung aller Geschichten.

Die Glaubwürdigkeit von Narrativen hat aber auch damit zu tun, wie die verschiedenen Ebenen einer Geschichte ineinandergreifen. »Der Weg zum Ziel bedarf selbst Mittel, die in sich die Logik und Werte des angestrebten Ziels bergen«, schreiben die Macher:innen vom Zentrum für Realutopien – Reinventing Society zur »Pfadharmonie«.[7] Diese »Harmonie« ist nicht gegeben, wenn das Ziel die radikale Reduktion von Treibhausgasen ist, aber der Weg dorthin diesem Ziel zuwiderläuft. Oder wenn er zu vage bleibt. Diese Anforderung an Narrative ist an den Ideen des Transformationsdesigns ausgerichtet, einer Designbewegung, die Transformation als sozialen Prozess gestalten möchte. Übertragen auf die vielen ehrgeizigen Emissionsziele auf lokaler, nationaler oder zwischenstaatlicher Ebene erscheinen sowohl die Ziele als auch die Wege bislang als eine Vision mit Lücken, die Menschen nur schwer verbindet.

Daraus folgt, dass neue Narrative nicht auf dem Reißbrett – oder mit Hilfe eines Flipcharts wie damals in Potsdam – »from scratch« ausgeheckt und frei erfunden werden können. Stattdessen können sich Metanarrative wie Gegennarrative nie unabhängig vom Rahmen der bereits bestehenden Erzählweisen entfalten.

Auf Basis dieser Überlegungen können wir die Metanarrative für die menschengemachte Erderwärmung noch einmal genauer unterscheiden. Zwei besonders einflussreiche Narrative sind die folgenden: Die Menschen (Gegner) verwandeln die ehemals intakte Erde (Ausgangssituation) durch ihr ausbeuterisches Verhalten in eine ausgebeutete und ökologisch zerstörte Erde (Endsituation). Oder die Menschen (Retter) werden Technologien finden, welche die Zerstörungen (Ausgangssituation) aufhält und die Welt sogar in eine grünere (Endsituation) transformiert. Andere, dem Technikoptimismus und dem Untergang unter- und nebengeordnete Narrative, sind Wohl und Gesundheit, Solidarität und Kooperation, das Ziel einer umfassenden Renaturierung, die Stärkung von Resilienz oder die Idee der Natur als etwas Heiligem.

Daten-Geschichten in tragischen Klimakurven

Auch Daten erzählen Geschichten. Dies gilt nicht zuletzt für die meisten Kurven und Karten aus den Berichten des Weltklimarats. Wenn ich mir insbesondere die Kurven anschaue, die den Anstieg von Emissionen, Temperaturen oder das Artensterben für die letzten Jahrzehnte oder Jahrhunderte verzeichnen, beschreiben ihre rapiden Steigungen oder Abfälle eine Geschichte mit der Signatur des exponentiellen Wachstums. Auch sie erfüllen die Minimalanforderungen an eine Erzählung, denn sie enthalten Ausgangssituationen, Wandel und Endsituationen, aber auch Akteure und mitunter auch Helden und Gegner. Zudem beschreiben die Datenkurven oft globale Entwicklungen.

Welche Geschichte erscheint hier? Bereits mit den abstraktesten Kurven verknüpft sich oft eine Erzählung, die seit der griechischen Poetik Tragödie heißt. Durch die CO_2-intensive Lebensweise drohen verheerende Katastrophen, die wie biblische Plagen erscheinen. Die Katharsis erfolgt in Gestalt technischer Lösungen, die den Untergang der Helden aufhalten sollen. Diese Erzählung können wir in den Kurven des Klimawandels ablesen: Die Handlung folgt einer ansteigenden roten Kurve, die nach der erwünschten Klimax (der Gegenwart) rapide abfällt. Das heldische Moment der Umkehr, das »retardierende Moment« in dieser Tragödie, wird bei jeder Klimakonferenz neu gesetzt. Die Ankündigung der Umkehr verzögert den heldischen Moment jedoch, denn sie besteht im immer neuen Versprechen, dass *nun* (beim nächsten Klimagipfel, dem COP1 1995, COP2 1996, ..., COPx 20xx) der Weg in Richtung Umkehr eingeschlagen werde. Indes, die CO_2-Kurven flachen nicht ab, der Scheitelpunkt bewegt sich Jahr für Jahr weiter auf der roten Kurve in eine katastrophische Zukunft. Die Storyline ist so klar wie der Gang der Kurven, auch das Ziel – Bruch mit der Aufwärtstendenz – ist unstrittig. Um die Maßnahmen jedoch, wie dieses Ziel erreicht werden soll, wird heftig gestritten.

Die Bilder, mit denen mögliche Klimazukünfte dargestellt werden, sind vor allem rot schattierte Weltkarten und Kurven. Sie vergegenwärtigen uns das *Business-as-usual*-Szenario als rot ansteigende Kurve oder rot schattierte Erde, die in eine Vier-bis-Fünf-Grad-Welt münden. Das *Best-Case*-Szenario, bei dem die Kurve langsam abflacht, ist blau; sie wäre der Weg in die politisch vereinbarte 1,5-Grad-Welt. Das rote Szenario strebt niemand an und trotzdem folgt unser gemeinsames Schiff dem Kurs dieser Linie seit Jahren – obwohl jedes Kind weiß: Je später ich einen Umweg korrigiere, desto später gelange ich ans Ziel. Oder die Ziele lassen sich gar nicht mehr erreichen.

Welche Vorstellungen von Zukunft, vom Gang der Welt und der Menschheit verknüpfen sich mit derartigen Kurven kulturell, wenn sie den wissenschaftlichen Kontext verlassen? Mit kulturwissenschaftlichem Blick würde ich sagen, dass die Vorstellungen nicht beliebig sind. Wie bei den farbigen Klecksen eines Rorschachtests zur Psychodiagnose, in die wir Bilder hineinsehen, die bereits in uns vorhanden sind, setzen auch die Klimakarten und -kurven in den Köpfen der Rezipient:innen bestimmte Bilder frei, aller Abstraktion zum Trotz. Bilder aus dem kulturellen Gedächtnis schießen ein, lagern sich in Schichten über die roten Karten und ansteigenden Kurven. Für viele sind es die Bilder der biblischen Apokalypse, einer höllischen Heißzeit oder einer Welt ohne Menschen, also die kulturell überlieferten Mythen, denen auch Nicht-Bibelkundige in zahlreichen Erzählungen und Katastrophenfilmen begegnen.

So ist es in den letzten Jahren zu einer Überlagerung der eigenen Wahrnehmungen mit den Interpretationen des Wetters durch die Wissenschaften gekommen. Laut Ralf Konersmann hat das »statistische Gitterwerk der Diagramme und Zeichen [...] alle übrigen Wahrnehmungen des Klimas und mit ihnen die metaphysischen, mythologischen, symbolischen und ästhetischen Deutungstraditionen verbannt«.[8] Ich würde ergänzen, dass nicht nur das kulturelle Wissen um die Apokalypse, sondern auch Dokumentarfilme wie etwa *An Inconvenient Truth* (2006), Hollywoodproduktionen von *The Day After Tomorrow* (2004) über *Geostorm* (2017) bis *Snowpiercer* (2013) oder Computerspiele mit eingebautem Klimakollaps, gegen den man ankämpfen kann, wie *Civilization VI: Gathering Storm* (2019), die eigenen Wahrnehmungen des Wetters in ihrer Überwältigungsästhetik mit einfärben.

Auch das Umweltbundesamt forscht an Narrativen als Motor für ökologischen Wandel in der Gesellschaft. Es publiziert frei zugängliche Studien, in denen beschrieben wird, wie die deutsche Gesellschaft auf den Weg der Transformation gebracht werden könnte, zum Beispiel in Richtung des »GreenSupreme Szenarios«. Dieses Szenario entwirft eine besonders treibhausgasneutrale und ressourcensparende Zukunft. In einer Studie entfalten die Autor:innen mehrere Hypothesen zu den Erfolgsbedingungen von umweltpolitischen Narrativen, die bedenkenswert sind, weil auch sie zeigen, was grundlegend neuen Narrativen im Wege steht.[9] Sie haben nicht nur herausgefunden, dass Narrative verständlich und konsistent sein sowie technisch-abstrakten Jargon vermeiden sollten, sondern auch, dass ein Narrativ für eine bestimmte Gruppe besonders glaubwürdig ist, wenn es von Akteur:innen kommuniziert wird, die in der Öffentlichkeit (bereits) als legitim und glaubwürdig anerkannt sind. Außerdem ist ein Narrativ erfolgreich, wenn es Inhalte transportiert, die an die Ideen und Konzepte eines dominanten Diskurses anschließen. Das gleiche gilt, wenn Narrative bereits kulturell geprägte Vorstellungen bestärken und an das Alltagsverständnis der Menschen anschließen. Und es hilft, wenn ein Narrativ Verbindungen zu historischen Ereignissen oder realen Situationen aufzeigt.

Die Ideen und Konzepte, so verstehe ich es, dürfen also gar nicht radikal neu sein, um erfolgreich zu werden. Wenn eine Erzählung die Transformation in eine CO_2-neutrale Gesellschaft als radikalen Bruch, Umkehr oder Systemwandel erzählt, ist sie weniger erfolgreich, denn sie schließt nicht an das Bekannte an. Zumal, wenn bereits etablierte Akteur:innen diese Erzählung nicht unterstützen. Etwas mehr Spielraum eröffnet eine weitere Erkenntnis: Die Autor:innen haben herausgefunden, dass Narrative dann erfolgreicher sind, wenn sie offen und mehrdeutig angelegt sind.

Wie ein altes, herrschendes Narrativ aktiv in ein neues verwandelt wird, kann man zum Beispiel am Wandel der ökologischen Erzählungen der katholischen Kirche sehen. Die Idee, dass das Christentum grundlegend schuld sei an der ökologischen Ausbeutung und Zerstörung, weil sich Christ:innen als Beherrscher der Natur begriffen, ist spätestens seit Anfang der 1960er Jahren verbreitet. Seither wird diskutiert, inwiefern der Imperativ *Macht Euch die Erde untertan* die Idee einer totalen Herrschaft mit Gewalt und Unterwerfung rechtfertigt. So veröffentlichte zum Beispiel der deutsche Schriftsteller und frühe Umweltaktivist Carl Amery zu Beginn der 1970er Jahre ein Buch mit dem Titel *Das Ende der Vorsehung*, in dem er mit der christlichen »Ausbeuterreligion« auf der Grundlage des ersten Buchs der Genesis abrechnete.[10] Dem entgegen steht jedoch die Erzählung der Schöpfung, die es als etwas Anvertrautes zu bewahren und umsorgen gilt. Dies ist eine andere Lesart der Bibel, die mit der Umweltbewegung aufgebracht wurde, um gegensätzliche Werte ins Zentrum zu stellen. Die Idee der Schöpfung nutzte auch Papst Franziskus in seiner Enzyklika *Laudato si'– Über die Sorge für das gemeinsame Haus* als Leitbild. Zeitgleich zum bedeutsamen Klimagipfel 2015 in Paris gründete er in seiner Erzählung soziale Klimagerechtigkeit auf der christlichen Basis von Sorge, Verantwortung und Schöpfungsbewahrung.

Gleichermaßen wichtig für den Erfolg neuer Narrative ist es jedoch, die Zeichen zu sehen, dass der Wandel tatsächlich einsetzt.[11] Dies können einerseits Zahlen sein, wie sie auf den Zählstellen für Fahrräder in Städten täglich für alle erhoben werden, die vorbeifahren, und die zeigen, wie normal das Radfahren in einer Stadt geworden ist. Dies kann aber auch der Ausbau von verkehrsberuhigten, begrünten Straßen oder Radwegen sein, der verdeutlicht, dass die Verkehrswende vorankommt. Eine Vielzahl solcher Signale wäre wichtig. Denn ohne ein solches Feedback aus der Realität erstarren die Visionen zu leeren Versprechungen, die den Glauben an den Wandel und so letztlich die Taten bremsen.

Die tagtäglichen Dissonanzen, die jede:r erlebt, der oder die sich nach einer solchen Zukunft sehnt, wirken dann den Narrativen entgegen, machen sie zu Luftschlössern.

Framing – Begriffliche Rahmungen

Verwandt mit dem Denken von Narrativen ist die Idee des Framing, wörtlich »Rahmung«. Eine Rahmung leitet bereits ein bestimmtes Narrativ ein. Der Weltuntergang beispielsweise rahmt den Klimawandel von vornherein als Erzählung von Verlust und Vernichtung. Aber auch das Wort ›Klimawandel‹, das ich in diesem Buch fast durchgehend verwende, trägt bereits das Problem in sich, nicht der adäquate Begriff für das zu sein, was die Erwärmung des Klimas durch den Menschen bedeutet. Die Metaphern und Bilder, mit denen über den Klimawandel gesprochen wird, sind aber mit besonderem Bedacht zu wählen, da sie die »Sprache des Geistes« sind, die für das Handeln leitend sein können.[12]

Auch die Kognitionsforscherin Elisabeth Wehling teilt Bedenken, die in der Metapherntheorie aufgebracht wurden, gegenüber unpassenden Begriffen. Der Begriff ›Klima‹ sei wenig greifbar. Klima ereignet sich in großen Zonen und Zeiträumen, es ist kein lokales Konzept des Hier und Jetzt. Auf diese Weise rückt das Problem eines gefährlichen Temperaturanstiegs in die Ferne. Der Begriff ›Wandel‹ wiederum vermittelt keine Dringlichkeit, weil er nur bezeichnet, dass sich ein Zustand verändert. Ob er sich zum Guten oder Schlechten verändert, lässt der Begriff jedoch offen. Er kann sogar für einen grundsätzlich positiven Wert stehen, der dem Stillstand entgegengesetzt ist. Denn wie das Wort ›Klima‹ ist auch das Wort ›Wandel‹ abstrakt und neutral. Für all jene, die aufgrund der Erhöhung der Temperaturen eine Verschlechterung ihrer Situation erleben, sei dieser Begriff, so Wehling weiter, »fatal«, denn die geografisch unterschiedlichen Auswirkungen der Erwärmung werden durch ihn nicht fassbar.[13]

Weil das Wort ›Klimawandel‹, je mehr dieser Klimawandel sich entfaltet, der Realität zunehmend weniger gerecht wird, haben es einige Zeitungen wie der britische Guardian durch ›Klimakrise‹ ersetzt. Andere Begriffe, die inzwischen im Umlauf sind, sind ›violent climate change‹ (gewalttätiger Klimawandel), ›Klimanotstand‹, ›Klimakollaps‹, ›Wetterchaotisierung‹, ›Climate Weirding‹ (oder ›Global Weirding‹, globales Durcheinander) oder CO_2-cide (CO_2-Selbstmord). Auf der Ebene von Wörtern und Narrativen zeigt sich, wie die symbolische Welt immer neu versuchen muss, mit der Wirklichkeit Schritt zu halten. Weil Geschichten aus Wörtern bestehen, die oftmals bestimmte Bilder und Vorstellungen evozieren, gilt es, diese mit Bedacht zu wählen.

Die beschränkte Geschichte der Zukunft

»Wir wollen ein fossilfreies Leben innerhalb einer Generation ermöglichen.« So lautet seit einigen Jahren der Text auf einer Serie von Werbetafeln der Firma Vattenfall an einem der meistbefahrenen U-Bahngleise einer deutschen Großstadt. Die Bebilderung der Kampagne zeigt junge Menschen an einem deutschen Strand, grüne Energiewendelandschaften. Ein Energieunternehmen wirbt damit, sich selbst auf dem Weg in eine fossilfreie Zukunft neu zu erfinden. Seine Werbestrateg:innen ersinnen eine Zukunftskampagne für ein fossilfreies Deutschland, als wären sie es, die das Bundes-Klimaschutzgesetz bewerben müssten, in dem genau dieses Ziel als Gesetz formuliert ist. Visionen für eine CO_2-neutrale Welt werden derzeit eher in der Werbung als in der Zivilgesellschaft oder der Politik entworfen, so lautet eine mögliche Erklärung. An dieser Art der Werbung zeigt sich aber auch, was bereits für die Masterpläne deutlich wurde: Ausgangssituation und Endsituation werden klar benannt. Allein der Weg dorthin bleibt vage und offen.

Noch einmal: Narrative entstehen niemals aus dem Nichts, können also nicht vollkommen frei designed werden. Deshalb gleicht der Blick in die Zukunft oftmals einem Blick zurück. Die Erzählungen basieren immer auf den kulturellen Handlungs- und Denkmustern der Gesellschaft, in der sie entstehen. Zugleich tragen Erzählungen erst zur Konstruktion und Entstehung von diesen Mustern bei. Symbolische Deutungen durch Narrative und die Wirklichkeit sind also vielfältig miteinander verwoben. Denn an dieser Stelle gilt es sich zu vergegenwärtigen, wie sich Menschen überhaupt Zukünfte vorstellen können, von welchen Bildern und Geschichten Inspiration zu erwarten ist. Zukunftsvorstellungen, das habe ich bereits für Narrative allgemein herausgestellt, sind immer von der Geschichte und von kulturell tief verwurzelten Weltsichten und Mythen geprägt – die Moderne etwa vom Glauben an Wachstum, Fortschritt und individuelle Freiheit. Aber auch die Geschichte der Zukunftsvorstellungen hat gezeigt: Etwas komplett Neues lässt sich gar nicht denken, da die Zukunft immer aus Erfahrungen und Erzählungen der Vergangenheit gestaltet wird.[14]

Dies klingt für alle Visionssuchenden zunächst nach einer schlechten Nachricht, wenn es doch in Anbetracht ökologischer Krisen darum geht, etwas *neu* zu denken. Umso wichtiger ist es, die Kräfte aus der Vergangenheit zu erkennen, welche die heutigen Zukunftsvorstellungen fest im Griff haben. Das würde ich mir für alle Narrativ-Werkstätten wünschen: Lernen Sie aus alten Narrativen, um diese überhaupt verlernen und neu denken zu können! Wer sich damit befasst, woher unsere Zukunftserzählungen und -bilder kommen, kann diese kritisch hinterfragen und auf diese Weise veraltete und unangemessene Vorstellungen aufbrechen.

Die drei Zukünfte der Modernen[15]

Ich möchte diesen Gedanken mit einem Cartoon von Robert Crumb weiterführen, der mich bereits seit langem im Nachdenken über diese Fragen begleitet. Im Jahr 1979 erschien im US-amerikanischen Magazin *Co-Evolutionary Quarterly* ein zweiseitiger Comicstrip mit dem Titel *A Short History of America.*[16] Auf nur zwölf Bildfelder komprimierte Crumb kommentarlos die Veränderung Nordamerikas seit der Ankunft der Europäer bis in die Gegenwart der 1970er Jahre. Die Bilderzählung beginnt mit dem Blick auf ein vermeintlich unberührtes Stück Natur aus Wald und Wiesen, das in den darauffolgenden Panels sukzessive in eine technische Infrastruktur umgewandelt wird, in der rauchende Züge, Landstraßen, Straßenbahnen, Oldtimer und schließlich die Cadillacs der 1970er Jahre das Bild bestimmen. Der letzte Baum verschwindet im neunten Panel zugunsten von neuen Straßenlaternen, Ampeln, Telefondrähten und Werbeschildern.

Zwei Jahre nach dem ersten Erscheinen kolorierte Crumb den Comic und fügte seiner Erzählung die drei untersten Bildfelder hinzu. Diese sind hier von besonderem Interesse, da sie drei prototypische Zukunftsvisionen der Moderne besonders eindringlich veranschaulichen. Die erste Version trägt den Titel »Worst case scenario, ecological disaster« (*Worst-case*-Szenario, ökologische Katastrophe). Sie knüpft am deutlichsten an die vorherigen Panels an. Die Straßenkreuzung ist nach einer ökologischen Katastrophe zu sehen. Die Geschichte des modernen Lebensstils ist an ihr Ende gekommen – der Himmel ist gelb, die Zivilisation liegt in Ruinen und es scheint kein Leben mehr zu geben.

Die zweite Vision heißt »The fun future: Techno-Fix on the march« (Die Spaß-Zukunft: Die Tech-Lösung greift um sich). Bunte Autos fliegen am blauen Himmel über geschwungene futuristische Häuser, die in sauber geplanten Vorgärten stehen. Der schaffende Mensch, der *Homo Faber*, hat alles im Griff.

Die dritte Version zeigt »The ecotopian solution« (Die ökotopische Lösung). Die Bewohner:innen dieser Zukunft verzichten auf alle strom- und spritbetriebenen Geräte. Sie leben in einer intensiven Verbindung mit dem Wald, der in seinem üppigen Wildwuchs an die Wälder vor der Invasion der Europäer:innen erinnert – die Prinzipien von Evolution und Wachstum haben sich in dieser Zukunft ins Phantasma des biologischen Wachstums einer bunten Urzeitkommune verkehrt.

Crumbs Alternativen möglicher Zukünfte setzen die drei maßgeblichen Zukunftsvorstellungen prägnant ins Bild. Während die Katastrophe die Welt des Schreckens und der Angst ist, ist der Techno Fix die legitimierte Meistererzählung der Moderne mit der Ökotopie als Gegennarrativ. Doch alle drei Erzählungen zeigen holzschnittartig die drei logischen Ableitungen aus der Geschichte der Moderne und ihres wissenschaftlichen und technischen Fortschritts.

Alle drei Visionen erscheinen plausibel und haben ihre Anhänger:innen. Wer welcher Ansicht anhängt, lässt sich mit einem Schema der Kulturtheorie fassen, das unterscheidet, wie verschieden Menschen über »die Natur« auch innerhalb ein und desselben Kulturkreises denken und wie sich dies auf ihre eigene Risikowahrnehmung auswirkt. Manche glauben an eine gutmütige Natur, andere an eine duldsame, wieder andere gehen davon aus, dass die Natur ohnehin unberechenbar sei, oder sie sehen sie als fragil und zerbrechlich an.[17] Naturschützer:innen werden eher von einer zerbrechlichen Natur ausgehen, während Technikoptimist:innen typischerweise die Natur als duldsam, gutmütig oder unberechenbar ansehen.

Auch die meisten der heutigen, Jahrzehnte später angestellten Zukunftsimaginationen einer Welt im Klimawandel entfalten sich immer noch innerhalb der Typologie der drei schemenhaften Visionen, wie Crumb sie zeichnete. Eine lebendige Zukunftsvision außerhalb dieser drei Varianten scheint es bislang nicht zu geben. Und dies, obwohl gegenwärtig eine neue Vision der *großen Transformation* beschworen wird, die gerade in Deutschland eine wichtige Rolle spielt. Sie wird von Crumbs drei Typen nicht abgedeckt –sie wäre eine Mischung aus Techno Fix und Ökotopie. Deshalb werde ich mich im Folgenden auf jene Aspekte der drei Zukunftsvorstellungen beschränken, die diese problematisch machen.

Doch möchte ich hinzufügen, dass die Szenarien kein Entweder-Oder sind, wie es die Logik der Bildfelder bei Crumb nahegelegt. Stattdessen bestehen alle drei Zukünfte bereits im Heute, wo kleine Kommunen und Selbstversorgerbetriebe, Energielandschaften und Smart Cities sowie von Müll und Gift verwüstete Regionen und ruinierte Landschaften nebeneinander existieren, so dass eine konkrete Ahnung von der weiteren Entfaltung der Zukunft bereits zu erlangen ist.

Die ökologische Katastrophe als Weltuntergang

Es sind die Katastrophenszenarien, die seit langem die meisten und auch die am stärksten beeindruckenden Bilder liefern. Für eine Welt im Klimawandel (Crumbs Katastrophe ist wohl eher die Welt nach einem Atomschlag) sind dies die Bilder bereits eingetretener gewaltsamer Klimawandelfolgen, von verheerenden Waldbränden, Überflutungen und Dürren. Diese Szenarien münden in das Ende der Geschichte mit der Vorstellung einer Welt nach uns. Die Erkenntnis des Klimawandels sowie die Vorboten einer drastisch voranschreitenden Erderwärmung verbinden sich fast zwanghaft mit der kraftvollen, doch gleichzeitig höchst problematischen Erzählung der Apokalypse (wörtlich ›Enthüllung‹), wie sie die großen Religionen westlicher Gesellschaften teilen. Zu einer solchen bildgewaltig-apokalyptischen Erzählung, wie sie etwa die biblische Offenbarung des Johannes darstellt, gehört die Idee von Strafen durch naturgewaltige Plagen in

Form von Stürmen und Überschwemmungen sowie einer Pest. Der Text entstand übrigens, um die frühchristlichen Gemeinden mit allen Mitteln auf den Kampf gegen die Übermacht der Römer einzuschwören.

Der Mythos ist bis heute prägend. Hollywoodproduktionen staffieren ihn immer wieder überbordend aus. Das Charakteristikum der Erzählung von der Erderwärmung als Apokalypse seit der Offenbarung des Johannes ist: Sie überwältigt uns emotional, indem sie an unsere Ängste appelliert. Sie hat in dieser Hinsicht propagandistische Anteile. Denn sie wirft uns in ein Wechselbad der Gefühle aus Hoffnung und Angst, aus dessen Strudel man nur schwer entkommt. Wer den Klimawandel entlang seiner schlimmsten Auswirkungen erzählt, kommt deshalb an diesem Narrativ kaum vorbei. Die ästhetischen Wirkungen von beidem – der biblischen Apokalypse und den drastischen Klimawandelfolgen – verbinden sich.

Unzählige journalistische Medien haben den Begriff der Apokalypse in den letzten Jahrzehnten immer wieder zur Headline gemacht. Die apokalyptische Erzählung ist im Zeitalter von Massenmedien und sozialen Medien so erfolgreich, weil sie in ihrer Enthüllung der Zukunft das Sensationelle und große Gefühle wie die Angst bedient, oftmals mit einer Tendenz zum Extremen. Sie bestätigt die Furcht vorm Untergang, der sich kaum einer entziehen kann, deshalb ist sie ein Garant für Aufmerksamkeit und damit für hohen Absatz bzw. hohe Klickzahlen. Zudem erlauben derartige Erzählungen den Erzähler:innen, sich als allwissende Prophet:innen und Wahrheitsverkünder:innen zu präsentieren.

Doch ist das, was wir mit der globalen Erwärmung und der ökologischen Krise erleben, nicht die biblische Apokalypse – diese Erzählform ist letztlich unangemessen und in ihrer holzschnittartigen Übertragung viel zu einfach, auch wenn die Berichte über die sich verändernde Welt ebenso unfassbar und existenziell in ihrem Ausmaß sind wie die biblische Geschichte. Ich würde behaupten, dass der Konflikt in Erzählungen im Schema der Apokalypse auf verschiedene Dualismen und eine übergeordnete Moral heruntergebrochen wird: Im Mythos kämpfen das Gute gegen das Böse, die Ordnung gegen das Chaos, der Himmel gegen die Erde, Gott gegen den Teufel. Die Idee eines falschen Lebensstils und einer radikalen Umkehr sowie die Zuweisung massiver Schuld an der totalen Zerstörung durchtränken das Bild der Zukunft als Apokalypse. Für komplexere Problemzusammenhänge oder für die stummen Natur-Ruinen, die ganz ohne das Spektakel der Apokalypse bereits heute immer größere Regionen prägen, ist in dieser totalen Erzählung des Weltuntergangs kein Platz.

Die Kritik am apokalyptischen Weltuntergangsnarrativ als einer problematischen Rahmung, die politischem Handeln im Wege steht, wird seit vielen Jahren geäußert. Auch ich bin bereits im Kapitel über Klimagefühle darauf eingegangen, wie stark eine solche Untergangserzählung Ohnmacht befördert und so dem Übergang vom Wissen zum Handeln im Weg steht.[18] Denn das Weltuntergangsnarrativ führt zu einem Gefühl des Unheimlichen, des Horrors und der Machtlosigkeit oder gar zum Leugnen als einem Ausweg aus Angst und Schuld. Diese Einsicht haben Studien bereits früh bestätigt, die Katastrophennarrative mit anderen Erzählweisen verglichen.[19] Bei vielen stellt sich aber auch eine Abnutzung und reflexhafte Ermüdung ein, sobald jemand erzählt, wie schlimm es bereits ist und dass es noch viel schlimmer ist, als wir es wahrhaben wollen. Inzwischen werden diese Arten, vom Klimawandel zu erzählen, als »collaps porn« bezeichnet. Sie verbinden sich mit der Wirkung von »doom-scrolling«, also einem Sog der Bilder, bei dem es nicht gelingt, wieder wegzuschauen.

Wer sich Gefühle der Angst erlaubt und zutraut, also den emotionalen Aufwand auf sich nimmt, sich vorzustellen, was die Veränderungen durch Artensterben und globale Erwärmung konkret bedeuten, kann jedoch gleichsam »hinter« die überwältigenden Gefühle gelangen. Wie wichtig es ist, für ein tieferes Verständnis vom Klimawandel gerade auch diese Gefühle zu integrieren, darauf weist die Klimapsychologie hin. Der US-amerikanische Philosoph Eugene Thacker schlägt hierzu einen Weg über die Fantasie vor, nämlich die zunehmend undenkbare und unbegreifliche Welt der ökologischen Krisen jenseits der Grenzen des Vertrauten im Modus des Horrors und Erschauderns zu fassen.[20] Der Horror als Genre und Begriff könne als ein Übungsfeld für die Realität der globalen Erwärmung dienen. Denn er mache die Bereiche jenseits der Grenzen des Menschlichen denkbar. Er markiere Gegenstände, vor denen man zurückschreckt wie Plagen, Katastrophen, die Unterwelt oder Wesen zwischen Leben und Tod. Die Auslöschung oder das Aussterben der Menschen fasst Thacker als Thema der Eschatologie, also der Lehre von den letzten Dingen. Auch er sieht hier eine Leere, einen nur schwer durchdringbaren Raum, über den die Gedanken aber spekulativ hinausgelangen können.

Verschiedene Skalierungen des Techno Fix

Die Zukunft als Techno Fix wiederum leitet sich nahtlos aus der modernen Idee einer Welt ab, die durch den Menschen kontrolliert wird und mit technischen Innovationen im Sinne des Fortschrittsimperativs stetig verbessert werden kann. Dieses Narrativ denkt technische Entwicklung als »evolutionär«, insofern sie quasi »natürlich« auf neue Problemstellungen reagiert. Der Techno Fix ist die angenehmste Erzählung für moderne Menschen, denn er ist gleichermaßen das plausibelste und das wünschenswerteste der drei Szenarien, weil es das Bekannte fortschreibt.

Ausgehend von Crumbs bunter Zukunft aus den 1970er Jahren lässt sich das Techno-Fix-Szenario heute weiter ausdifferenzieren. Gegenwärtig werden der Technik für die Zukunft nämlich verschiedene Rollen zugeschrieben, die es genauer zu fassen gilt. Nicht alle, die der Techno Fix-Lösung anhängen, streben das gleiche an. So gibt es unterschiedliche Typen von Techno Fix, die vom alleinigen Verfolgen der Energiewende bis zu den großskaligen und gezielten Eingriffen in die Atmosphäre durch Geo-Engineering reichen.

Die *Fun Future*, der Entwurf eines Zukunftsbildes im Modus des technischen Fortschritts mit dem Bild einer technisch zunehmend durchmöblierten Landschaft, wird auch für die Energiewende ausformuliert. Wer Bilder dieser Visionen betrachtet, sieht sich mitunter einer bunten Spielzeuglandschaft gegenüber. Hier gibt es weiterhin Autos und Einfamilienhäuser auf dem Land, wobei die Landwirtschaft durch eine Energiewirtschaft ergänzt wird. In dieser – in Deutschland dominanten – Vision setzt man bekanntermaßen darauf, CO_2-intensive Technologien durch CO_2-neutrale Techniken wie Windkraft, Elektromotoren, Solarenergie oder Bio-Treibstoff restlos zu ersetzen. Und das unter der Annahme, dass sich die Biosphäre und die Technosphäre großflächig verbinden.

Ein aktuelles Beispiel für den großskaligen Techno Fix sind Negative-Emissionen-Technologien, also Techniken, die das jährlich ansteigende CO_2 aus der Luft ziehen und in den Boden pressen. Für diese Art des Techno Fix stehen Gallionsfiguren wie Elon Musk, der 2021 einen mit hundert Millionen Dollar dotierten Preis für eine solche Technik auslobte, oder Bill Gates. Beide treiben die Entwicklung von Negative-Emissionen-Technologien unternehmerisch voran. Mit diesem Techno Fix ist der feste Glaube verbunden, dass sich der gesellschaftliche Wandel auf die Maschinen und eine vermeintlich »natürliche« Eigenlogik des Marktes übertragen lasse. Die technische Innovation gilt als Garant für Evolution. Weil es nicht reichen wird, den Energieverbrauch im Heute stark genug zu verändern, so die Idee, finanzieren wir lieber Forschung, um *in Zukunft* ganz neue technische Lösungen für Probleme von heute zu haben. Die Probleme von heute werden auf diese Weise jedoch in die Zukunft verschoben.

Zudem sind in die blauen Kurven in eine CO_2-neutrale Welt, wie sie die Szenarien des Weltklimarats optimistisch entwerfen, Negative-Emissionen-Technologien bereits eingerechnet, die es heute noch gar nicht in ausgereifter Form gibt. Hier werden die Kurven zu einer optimistischen Science Fiction: Denn weder das 1,5- noch das 2,0-Grad-Ziel können noch ohne die Entnahme von Emissionen aus der Luft erreicht werden. Einsparungen oder Aufforstungen alleine reichen nicht, zusätzlich muss CO_2 künstlich aus der Atmosphäre entfernt werden.[21] Der Klimawandel wird in dieser Vorstellung zu einem weiteren Geschäft, sodass gleich zweimal verdient werden kann: am Erhalt der bestehenden Infrastrukturen inklusive des CO_2-intensiven Lebensstils einerseits und an der Lösung der dadurch verursachten Klimaprobleme andererseits. Ein Effekt des Techno-Fix-Denkens kann darin bestehen, dass die Probleme durch einen trügerischen Optimismus verdrängt werden.

In den beiden skizzierten Techno-Fix-Leitbildern – Energiewende bzw. Geo-Engineering – soll die Erderwärmung durch die Logik der freien Märkte und durch politische Anreizsysteme aufgehalten werden. Natur wird kapitalisiert, die Ökonomie zu einer »grünen Ökonomie«. Statt *Eco-Justice first* gilt *Economy first*. Der *Homo Faber* hat weiterhin alles im Griff, die Technik und der freie Markt der Fortschrittsgesellschaften sind die Lösung.

Durch meinen US-amerikanischen Kollegen James Fleming, der, wie an anderer Stelle bereits erwähnt, die Geschichte des Geo-Engineering erforscht hat,[22] bin ich seit vielen Jahren Mitglied einer E-Mail-Liste mit dem Titel *Geoeng Info*. Hier wurden seit 2012 knapp 10.000 E-Mails verschickt.[23] Die Liste führt vor allem universitäre Forscher:innen zusammen, die sich der Erforschung des Geo-Engineering verschrieben haben, um dessen Chancen und Risiken besser zu verstehen. Den Forscher:innen (fast keine Frauen) geht es darum herauszustellen, welche Nebenwirkungen und unkalkulierbare Schäden Ansätze wie *Solar*

Radiation Modification hätten, also Techniken, die die Rückstrahlung der Erde durch Aerosole verändern. Eine seiner Methoden besteht darin, durch Flugzeuge Partikel in die Stratosphäre einzubringen, ähnlich wie bei den Auswirkungen eines Vulkanausbruchs. Bis heute werden diese Techniken vom Weltklimarat nicht zur Linderung des Klimawandels empfohlen – nicht nur wegen der Risiken, sondern auch weil befürchtet wird, dass mit einem Fokus auf Geo-Engineering-Ansätze der Wille zur Reduktion der Emissionen schwindet.

In der Abfolge der E-Mails konnte ich jedoch mitverfolgen, wie sich die Diskussion wandelte. Unter dem Titel »Climate Security Timeline« oder »Earth's last Ray of Hope« kursieren Emails, die auf der Basis von Forschungsaufsätzen dringend zur sofortigen »Restaurierung des Planeten« mittels eines Mix verschiedener Strategien und Techniken raten. Dabei geht es darum, das »Emissionsreduktionsparadigma« endlich zu durchbrechen, weil es keinen Erfolg zeige, denn »die Maßnahmen hinken den Zusagen hinterher, und wir kommen nicht schnell genug voran, um den Anstieg der globalen Temperaturen auf unter 2 Grad Celsius zu begrenzen, geschweige denn unter 1,5 Grad Celsius zu halten, wie im Pariser Klimaabkommen von 2015 vereinbart.« Auch die Mitglieder dieser Liste sind Klimarealisten, die einsehen, wie wenig der Pfad der Emissionseinsparungen beschritten wird. Die Lösungen, die sie aus dieser Situation ableiten, sind jedoch keine Einspartechnologien, sondern direkte Eingriffe ins Klimasystem. Da sich zahlreiche Klimafaktoren im Eskalationsmodus befänden und die Konsequenzen bereits zu drastisch seien, müssten ab sofort insbesondere die bereits genannten Techniken zur sogenannten Albedoverbesserung zum Einsatz kommen. Ergänzt werden müssten sie um die bereits erwähnten Negative-Emissionen-Technologien. Das seien die Rettungsanker der Erde.

Die Ansätze zur Albedoverbesserung sind vielfältig und es ist frappierend, wie wenig diese Ideen in der Gesellschaft bekannt sind. Neben dem Vorschlag, Partikel in die Stratosphäre einzubringen, gibt es zum Beispiel das Projekt »Ice911«, das mittels einer Schicht Quarzsand das Abschmelzen des Nordpols verlangsamen soll, jenem wichtigen Reflektor von Sonnenenergie. Es wirbt mit dem Satz »Die beste Lösung in der kosteneffektivsten Weise«. Seit kurzem haben auch Diskussionen über das Image dieser Techniken eingesetzt, die von vielen Menschen als etwas Böses, als die Büchse der Pandora abgelehnt werden. Um dieses Image-Problem zu lösen bzw. über die existierenden Ansätze kritisch aufzuklären, gibt es inzwischen mehrere Podcastfolgen, Artikel und Filme.[24] Gefordert werden Kommunikationsstrategien, die über Geo-Engineering-Ansätze besser informieren und insbesondere in den Gesellschaften, die die politische und technische Macht besitzen, eine größere Akzeptanz auf allen Ebenen zu erreichen.

Einsparungen jenseits der Effizienzsteigerung oder der gesellschaftliche Wandel sind selten Teil technischer Visionen, auch wenn sich die Dissonanzen in der Erzählung vom Techno Fix bereits deutlich abzeichnen. Sie liegen etwa in der Knappheit und dem Ressourcenkampf um seltene Erden, dem *Rebound*-Effekt, der besagt, dass Effizienzgewinne zu steigendem Verbrauch führen, dem exzessiven Verbrauch von flächenintensivem Bio-Treibstoff oder dem steigenden Ressourcen- und Energieverbrauch der zunehmenden Digitalisierung.

»Technologie ist die Antwort, aber was war die Frage?« In diesem Satz fasste der britische Architekt Cedric Price Ende der 1960er Jahre die Ambivalenz des technischen Fortschritts. Die Vorstellungen technischer Lösungen für die Klimakrise sind äußerst unterschiedlich und gehen mit verschiedenen neuen Risiken einher. Viele von ihnen münden in einen neuen, grünen Kolonialismus – wenn zum Beispiel ein Windpark im Norden Schwedens im Auftrag internationaler Investmentgruppen das Winterweideland einer dort ansässigen Samigemeinschaft weiter einengt.[25] Was ihren

Erfolg hindert, welche *Rebound*-Effekte sie auslösen und wann die Hoffnung auf zukünftige Techniken zu einem Vorwand wird, um in der Gegenwart nicht zu handeln, muss Teil der Erzählungen werden. Wer sich neue Narrative vorstellen möchte, muss die verschiedenen Fragen und Antworten kennen, die Technik auf die aktuellen Probleme geben soll.

Ökotopie

Die dritte Zukunft, wie sie der Comic unter dem Titel »The ecotopian solution« zeigt, mag auf den ersten Blick wie die Rückkehr in den Paradieszustand erscheinen. Das »schlechte« und anonyme Leben in der Stadt und die gekappte Verbindung zur Natur sind überwunden. Die Sünden der Zivilisation machen dem »richtigen« Leben wieder Platz. Die Menschen leben »im Einklang« mit der Natur, sie sind wieder mit dem Boden verwurzelt, der sie ernährt. Sie leben in einer dörflichen, vorindustriellen Gemeinschaft, wobei weniger indigene, naturverbundene Gemeinschaften Pate standen als eine Mischung aus verklärtem Landleben und einer freien Gesellschaft.

Diese Vision ist der radikalste Ausstieg aus der gegenwärtigen Gesellschaft, zumindest bedeutet sie den größten Wandel unserer Lebensweise, weshalb sie oft als unrealistisches Gegennarrativ gilt. Und doch erscheint sie vielen auf den ersten Blick als Heilung des großen Bruchs mit der Natur, gerade weil der Horizont, vor dem diese Vision entwickelt ist, rückwärtsgewandt ist. In der Logik der Fortschrittsgesellschaften erscheint diese Vision nicht plausibel, nicht wünschenswert oder gar reaktionär. Der Entwurf steht dem Lebenswandel der Industriegesellschaften entgegen. Wohl deshalb sind derartige Vorstellungen bis heute eine Nischen-Utopie geblieben, die nur von wenigen gelebt wird. Wegen der Rückwärtsgewandtheit und der großen Veränderungen, die sie verlangt, werden sich nur wenige Menschen freiwillig hinter dieser Vision versammeln.

Ich möchte trotz meiner Sympathie für derartige Lebensweisen auf eine weitere Ambivalenz aufmerksam machen, die mit ihnen implizit oder explizit verbunden ist, auf den ersten Blick jedoch verborgen bleibt. Die Sehnsucht nach der Wiederherstellung einer Naturverbindung geht mit der Idee einer natürlichen Verwurzelung von Menschen in ihrer Umwelt einher. Ausgehend vom *Earth-First*-Gedanken kann man politisch entweder zu einem linken Ökoanarchismus abbiegen, welcher kommunistischen Vorbildern folgt und Vielfalt und Gemeingüter ins Zentrum stellt. Oder aber zur »braunen« Ökologie.[26] Beide Varianten folgen gegensätzlichen Ideen von Gesellschaft. Die rechte Ökologie knüpft Naturverbundenheit seit über hundert Jahren an die Idee von Heimatschutz im Sinne der organischen (Rück-) Verwurzelung in eine Heimat, in die die Bewohner:innen hineingeboren wurden, ihr Leitbild ist der Biologismus. Demokratische Werte wie gesellschaftliche Vielfalt widersprechen dieser Idee, die Immigration von anderen wird abgelehnt. Die kalifornische Ökotopie des Romans *Ecotopia* von Ernest Callenbach (1975), die Crumb möglicherweise zum Vorbild nahm, schillerte bereits in beide Richtungen des politischen Spektrums. Auch Visionen wie Crumbs grüne Kommune können deshalb nur ein brüchiges Vorbild für neue Visionen sein, selbst wenn dieses Zukunftsmodell bei Crumb, anders als der Techno Fix, das einzige ist, das Menschen nicht mehr als Autofahrer:innen ins Bild setzt.

Die drei Visionen Robert Crumbs zeigen drei prototypische Zukunftsbilder moderner Gesellschaften. Keines dieser Narrative taugt, wenn es absolut gesetzt wird, zum Leitbild oder Ausgangspunkt für ein neues Narrativ einer klimaneutralen Gesellschaft. Deshalb betrachten wir nun die vielfältigen Vermischungen der Narrative.

Wenn man gegenwärtige Entwürfe betrachtet, die die Stadt neu denken, lässt sich seit einigen Jahren eine zunehmende Verquickung von *Fun Future* und Ökotopie beobachten, in die, anders als bei der Waldkommune, Stadtplaner:innen und Transformationsdesigner:innen große Hoffnungen setzen. Eine Mischung aus Techno Fix und Waldleben zeichnet sich zum Beispiel in den auffällig vielen aktuellen Architekturvisionen ab, die Pflanzen und Häuser in höchst realistisch anmutenden bunten Bildern zur grünen Stadt verbinden. Ganz ähnliche Zukunftsvorstellungen finden sich in der Verschmelzung technologischer Lösungen mit urbaner Landwirtschaft.

Derartige Entwürfe verkörpern den Traum eines gesunden Zusammenwachsens von Bäumen mit architektonischen und technischen Strukturen. Zu nennen sind hier die rein virtuellen Entwürfe des französischen Architekten Vincent Callebaut oder der realisierte *Bosco Verticale* von Stefano Boeri in Mailand – ein mit Bäumen begrüntes Hochhaus inklusive Gießanlage. In Singapur beeindruckt seit einigen Jahren der künstliche Wald *Trees by the Bay*. Er steht auf einer aufgeschütteten Halbinsel. Die dort errichteten »Supertrees« sind zwölf pilzförmige, pflanzenbewachsene gigantische Stahlgerüste, die an die computergenerierte Welt des Planeten Pandora im Film *Avatar* erinnern. Sie sind mit smarter Technik für Beleuchtung, Kühlung und Bewässerung ausgestattet.

Derartige Entwürfe stehen für die Sehnsucht, den Bruch von Natur und Zivilisation, von Stadt und Wald zu heilen, für den Traum eines symmetrischen Verhältnisses zwischen beiden Sphären. Auch wenn viele der Entwürfe nur in Bildern existieren, also die Probleme nicht in der Wirklichkeit, sondern nur symbolisch lösen, weisen sie in eine neue Richtung. Sie stehen dem Ansatz des Solarpunk nahe, einer jungen Stilrichtung, die ganz ohne Baugrund und Investoren rein spekulativ, spielerisch und fantastisch Naturformen und Architektur mit der Idee einer postfossilen, gerechten Gesellschaft verbindet und sich als Gegenkultur begreift. Indem Vertreter:innen des Solarpunk grün überwucherte Städte imaginieren, hoffen sie einen optimistischen Blick in die Zukunft aufzuzeigen. Viele architektonische Begrünungen wirken wie rein symbolische Lösungen, weil sie die Verheilung des Bruchs von Natur und Kultur rein visuell vornehmen, also allein auf dem Feld der Repräsentation und nicht auf materiell-nachhaltiger Ebene.

Wo sind die Bilder der Transformation?

»Um das Feld der Möglichkeiten nun zu erweitern, bedürfen wir anderer Geschichten«, schreibt die US-amerikanische Anthropologin Anna Tsing.[27] Auch die US-amerikanische Wissenschaftsphilosophin Donna Haraway inspiriert gerade viele dazu, die Geschichten der Gegenwart durch »spekulatives Fabulieren« zu verändern. Sie betont: »Wir müssen diese Geschichten ändern, diese Geschichte *muss* sich ändern.« Anregen möchte sie zu einem »Geschichtenerzählen, das von Hand zu Hand geht, von Finger zu Finger, von Anschlussstelle zu Anschlussstelle – um Bedingungen zu schaffen, die auf der Erde, auf Terra, ein endliches Gedeihen ermöglichen.«[28] Maja Göpel wiederum lädt in ihrem Buch *Unsere Welt neu denken* (2020), inzwischen in vielen Auflagen gedruckt und lange auf der Bestsellerliste des *Spiegel*, die Leser:innen dazu ein, ihre kulturell erlernten Vorstellungen zu überwinden, weil diese auf den alten Erzählungen eines endlosen Wachstums und ungebremsten technischen Fortschritts sowie dem Menschenbild eines *Homo Oeconomicus* gründen. Sie tut dies, indem sie zeigt, wieso diese Leitbilder in der Frage der ökologischen Krise nicht weiterführen.

Was Göpel als nicht mehr zukunftsfähige Mythen entlarvt, also als kraftvolle Erzählungen mit hinderlichen Glaubenssätzen, sind die Fundamente unserer modernen Vorstellungswelten, aus denen auch die drei recht engen Zukünfte von Robert Crumb abgeleitet sind. Dass ihr Buch von so vielen gelesen wird, verdeutlicht, wie groß der Wunsch nach neuen Gedanken ist. Dabei zeigt es gar nicht, wie der Weg in eine klimagerechte und CO_2-neutrale Welt gelingen könnte, sondern bloß, wie brüchig die Fundamente sind, auf denen wir stehen, und wie nötig es ist, die Bedingungen zu kennen, unter denen Menschen weiterhin Entscheidungen treffen. Diese Bedingungen seien ein Rahmen, der wie eine Box begrenzt, »was wir für realistisch, möglich oder wünschenswert halten.«[29]

Mediengesellschaften besitzen unzählige Bilder, aber kaum neue Imaginationen. »Ich glaube, der einzige Grund, warum Wachstum in jedem Politikbereich so leicht als Vision verkauft werden kann, ist, dass es keine alternative Vorstellung gibt«, schrieb Donella Meadows, Mitautorin des Berichts vom Club of Rome *Grenzen des Wachstums*. Sie hatte bereits 1994 in einem Vortrag die Notwendigkeit von Visionen für eine nachhaltige Welt im Stil eines Manifests beschrieben, das bis heute seine Gültigkeit besitzt.[30] Auch der österreichische Ökonom und Kulturwissenschaftler Walter Ötsch und die Journalistin Nina Horaczek beklagen die »Phantasielosigkeit«, die im Zuge der neoliberalen Wende seit dem Ende des 20. Jahrhunderts in die Politik Einzug gehalten habe. Ihr marktfundamentales Denken und höchst problematisches Menschenbild blockiere die Imagination von Zukunft und damit jede sozialökologische Transformation. Und Arturo Escobar attestiert uns, dass wir »[a]ls erste, radikal anthropozentrische Gesellschaft' [...] zu rationalen, traumlosen Menschen [wurden].«[31]

In diesem Sinne frage ich: Wenn wir unsere nichtzukunftsfähigen Vorstellungen gezielt »verlernen«, können wir auf dieser Basis dann »die Welt neu denken«? Wo finden sich heute plastische Narrative und Bilder für eine Ökotopie der Transformationsgesellschaft und des Postwachstums?

Wie sähe dieses Denken in Bildern aus? Oder schlittern wir in alter Gewohnheit immer wieder in das Narrativ eines Techno Fix, bei dem darauf vertraut wird, dass die dynamisierten Märkte im Wechselspiel von Angebot und Nachfrage die CO_2-Problematik und die vielen anderen Probleme in den kommenden Jahren auf den Lösungspfad bringen? Und wenn wir dem Weg technischer Lösungen in eine CO_2-neutrale Zukunft allein nicht vertrauen: Wie sieht sie aus, die große Transformation? Welche Leitbilder haben wir, um sie uns vorzustellen? Wie könnten Bilder aussehen, die sogar Lust auf diese Zukunft machen?

Im Vergleich zu den spektakulären und buntglänzenden Bildern einer Zukunft als Katastrophe oder Techno-Utopie fällt auf, dass sich für die Vision des Postwachstums kaum Ähnliches findet. Wo in den anderen Bereichen eine Fülle an Bildern auszumachen ist, herrscht hier eine auffällige Knappheit. Wenn es Bilder gibt, sind es jene bereits seit langem etablierten Symbole, die die Systemgrenze der Erde aufzeigen – also zerstörte Weltkugeln und Stoppschilder, nicht jedoch plastische Visionen davon, wie das Postwachstum selbst aussehen könnte. Hier existiert ein blinder Fleck. Die Vision entbehrt, so scheint es, des Spektakulären, Neuen, Bunten und Glänzenden. Besitzt die Idee des Postwachstums also keinen Zukunftshorizont, keine Vorstellungen, die die Fantasie beflügeln können? Gibt es letztlich nichts Neues in der Welt ökotopischer Visionen, die die Kurven der Wissenschaft mit den Zukunftsvorstellungen einer neuen Gesellschaft und Kultur anreichern?

Dabei hat die Geschichte der fossilen Energieträger gezeigt, dass man Gesellschaften nicht allein von ihrer politischen Verfasstheit, sondern auch von ihren Energiesystemen aus erzählen kann.[32] In den durch Erdöl ermöglichten Topologien – am deutlichsten vielleicht in Form von Teerstraßen, Reifen und Autos, aber auch im Wandel von körperlicher Arbeit, die durch von Erdöl angetriebene Maschinen ersetzt wurde – zeigt sich, dass die modernen

Vorstellungswelten nicht *nur* Vorstellungswelten sind, sondern immer neue, in Material gegossene Realitäten hervorbringen. Hier gilt es anzusetzen und von einer Gesellschaft zu erzählen, die aufgehört hat, einen CO_2-intensiven Lebensstil zu pflegen. Schnell wird klar werden, dass es in dieser Erzählung um fast alles geht, was unser Leben derzeit ausmacht: Streaming-Dienste und ihren Ressourcenverbrauch, Mobilität mit Flugreisen und Straßen aus Teer, die globalisierte Ernährungswirtschaft, Müll und Fast Fashion.

An der Vorstellung einer fossilfreien Gesellschaft setzen visuell nur wenige Beispiele überzeugend an. Schauen wir uns an, was wir haben: Zu nennen sind einerseits die Bilder, die das Umweltbundesamt für das favorisierte »GreenSupreme Szenario« in schwarzgrünen Linien zeichnet – als Illustration einer grünen, verkehrsberuhigten Stadt, in der sich die Menschen wohlfühlen. Die Gestalter:innen wiederum, die ihre Entwürfe auf der Plattform vom Zentrum für Realutopien – Reinventing Society veröffentlichen, vertrauen auf digitale Fotobearbeitung, um die gewünschte Welt im Bild real werden zu lassen. Anders als bei den Vertreter:innen des Solarpunk, die in ihren kolorierten Zeichnungen meist aus der reinen Fantasie schöpfen, folgen sie dem Motto *Ich photoshope mir die Welt, wie sie mir gefällt.* Ihr Wirklichkeitsanspruch ist der einer realisierbaren Utopie für einen konkreten Ort. Die gesammelten Beispiele zeigen im Vorher-Nachher-Modus, wie reale Straßen und Plätze oder Google-Earth-Bilder von Hamburg, New York oder Berlin digital bis ins Detail so umgestaltet werden könnten, dass Fahrradwege, Grün und verkehrsberuhigte Zonen plötzlich an Verkehrsknotenpunkten möglich erscheinen. Gleichzeitig wirken viele der hier zitierten Bilder wie der verordnete Frohsinn von Immobilienbroschüren mit ihren immer lächelnden, gut aussehenden, dynamischen Staffagefiguren, die die Gestalter:innen in ihre Entwürfe einsetzen, um sie lebendig wirken zu lassen.

Andere Bildentwürfe stammen nicht aus dem Computer, sondern erinnern im Stil an gezeichnete Wimmelbücher. Ein

Beispiel, das noch weiter geht als die Entwürfe vom Zentrum für Realutopien, weil es noch tiefere Einschnitte in die Wirklichkeit vornimmt, ist das großformatige Buch *Fatimas fantastische Welt* des Illustrators Jakob Winkler (2019), das auf mehreren Seiten eine Welt ohne Erdöl visuell bis ins Kleinste ausbuchstabiert. Das Buch lotet zeichnerisch die vielen existierenden Ideen aus und lässt sie auf dem Papier real werden. Es illustriert etwa, wie eine Welt ohne Öl für eine österreichische Stadt, für das umgebende Land, den Hausbau oder die Landwirtschaft aussehen würde. Oft werden derartige Zeichnungen reflexhaft als »naiv« und »vereinfacht« abgetan, weil sie an Kinderbücher erinnern. Ich würde aber behaupten, dass dieser Vorwurf vielmehr den bunten Computergrafiken gemacht werden kann, wie sie auch für die Energiewende erstellt werden. In *Fatimas fantastische Welt* hingegen sehe ich einen der seltenen Versuche, auch das Soziale in die technischen Öko-Visionen einzubeziehen, um denkbar zu machen, wie eine lebenswerte und umweltverträgliche Zukunft für die Menschen aussehen könnte.

In meinem Bildarchiv von Ökotopien finden sich aber auch Beispiele aus den 1970er Jahren, die den hier angeführten Welten frappierend ähnlich sehen. Zum Beispiel die Poster und Bücher von der heute unbekannten US-amerikanischen Illustratorin Diane Schatz. Auf einer detailliert ausgeführten Schwarz-Weiß-Zeichnung mit dem Titel *Urban Ecotopia* aus dem Jahr 1976 sieht man die Szene einer Stadt, in der es keine Autos mehr gibt, sondern Elektrobusse, Lastenfahrräder und Zeppeline. Jedes Dach und jede Fassade sowie die Straßen sind bepflanzt, Solarzellen und Windräder stehen auf den Häusern. Vielfalt ist das Leitbild, auch für die US-amerikanische Gesellschaft. Auf einem Poster, das Schatz für *Rain*, ein amerikanisches *Journal for Appropriate Technology* aus Oregon gezeichnet hat, entwickelte sie diese Ökotopie weiter in eine Landschaft hinein. Das Magazin *Rain* stand im Kontext einer internationalen Bürger:innenbewegung, die umweltfreundliche und fossilfreie Techniken ausgehend von den Fähigkeiten und Bedürfnissen lokaler Gemeinschaften nutzen wollte und an Modellen für zukünftige Gemeinschaften arbeitete. Hier sind auf stillgelegten Autobahnbrücken Hochbeete angelegt, die Landschaft ist von Windkrafträdern und Solarenergie geprägt. »Adäquate Technologie erinnert uns daran, dass wir vor der Wahl unserer Werkzeuge und Techniken unsere Träume und Werte wählen müssen, denn einige Technologien dienen ihnen, während andere sie unerreichbar machen«, steht als Zitat des Architekten und Mitglieds der Bewegung Tom Bender unter dem Poster. Wenn ich mir die neuen Entwürfe für eine Energiewendelandschaft oder für eine grüne Stadt anschaue, stelle ich mit Verwunderung fest, wie alt unsere heutigen Ideen und Transformationsdesigns bereits sind, wie lange dieser Wandel bereits, auch in Bildern, beschworen wird. Dies verdeutlicht, wie erfolgreich diese Entwürfe in den letzten fünfzig Jahre an den meisten Orten verhindert wurden, weil sie bis heute als naive Gegennarrative von »grünen« Träumer:innen keine Stimme erhielten.

Wer sind die Erzähler:innen? Die Kraft von Geschichten für die Klimawandelkommunikation

Für die Klimakommunikation wird seit Jahren die Kraft von Geschichten herausgestellt. In Handbüchern geht es dabei aber weniger um die Frage des *Mindset*, also einer neuen Denkweise, die mit Ideen des Social-Engineerings verändert werden soll, sondern darum, den Klimawandel als soziale Realität zu erzählen, seien dies Geschichten aus der eigenen Lebenswelt oder aus der weit entfernter Menschen.

So raten Adam Corner und Jamie Clarke vom britischen Climate Outreach: »Erzählen Sie neue Geschichten, um den Klimawandel von einer wissenschaftlichen zu einer sozialen Realität zu bewegen.«[33] Per Espen Stoknes schreibt, man solle die Kraft von Geschichten nutzen, um den Klimawandel neu zu erzählen. »Wir müssen andere Geschichten erzählen, die mit anderen Bildern und Emotionen assoziiert werden.«[34] »Anders« meint, Geschichten eher lokal und verbunden mit sozialen Realitäten zu erzählen. Denn »es sind die menschlichen Geschichten, nicht die CO_2-Ziele, die die Aufmerksamkeit der Menschen erregen.«[35] Es sind Geschichten, die Menschen mit dem Thema verbinden, weil sie es für sie relevant machen. Es sind aber auch die eigenen Geschichten, die hier gefragt sind, so die australische Sozialforscherin Rebecca Huntley, weil sie davon berichten, wie man selbst mit dem Thema konfrontiert wurde und wie sich die eigene Klimawahrnehmung verändert hat.[36] Und sie erzählen, wie die eigene Geschichte mit Hunderten Geschichten anderer Menschen verbunden ist.

Hier knüpft die Frage an, wer eigentlich die Erzähler:innen der Klimageschichten sind. Oft scheint es, als wären diejenigen, die Klimageschichten erzählen, vor allem Journalist:innen und Klimakommunikator:innen im Bildungssektor, also Personen, die bereits von Berufs wegen eine Sprecher:innenrolle besitzen und denen ein Publikum garantiert ist.

Die Forderung, vom Klimawandel durch Geschichten zu erzählen, könnte insbesondere für den Lokaljournalismus relevant sein, weil er mit lokalen, gut informierten Erzählungen operiert. Hier lässt sich erzählen, was Wasserknappheit für die Kirschbäume einer Region, die Badeseen oder die Gärtner:innen bedeutet. Das Netzwerk Klimajournalismus, das sich 2021 mit großer Mitgliederzahl gründete, hat dazu eine Charta verfasst. Kerngedanke ist, dass der Klimawandel alle Bereiche des Journalismus berührt. »Die Klimakrise ist kein Thema, sondern – analog zu Demokratie und Menschenrechten – eine Dimension jedes Themas. Klimajournalismus ist daher nicht an Ereignisse gebunden und kann nicht in engen Ressort- und Zuständigkeitsgrenzen stattfinden.«[37] Um den Klimawandel nicht mehr als Thema unter vielen zu fassen, schlägt die Mitbegründerin des Netzwerks Sara Schumann spezielle »Chefinnen vom

Dienst« für Klimafragen in Medienredaktionen vor. »Diese ›Chefinnen vom Dienst‹ (CvD) mit fundiertem Klimawissen wären in allen Konferenzen dabei, würden Redakteur:innen auf Schnittstellen ihres Thema mit der Klimakrise hinweisen.«[38]

Aber auch der Ansatz des »konstruktiven Journalismus« knüpft an das Erfordernis des Geschichtenerzählens an. Dieser Ansatz ist eine Reaktion auf die Erkenntnis, dass große Bereiche des Journalismus ihr Geschäft mit schlechten Nachrichten und verkürzten Schlagzeilen machen, obwohl sie Menschen ohnmächtig oder verängstigt zurücklassen. Wer dem »konstruktiven Ansatz« folgt, möchte nicht nur Ausschnitte, sondern ein möglichst vollständiges und vernetztes Bild der Welt vermitteln, in dem auch strukturelle Ursachen, Folgen und Chancen auf dem nötigen Platz behandelt werden. »Konstruktiver Journalismus« stellt nicht die Konflikte und Missstände alleine dar, sondern schaut in die Zukunft und präsentiert Ideen, mit denen ein Problem gelöst werden könnte.

Eine zentrale Frage lautet aber auch, mit wem Journalist:innen sprechen und wer außer Journalist:innen oder Expert:innen diese Geschichten erzählen soll – geht es doch darum, möglichst viele Stimmen zum Thema zu hören. Die Vielfalt der Geschichten kann sich aus der Vielfalt von Blickwinkeln und Standpunkten entfalten. Das betrifft nicht nur europäische Stimmen, sondern auch die aus anderen Kulturen.

Ich würde die Charta des Netzwerks Klimajournalismus auf alle Bereiche der Kultur ausweiten, damit möglichst vielfältige kulturelle Bilder und Erzählungen entstehen, auf deren Basis gesprochen und sinnvolle Deutungen gesucht werden können. Sie sind insbesondere gefragt, um der Krise der Vorstellung etwas entgegenzusetzen. Hier braucht es noch mehr Schnittstellen zwischen allen Künsten, der Öffentlichkeit und den Wissenschaften, an denen verschiedenste Denkweisen ins Gespräch gebracht werden.

Die Suche nach neuen, anderen Stimmen und anderen Sichtweisen sind miteinander verbunden. Der kolumbianisch-amerikanische Anthropologe Arturo Escobar legt in seinen Büchern *Designs for the Pluriverse* oder *Pluriversal Politics: The Real and The Possible* hierzu einen Pfad aus, der den Auftrag enthält, die Vorstellungen und Perspektiven massiv auszuweiten.[39] Er plädiert dafür anzuerkennen, dass die Sicht der Moderne im Vergleich mit anderen Weltbildern zu eng ist, um die ökologischen und sozialen Krisen der Gegenwart angemessen zu denken. Die Gewissheiten der einen, modernen Geschichte mit ihrem Glauben an die eine Objektivität wirkten als Barriere für ein neues sozialökologisches Denken. Escobar fragt, was es eigentlich bedeutet, in einer Welt ›realistisch zu sein‹, die alles, was außerhalb der modernen Denkweise liegt, als ›unrealistisch‹ abtue. »Gerade weil andere Möglichkeiten zu ›Unmöglichkeiten‹ geworden sind, fällt es uns so schwer, uns andere Realitäten vorzustellen.«[40] Deshalb verlangt er, endlich damit aufzuhören, »über unsere Welten in den dominanten Kategorien zu denken, die diese Krise hervorgebracht haben« und die »Gewissheiten der Moderne und ihre konventionellen Kategorien«[41] hinter sich zu lassen. Weiter empfiehlt der Anthropologe, die vielfältigen Weltsichten und Existenzweisen dieser Erde ernst zu nehmen und Perspektiven bzw. »Kosmovisionen« einzubeziehen, die ihre Existenz schon immer von der Erde aus, also mit der Ökologie, in der sie leben, gedacht hätten.[42]

Das bedeutet, die Mühe und die Verunsicherung auf sich zu nehmen, die mit neuen Perspektiven verbunden ist. Das kann gelingen, wenn man imaginäre Positionen einnimmt, den Standpunkt wechselt und den Klimawandel aus der Perspektive verschiedener Menschen unterschiedlichen Alters und unterschiedlicher Herkunft wahrzunehmen versucht. Nahes lässt sich aus der Ferne betrachten und Fernes aus der Nähe, Abstraktes kann man mit Konkretem ins Verhältnis setzen und Globales mit Lokalem. Auch eine Perspektive aus der Zukunft, der (kolonialen) Geschichte oder der geologischen Tiefenzeit kann man einnehmen. Nicht zuletzt können aber auch nicht-menschliche Wesen wie eine versteinerte Auster, ein Fuchs oder ein Baum in der Stadt neue Perspektiven liefern. Immer geht es darum, nicht nach nur einem Standpunkt, einer Sichtweise, einer Wahrheit zu suchen.

Zweifel am Ende dieses Buches

Als ich mit einem Journalisten über die Schwierigkeiten spreche, die Klimakrise angemessen, aber auch mit allen Zweifeln an Narrativen wie Techno Fix zum Thema zu machen, dringe ich nicht durch. Er ist einer von den Journalisten, die dem Ansatz des konstruktiven Journalismus folgen, also eigentlich einer derjenigen, die die Grenzen des Journalismus in Zeiten ökologischer Krisen hinterfragen. Aber unser Gespräch verebbt schnell, denn es wird zu einem didaktischen Monolog, bei dem er mir erklärt, wie man richtig über die Energiewende schreibt. Er scheint schon alles zu wissen, hat sein Rezept für die achte journalistische W-Frage (»Was folgt daraus?«) gefunden. Ich ziehe mich zurück, wie ich es oft tue, wenn ich Menschen mit großer Gewissheit begegne, die zudem nur selbst sprechen wollen und deren Denken abgedichtet wirkt in einer Zeit, in der alle Lösungen brüchig erscheinen. Am Ende dieses Buches befallen mich große Zweifel. Wer bin ich, dass ich etwas zu diesem Thema beitragen könnte? Wer hat überhaupt die Zeit, sich verunsichern zu lassen und kritisch nachzudenken? Ich würde mir mehr Ehrlichkeit wünschen gegenüber der eigenen Unsicherheit und den Widersprüchen, in denen wir leben. Aber auch mehr Stärke von denen, die in mächtigen Positionen sitzen, sich überhaupt berühren zu lassen.

Am Ende bin ich unsicher, ob ich dem Wunsch nachkommen kann, dieses Buch mit Auswegen aus der Sprachlosigkeit zu beschließen. Ich möchte keine Imperative formulieren, keine Sätze mit »wir sollten« und »wir müssten«, die mit einem Ausrufezeichen enden. Während ich grüble, stoße ich auf das Buch des australischen Wissenschaftlers und Mitglieds des Apalech-Stammes Tyson Yunkaporta, der aus dem Wissen und Glauben der Aborigines heraus die Frage der Nachhaltigkeit für Gesellschaften westlichen Typs stellt. Dieses Buch liefert Antworten, indem es die ökologischen Krisen, die aus den dominanten ökonomischen Ordnungen hervorgingen, unter dem Blickwinkel indigenen Wissens betrachtet und überlegt, wie man den verantwortungsvollen nicht-ausbeutenden Umgang mit Natur anderen Kulturen beibringen könnte. Aber wer wird dieses Buch lesen? So viele bedenkenswerte Stimmen, egal wieviel Wertvolles sie sagen, stehen am Rand der Macht, auch am Rand des demokratischen Kapitalismus, der unsere Wirklichkeiten prägt. Deshalb fällt es mir schwer zu glauben, dass plötzlich Bescheidenheit einsetzt bei jenen, die mit großer Selbstgewissheit moderne Lösungen ersinnen. Lösungen, die die Probleme fortsetzen und die Systeme erhalten, statt ihre Bedingungen zu verändern. Als Europäerin befinde ich mich sowohl in einer hegemonialen Position, stehe als Kulturwissenschaftlerin aber auch am Rand, denn Geisteswissenschaftler:innen sitzen normalerweise ebenso wenig wie Künstler:innen an den Tischen, an denen diese Fragen besprochen werden. Sie sind eher etwas für das unterhaltsame Abendprogramm, wenn noch Zeit ist. Die Abwertung bestimmter Stimmen und kultureller Bereiche wird in einem Diktum deutlich, das ich kürzlich in einem Interview las. Dort sagte ein Politikwissenschaftler, dessen Name hier unwichtig ist, »das Spekulieren sei etwas fürs Feuilleton«, er aber befasse sich mit messbaren Dingen. In dem Satz klingt an, dass alles, was nicht messbar ist, auch nicht ernst genommen werden müsse, weil es bloße Mutmaßung und damit Fantasie sei.

Doch wie soll man neue Geschichten erzählen, wenn nicht spekulativ? Ich trete dafür ein, dass wir nicht nur dieses Spekulieren dringend brauchen, sondern auch andere

Formen und Formate, um Sinn zu erzeugen – in einer Welt, in der vieles nur noch auf dissonante und schmerzhafte Weise Sinn ergibt. Aus diesem Grund hoffe ich weiter auf die Kultur als einen Raum, in dem über Deutungen ästhetisch, erzählerisch und kritisch spekuliert werden kann, in dem wir unser Fühlen und Vorstellen dehnen, entwickeln und miteinander teilen können. Auch wenn ich weiß, dass eine weitere Ausstellung mit ökologisch motivierter Kunst oder ein weiteres gefördertes Festival oftmals eher ein Feigenblatt ist, dass Kunst mitunter sogar missbraucht wird, um vom Nicht-Handeln geradezu abzulenken. Doch Kunst ist nicht der Ort, der für einen Bewusstseinswandel verantwortlich wäre. Sie eröffnet aber einen Raum, der uns über verschiedene Perspektiven, poetische und ästhetische Modi ins Gespräch bringen kann. Kunst ist kein Umerziehungsraum, sondern einer der Öffnung – wenn auch ohne einen eindeutigen oder gar einzig möglichen Ausgang.

Ich möchte an dieser Stelle noch einmal auf die Gedanken der philippinischen Kommunikations- und Klimawissenschaftlerinnen Inez Ponce de Leon und Charlotte Kendra Gotangco zurückkommen, mit denen ich im Jahr 2018 mein Buch zu Klimabildern beendete. Die beiden hatten damals herausgearbeitet, wie das geschäftige Feld der sogenannten »Climate Services« (Klimadienste) vom Paradigma des Post-Positivismus beherrscht wird. Damit meinten sie die besondere Gewichtung einer bestimmten Art zu denken, einer bestimmten Weise, aus Ereignissen Schlüsse zu ziehen und ihnen Sinn zu geben – nämlich das Interesse an großen Skalierungen, Generalisierungen und Statistik, bzw. eines Denkens, das beansprucht, neutrale, universell gültige Ergebnisse zu erzeugen. Die Autorinnen fanden heraus, wie prägend diese Perspektive für alle Bestrebungen ist, die Ergebnisse der Klimaforschung gezielt in lokale Politik zu überführen.[43] Ansätze, die qualitative oder kritische Methoden benutzen, kämen auf diesem Gebiet kaum vor. Was könnten die fragenden Methoden der Geisteswissenschaften auch beitragen, wenn doch schnelle, wirksame und konkrete Lösungsvorschläge als die einzig wünschenswerten gelten? Die Autorinnen sehen in der Ausklammerung dieser Ansätze eine wichtige, vertane Chance.

Sie stehen dafür ein, zu einem radikal transdisziplinären Dialog zu gelangen und in partizipativ-kreativen Formen des Co-Designs zusammenzuarbeiten, mithin die betroffenen Menschen vor Ort und ihre Stimmen einzubeziehen. Nur so ließe sich ernsthaft berücksichtigen, dass Kulturen unterschiedliche Verständnisse vom Klimawandel besitzen und dass das diesem Verständnis zugrundeliegende Wissen nicht starr ist, sondern sich entwickelt. Auf diese Weise könne man schließlich verstehen, wie eine Klimapolitik vor Ort durch kulturell-spezifische Sichtweisen behindert oder gefördert werden kann. Das bedeutet, dass die Deutungshoheit der post-positivistischen Paradigmen aufgegeben werden muss, damit andere Sichtweisen auf die Realität möglich werden.

Welten machen

»Utopien muss man anschauen können«,[44] sagt Harald Welzer. Wer eisläuft oder Fahrrad fährt, weiß, dass man nur dann eine scharfe Kurve ohne Unfall fahren kann, wenn man in die Richtung schaut, in die man fahren will. Ich muss den Kopf in die Richtung wenden, in die ich mich bewegen will. Auch Gesellschaften müssen auf die Ziele blicken können, die sie erreichen wollen. Dazu bedarf es zunächst klarer Ziele, die ihrerseits gute Imaginationen voraussetzen. Denn »[d]ie Bedeutung von Zukunftsbildern liegt nicht in ihrem Realitätsgehalt, sondern in ihrer Wirkung auf die Gegenwart.«[45] Sie sind Ankerpunkte, die eine Richtung weisen.

Wenn es diese Ankerpunkte aber gegenwärtig noch nicht gibt? »Die Klimakrise ist auch eine Krise der Kultur und deshalb eine der Imagination«,[46] schreibt der in Indien geborene US-amerikanische Autor Amitav Gosh. Er meint, dass »eine Auseinandersetzung mit dem Klimawandel voraussetzt, in Bildern denken zu können.«[47] Andersherum kann es ein Denken in Bildern nur geben, indem die Imagination die Krise überwindet. Wenn wir aber über die Krise der Imagination hinwegkommen wollen und in Zeiten der globalen Erwärmung Utopien anschaubar machen wollen, müssen wir zunächst die problematischen Fundamente unserer bisherigen Zukunftserzählungen genau betrachten. Denn wenn man die Deutungshoheit der alten Fundamente nicht infrage stellt und ihre Gewissheiten nicht aufweicht oder durchbricht, können die Imaginationen und das Denken nicht abseits bekannter und gefestigter Geländer verlaufen. Ein »Denken ohne Geländer«, wie Hannah Arendt es formulierte, ein Denken, das alternative Akteure und neue Bezugssysteme einbezieht, ist so unmöglich. Die Imagination bleibt eingeengt zwischen festen Schranken. Die Antwort auf die Frage, wie wir in die heutige Situation geraten sind, ist ein Beitrag, den insbesondere kritische Perspektiven wie die Geisteswissenschaften leisten können.

Was folgt aus der Kritik der Narrative für diese Krise der Imagination? Das Denken über den Klimawandel ist festgefahren und erstarrt. Die Bilder sind gleichsam durchsichtig geworden, die Geschichten sind so bekannt, dass viele weder an sie glauben noch emotional von ihnen berührt werden. Um die fixen Bilder aufzubrechen und zu verflüssigen, plädiere ich dafür, alle Perspektiven und Ideen auf den Tisch zu legen, um auswählen, ausschneiden und rekombinieren zu können, was weiterhin gewollt ist – und was nicht. Dabei braucht es auch die schlechten, veralteten Bilder, weil wir erst von deren Unzulänglichkeiten ausgehend neue Bilder entwickeln können. Wenn es gelingt, die erstarrten Leitbilder in Bewegung zu versetzen und andere, durchaus kleinteilige und lokale Visionen zu entwickeln, kann das helfen, unser Denken zu verändern. Erst ein neues Denken über die alten Bilder bringt neue Bilder hervor, die wiederum neue Gedanken ermöglichen.

Insofern brauchen wir viel mehr Utopien, die von sehr viel unterschiedlicheren Akteur:innen entwickelt und auch zur Kenntnis genommen werden. Denn es kann für unsere sehr uneinheitlichen Gesellschaften nicht das *eine* Bild, die *eine* Erzählung geben, die »wirksam« alle Probleme lösen. Es gibt kein Bild, hinter dem sich alle versammeln könnten, wie wir es vor allem aus großen Religionen kennen, auch wenn derartige Bilder es vermögen, besonders viele Menschen hinter einer Idee zu vereinen. Doch so wie es nicht ratsam ist, auf die *eine* technische Lösung zu hoffen, muss es auch viele Bilder mit vielen Lösungen von ganz unterschiedlichen Akteur:innen geben. Vorsicht ist jedoch geboten, wenn Bilder zu nur symbolischen Lösungen werden, wenn sie in rein visueller Weise, wie in der Werbung, die Heilung versprechen, wenn wir uns also schöne Bilder von einer Welt machen, die nie Wirklichkeit wird.[48]

Denken, Fühlen, Sprechen und Imaginieren sind miteinander verbundene Aktivitäten, die sich wechselseitig bedingen. Wenn ich an das am Beginn dieses Buches skizzierte Gespräch denke, das in Anbetracht eines neuen Wetterrekords verebbte, möchte ich nun, am Ende, unterstreichen: Es ist von größter Wichtigkeit, vielfältiger über das Thema Klimawandel zu reden, zu imaginieren und nachzudenken und dabei auch die Gefühle ernst zu nehmen. Das kann bedeuten, ganz andere Gespräche als bisher zu führen, an neuen Orten und mit anderen Teilnehmenden. Es bedeutet Menschen zuzuhören, die außerhalb der westlichen Metanarrative stehen, um auf diese Weise neue Perspektiven zu erlangen. Und es ist zentral, über den Klimawandel nicht mehr allein als wissenschaftlichen Zusammenhang zu sprechen, sondern diesen ebenso als gefühlte und erlebte Realität zu thematisieren, die ganz unterschiedlich sein kann. Es bedeutet auch, diese Realität auf allen Ebenen von Gesellschaft und Kultur, zum Beispiel in allen möglichen Formaten, also in noch mehr Theaterstücken, Podcasts, Musik, Filmen, Comedys, Literatur, Spielen oder bildender Kunst mit Fantasie zu behandeln und auf vielfältige Weise erfahrbar zu machen. All diese Praktiken erzeugen Sinn und können dem Verstummen entgegenwirken. Denn kulturelle Erzählweisen ermöglichen es insbesondere, neue Perspektiven einzunehmen und Türen zu neuen Räumen des Vorstellens, Denkens und Fühlens aufzustoßen. All diese Ansätze sind noch nicht ausreichend genutzt worden, als Öffnungen, die aus festgefahrenen Denkweisen herausführen.

Danksagung

Danken möchte ich insbesondere Jana Belmann, Julia Schneider, Katrin von Kap-herr und Alexander Schindler, deren Lesearbeit mir eine große Hilfe war. Einen großen Dank möchte ich Natalie Tenberg aussprechen, die mich während der ersten Schreibphase mit wertvollem Feedback beratend begleitete. Ich danke dem Verlag Matthes & Seitz Berlin und insbesondere Steffen Richter für sein mitdenkendes, gewinnbringendes und immer produktives Lektorat.

Anmerkungen

1. Den Klimawandel wahrnehmen

1 Mike Hulme: Weathered. Cultures of Climate. Los Angeles 2017, S. 5.

2 Lorraine Daston: Against Nature. Cambridge, Massachussetts et al. 2019, S. 33. Zu Dastons Konzept von Horror und Terror siehe auch dies.: Das Wunder und die Ordnung der Natur. Frankfurt a. M. 1998.

3 Jiamin Wang u. a.: Changing lengths of the four seasons by global warming, in: Geophysical Research Letters 48 (2021).

4 The never-ending battle over the best office temperature. Bzw. Cuomo-Nixon debate: Can a room temperature really be sexist?, https://www.nytimes.com/2018/08/28/nyregion/office-temperature-sexist-nixon-cuomo.html. Zugriff: 7.10.2022.

5 Heinrich Dove: Meteorologische Abhandlungen. Berlin 1837, S. 3.

6 Nico Stehr, Hans von Storch: Klima, Wetter, Mensch. München 1999, S. 17.

7 Diese Wendung findet sich zum Beispiel auf der Website vom Wetterkanal von www.kachelmannwetter.com.

8 Alexander von Humboldt: Central-Asien. Untersuchungen über die Gebirgsketten und die vergleichende Klimatologie. Berlin 1844, S. 76.

9 Humboldt, Central-Asien, S. 76.

10 Vgl. Gernot Böhme: Für eine ökologische Naturästhetik. Frankfurt a. M. 1993.

11 Tim Ingold: Earth, Sky, Wind, and Weather, in: Journal of the Royal Anthropological Institute 13 (2007), S. 19–38.

12 Jean Baudrillard: Die seismische Form, in: ders.: Lasst Euch nicht verführen! Berlin 1983, S. 65–71, hier: S. 65.

13 Tip Berlin: Nachhaltigkeit. Ein Handbuch für das Berlin der Zukunft 1 (2022), S. 14.

14 Peter Rudiak-Gould: ›We Have Seen It with Our Own Eyes‹: Why We Disagree about Climate Change Visibility, in: Weather Climate Society 5 (2013), S. 120–132.

15 Maximilian Gregor Hepach: A Phenomenology of Weather and qi, in: Journal of Japanese Philosophy 5 (2018), S. 43–65.
16 Ebd.
17 Hulme, Weathered, S. 2–3.
18 Alan Parker u. a.: Climate Change and Pacific Rim Indigenous Nations. Washington 2006, S. 1. www.terrain.org/articles/30/Climate_Change_Pacific_Rim_Indigenous_Nations_2006.pdf. Zugriff: 7.10.2022.
19 Gedichte aus Aqqaluk Lynge: Veins of the Heart to the Pinnacle of the Mind. International Polar Institute 2009.
20 Ortwin Renn im Vortrag »Risikobewertung. Wir fürchten uns vor dem Falschen«, den er am 12. Oktober 2021 im Rahmen der Vortragsreihe vhs.wissen live gehalten hat.

2. Das Klimawissen fühlen

1 www.tempestryproject.com. Zugriff: 7.10.2022.
2 IPCC steht für Intergovernmental Panel on Climate Change. Der IPCC ist ein zwischenstaatlicher Verbund der United Nations, der in regelmäßigen Abständen alle bedeutsamen Forschungen zum Klimawandel sichtet und zusammenträgt.
3 Thomas Nocke, Birgit Schneider: The Feeling of Red and Blue – A Constructive Critique of Color Mapping in Visual Climate Change Communication, in: Walter F. Leal (Hg.): Handbook of Climate Change Communication, Climate Change Management Series 2, Cham 2018, S. 289–303.
4 Mit Farben habe ich mich ausführlich in meinem Buch *Klimabilder. Eine Genealogie globaler Bildpolitiken von Klima und Klimawandel*. Berlin 2018, S. 363–370, beschäftigt.
5 David Hiss: Hitze, Extremwetter und kognitive Dissonanz. Warum die kognitive Dissonanz in der Klimakrise allgegenwärtig ist und was das für die Klimakommunikation bedeutet, in: Lea Dohm (Hg.) u. a.: Climate Action. Psychologie der Klimakrise. Gießen 2021, S. 141–158, hier: S. 153.
6 Hans Joachim Schellnhuber et al.: The Challenge of a 4°C World by 2100, in: Hans Günter Brauch et al. (Hg.): Handbook on Sustainability Transition and Sustainable Peace, Cham 2016, S. 267–283.
7 Lorraine Daston, Peter Galison: Objektivität. Berlin 2017.

8 https://www.isthishowyoufeel.com/. Zugriff: 7.10.2022.

9 Ebd.

10 Hiss: Hitze, S. 146.

11 Statista.com. Zugriff: 7.10.2022.

12 Ebd.

13 Jonathan Franzen: Wann hören wir auf, uns etwas vorzumachen? Hamburg 2020, S. 23.

14 Vgl. z. B. den im Spektrum der US-Leugnerschaft viel gelesenen Blog von Anthony Watts »wattsupwiththat«: »They don't practice what they preach« vom 16.6. 2016.

15 Lorraine Daston: Against Nature. Cambridge, Massachussetts et al. 2019, S. 33. Zu Dastons Konzept von Horror und Terror siehe auch dies.: Das Wunder und die Ordnung der Natur. Frankfurt a. M. 1998.

16 Die Ansprache ist auf der Website vom IPCC als Text veröffentlicht, siehe https://www.ipcc.ch/site/assets/uploads/2022/02/IPCC55-opening-remarks-WMO-SG.pdf. Zugriff: 7.10.2022.

17 Katharine Hayhoe: Saving Us: A Climate Scientist's Case for Hope and Healing in a Divided World. New York et al. 2021.

18 Saffron O'Neill, Sophie Nicholson Cole: ›Fear Won't Do It‹: Promoting Positive Engagement With Climate Change Through Visual and Iconic Representations, in: Science Communication 30 (2009), S. 355–37; Adam Corner, Jamie Clarke: Talking Climate. From Research to Practice in Public Engagement. Oxford 2017.

19 Udo Boessmann zitiert in Lea Dohm: Über das Bewusstsein der Klimakrise. Analogien zur individuellen Berührbarkeit (Email-Gespräch mit Udo Boessmann), in: dies.: Climate Action, S. 29–43, hier: S. 32.

20 Die Zunahme dieses Leidens im therapeutischen Alltag beschrieb zum Beispiel Andreas Meyer-Lindenberg, Direktor des Zentralinstituts für Seelische Gesundheit Mannheim, auf dem Kongress der Deutschen Gesellschaft für Psychiatrie und Psychotherapie (DGPPN) 2020. Auch Studien von Christoph Nikendei vom Heidelberger Zentrum für Psychosoziale Medizin bestätigen diese Annahme.

21 Vgl. z. B. Susan Clayton: Mental health risk and resilience among climate scientists, in: Nature Climate Change 8 (2018), S. 260–261. https://doi.org/10.1038/s41558-018-0123-z. Zugriff: 7.10.2022.

22 Sichere Zahlen, wie sehr diese Angst in Deutschland in Therapien ein Thema ist, gibt es bislang nicht, aber dass der Klimawandel zu »höheren Stresswerten« führt, ist inzwischen Thema bei medizinischen wie psychologischen Kongressen, siehe hierzu Fußnote 20. Umfragen wie die von Forsa, Shell, SOS, WHO oder Sinus, zeigen, wie viele Menschen sehr besorgt sind (je nach Fragestellung zwischen 41 und 86 Prozent). Wie sehr das Thema für Ängste sorgt, zeigen inzwischen verschiedene Studien wie die für Großbritannien im Jahr 2020 von der Neurowissenschaftlerin Emma Lawrence et al. durchgeführte Studie vom Imperial College London. Die bislang größte international vergleichende Studie von Caroline Hickman et al. *Young people's voices on climate anxiety, government betrayal and moral injury: a global Phenomenon* fand 2021 heraus, dass fast 60 Prozent der Befragten im Alter von 16 bis 25 Jahre »sehr« oder »extrem« besorgt sind.

23 Thilo Jahn: Mit der Angst vor dem Klimawandel umgehen lernen, in: Deutschlandfunknova, 20.11.2021.

24 Naomie Klein: This changes everything. Capitalism versus the Climate. New York 2014. Oder auch Susanne Götze und Annika Joeres: Klimaschmutzlobby. Wie Politiker und Wirtschaftsdenker die Zukunft unseres Planeten verkaufen. Berlin 2020.

25 In den USA lehrt der Zen-Lehrer David Richard Loy diesen unter dem Stichwort Öko-Dharma (buddhistische Klimalehre).

26 Susie Wang u. a.: Emotions predict policy support: Why it matters how people feel about climate change, in: Global Environmental Change 50 (2018), S. 25–40.

27 Nicole Seymour: Bad Environmentalism: Irony and Irreverence in the Ecological Age. Minneapolis, London 2018, S. 4.

28 Günther Anders: Die Antiquiertheit des Menschen. Band 1. Über die Seele im Zeitalter der zweiten industriellen Revolution. München 1987, S. 26–27.

29 Dieser Gedanke wird seit mehr als dreißig Jahren wiederholt geäußert. Ich weiß nicht, wer ihn zuerst aufgebracht hat. Als historische Kränkungen der westlichen Vorstellung vom Menschen hatte Freud die großen Erkenntnisse der Wissenschaft angeführt. Dass erstens die Erde nicht das Zentrum des Sonnensystems sei, zweitens der Mensch vom Affen abstamme und drittens sein freier und rationaler Wille letztlich vom

Unterbewusstsein regiert würde. All diese Erkenntnisse schmolzen den Hochmut des Menschen als Krone der Schöpfung ein wenig ab.

30 Dies betont Christopher Schrader in einem Text zu Klima und Gefühlen auf klimafakten.de.

31 Katharine Hayhoe: Saving Us. A Climate Scientist's Case for Hope and Healing in Divided World. New York 2021.

32 Michael E. Mann: Propagandaschlacht ums Klima. Wie wir die Anstifter politischer Untätigkeit besiegen. New York 2021, S. 92.

33 Adam Corner, Jamie Clarke: Talking Climate. From Reserach to Practice in Public Engagement. Oxford 2017.

34 Christoph Schrader: Über Klima sprechen. Das Handbuch, Kapitel 14: Überlege genau, wie Du mit Emotionen umgehst, 2020–2021, S. 10. Online publiziert auf https://klimakommunikation.klimafakten.de/. Zugriff: 7.10.2022.

35 Pia Klemp: Wutschrift. Wände einreißen anstatt sie hochzugehen. München 2022, S. 47–50 bzw. S. 39.

36 Frantz Fanon: Die Verdammten dieser Erde. Frankfurt a. M. 2021 [1966], S. 77.

37 Toni Raimond: Hegemonie und Gewalt. Sozialökonomische Transformation als Befreiung aus der Verstrickung, in: Lea Dohm u. a. (Hg.): Climate Action, S. 65–88, hier: S. 71.

38 Unter dem Titel *Moralische Fantasien* kuratierte Raimar Stange eine Kunstausstellung zum Klimawandel, vgl. den Katalog: Dorothee Messmer, Markus Landert (Hg.): Moralische Fantasien. Nürnberg 2008.

39 Anders, Die Antiquiertheit des Menschen, S. 273.

40 Dohm, Über das Bewusstsein der Klimakrise, S. 33.

41 Richard Stiegler: Warum uns der Klimawandel an innere Grenzen bringt … und wie wir daran wachsen können. Freiburg 2020.

42 Nämlich Frank B. Linderman: Plenty-Coups. Chief of the Crows. Lincoln 1962, S. 311. Zitiert nach Jonathan Lear: Radikale Hoffnung. Ethik im Angesicht kultureller Zerstörung. Berlin 2021, S. 21.

43 Lear, Radikale Hoffnung, S. 191.

44 Ebd., S. 144–145.

45 Ebd. Die Zitate stammen von den Seiten 147–167.

1 Niklas Luhmann: Die Realität der Massenmedien. Wiesbaden 2017, S. 9.

2 Birgit Schneider: Klimabilder. Eine Genealogie globaler Bildpolitiken von Klima und Klimawandel. Berlin 2018.

3 Das Climate Change Coloring Book des US-amerikanischen Designers Brian Foo nutzt wissenschaftliche Karten, bei denen wir selbst den Stift führen müssen, um die Daten als Farben einzutragen. Indem wir die Klimakarten ausmalen, treten wir in eine andere Beziehung zu diesen Daten – in diesem Fall zum CO_2-Verbrauch einzelner Regionen in den USA. Die Idee des ökologischen Rucksacks wiederum greifen pädagogische Projekte auf, bei denen die Teilnehmer:innen einen Rucksack mit dem Gewicht füllen, das ihren Emissionen entspricht.

4 Im Original: »While respecting the underlying science, the work seeks to develop a sensibility to the dynamics of ecological complexity as pattern and felt experience rather than quantity and measure. In doing so, we hope to articulate an aesthetic of systemness – a metonym of the interconnected forces operative within the ecosphere to which lived human behavior contributes and is a part.« Andrew Brown: Ecology and Art Now. London 2014, S. 130. Sabine Himmelsbach, Yvonne Oldenburg (Hg.): Ecomedia. Ecological Strategies in Today's Art. Berlin 2007, S. 130.

5 Der rasche Anstieg der Temperaturen in den letzten Jahrzehnten wird z. B. im Stück *134 Years of Global Temperature Change in 14 Seconds* für Klavier und Orchester übersetzt. Die Daten für *1000 years of Antarctic Ice core temperature reconstructions* für drei Celli stammen aus drei separaten Rekonstruktionen der Temperaturen, die aus der Analyse von Luftblasen abgeleitet wurden, die in Eisbohrkernen aus den Tiefen der antarktischen Eisschilde eingeschlossen sind.

6 *102 grüne Karten zur Rettung der Welt* lautet der Titel einer Sammlung von Infografiken von KATAPULT, 2020.

7 Eine Zusammenfassung der Studien gibt es unter www.klimafakten.de/behauptungen/behauptung-es-gibt-noch-keinen-wissenschaftlichen-konsens-zum-klimawandel.

8 Siehe hierzu den Leitfaden *The Psychology of Climate Change Communication. A Guide for Scientists, Journalists, Educators,*

Political Aides, and the Interested Public vom Center for Research and Environment der Columbia University, den es auch als Poster gibt: http://guide.cred.columbia.edu/. Zugriff: 7.10.2022.

9 Die Tipps sind inzwischen auf vielen Plattformen im Internet zu finden. Z. B. auf Klimafakten.de die Rubrik »Fakten statt Behauptungen«: www.klimafakten.de/fakten-statt-behauptungen/fakt-ist (Zugriff: 7.10.2022) oder der Artikel *Starting the Conversation – Five Tips on How to Talk to Climate Deniers in Your Family* auf www.climaterealityproject.org/blog/starting-conversation-five-tips-how-talk-climate-deniers-your-family. Zugriff: 7.10.2022. Vgl. *Über Klima sprechen. Das Handbuch*, erhältlich auf Klimafakten.de: klimakommunikation.klimafakten.de. Zugriff: 7.10.2022.

10 Vgl. Birgit Schneider, Thomas Nocke (Hg.): Image Politics of Climate Change. Bielefeld 2014. Oder Schneider, Klimabilder.

11 John Cook: The Scientific Guide to Global Warming Skepticism, in: https://skepticalscience.com/docs/Guide_to_Skepticism.pdf. Zugriff 7.10.2022. Und siehe Endnote 8.

12 Mike Hulme hat mit *Why we disagree on Climate Change*, Cambridge 2009, das erste umfassende Buch zu den vielen Gründen geschrieben, aus denen Menschen Risiken unterschiedlich einschätzen. Es ist bis heute ein Standardwerk.

13 Z. B. die Studie vom Umweltbundesamt *Umweltbewusstsein und Umweltverhalten*, 2020/2021.

14 Spencer R. Weart: The Discovery of Global Warming. Cambridge 2008.

15 Ebd.

16 Peter Weingart u. a.: Von der Hypothese zur Katastrophe. Der anthropogene Klimawandel im Diskurs zwischen Wissenschaft, Politik und Massenmedien. Leverkusen 2007, S. 49 ff.

17 1989 schloss sich der Shell-Konzern mit anderen Erdölkonzernen zur Lobbyorganisation Global Climate Coalition zusammen, um an der taktischen Vernebelung der wissenschaftlichen Erkenntnisse mitzuarbeiten. Der Bericht findet sich auf der Plattform www.climatefiles.com/shell/1988-shell-report-greenhouse. Zugriff: 7.10.2022. Die Unterlagen recherchierte der Investigativjournalist Jelmer Mommers vom holländischen Online-Magazin De Correspondent. Siehe Marco Evers: Wie ein Ölkonzern sein Wissen über den Klimawandel geheim hielt, in: Der Spiegel, 16.8.2018.

18 www.tagesschau.de/multimedia/video/video-69475.html. Zugriff: 7.10.2022.

19 Nathaniel Rich: Losing Earth: The Decade We Almost Stopped Climate Change, in: New York Times, 1. August 2018 (www.nytimes.com/interactive/2018/08/01/magazine/climate-change-losing-earth.html. Zugriff: 7.10.2022). Der Text wurde in Langfassung auf Deutsch publiziert: Loosing Earth. Berlin 2019.

20 Siehe den Artikel der Daily Mail online über die Schwächung des Golfstroms: *The real-life Day After Tomorrow* vom 6.8.2021. Alexa Weik von Mossner hat mediale Zitate des Films und von einzelnen Filmstills umfassend erforscht: Alexa Weik von Mossner: Climate on Screen: From Doom and Disaster to Ecotopian Visions, in: Kelly Sultzbach, Adeline Johns-Putra (Hg.): The Cambridge Companion to Literature and Climate. Cambridge 2022, S. 162–176.

21 Naomie Klein: Die Entscheidung. Klima gegen Kapitalismus. Frankfurt a. M. 2015, S. 30.

22 Diese Einteilung findet sich bei Lynda Walsh: Visual Strategies to Integrate Ethos Across the 'is/ought' Divide in the IPCC's Climate Change 2007: Summary for Policy Makers, in: Poroi, Issues in the Rhetoric of Science and Technology 6 (2) 2009, S. 33–61.

23 Angela Merkel: Der Preis des Überlebens. Stuttgart 1997, S. 33.

24 George Marshall: Don't Even Think About It. Why Our Brains Are Wired To Ignore Climate Change. London et al. 2014, S. 50.

25 Wikipedias Liste von 188 kognitiven Vorurteilen, gruppiert in Kategorien und dargestellt von John Manoogian III (jm3) als radiales Dendrogramm (Kreisdiagramm). Kategorienmodell von Buster Benson.

26 So Bernd Ulrich am 23.11.2021 in der Diskussionsreihe KlimaLectures & KlimaDiskurse von der Jungen Akademie mit dem Titel »An die Wurzeln. Warum wird nicht entschieden, was nötig wäre?«, Bernd Ulrich hat als Co-Autor gemeinsam mit Luisa Neubauer *Noch haben wir die Wahl* publiziert; https://www.diejungeakademie.de/de/projekte/klimalectures. Zugriff: 7.10.2022.

27 Naomie Klein: Die Schock-Strategie. Der Aufstieg des Katastrophen-Kapitalismus. Frankfurt a. M. 2008.

28 Dass die Natur totalitär und nicht kompromissbereit sei, sagte der Schriftsteller Carl Amery im Vortrag »Vom Ende der Natur«

in der Frankfurter Oper 1988, der in der 3Sat-Mediathek zu sehen ist. Das Argument »You can't negotiate with physics«, wurde anlässlich der Verhandlungen beim COP15 2009 in Kopenhagen von mehreren Politiker:innen und Wissenschaftler:innen wiederholt. Auch Greta Thunberg sagte 2021: »We must remember that we can't negotiate or compromise with the laws of physics.«

29 Siehe z. B. Alexander Neubacher in Der Spiegel (9) 2022 und Bjørn Lomborg in der WELT am 25.6.2013.

30 Vgl. das Grundsatzprogramm der AfD, Punkt 12, »Klimaschutzpolitik: Irrweg beenden, Umwelt schützen«, beschlossen auf dem Bundesparteitag 2016. Vgl. das Grundsatzprogramm »Verantwortung für die Freiheit. Karlsruher Freiheitsthesen der FDP für eine offene Bürgergesellschaft« (2012) und »Freiheit und Verantwortung für die Zukunft« (2020).

31 Den Film kann man hier ansehen: https://www.dkrz.de/de/kommunikation/galerie/Vis/vulkane. Zugriff: 7.10.2022.

32 Siehe das Interview mit Cornelia Auer vom November 2020 auf der Plattform www.re-imagine-climate.com, auf welcher sich verschiedene Interviews von Birgit Schneider mit Forscher:innen zu Fragen von Klima und Kommunikation befinden. Zugriff: 7.10.2022.

33 Rebecca Huntley: How to talk about Climate Change in a Way that makes a Difference. London 2020, S. 18.

4. Klimawandel ist Kulturwandel

1 Michel Serres: Der Naturvertrag. Frankfurt a. M. 1994, S. 14.

2 Dipesh Chakrabarty: The Climate of History: Four Theses, in: Critical Inquiry 35 (2009), S. 197–222, hier: S. 201–202.

3 Vgl. Thomas Macho: Wetter machen, in: Petra Lutz, Thomas Macho (Hg.): Das Wetter, der Mensch und sein Klima, Göttingen 2008, S. 132–137, hier: S. 132.

4 Tetsuro Watsuji: Fudo 風土 – Wind und Erde. Berlin 2017, S. 33.

5 Watsuji, Fudo, S. 34 f.

6 Eva Horn: Air Conditioning. Die Zähmung des Klimas als Projekt der Moderne, in: Sinn und Form 4 (2015), S. 455–462.

7 Arnold Thoynbee: Der Gang der Weltgeschichte, in: ders.: Kulturen im Übergang, Bd. 2, Zürich 1949.

8 Wolfgang Behringer: Kulturgeschichte des Klimas. Von der Eiszeit bis zur globalen Erwärmung. München 2010.

9 Nico Stehr, Hans von Storch: Von der Macht des Klimas: Ist der Klimadeterminismus nur noch Ideengeschichte oder relevanter Faktor gegenwärtiger Klimapolitik?, in: GAIA – Ecological Perspectives on Science and Society 9 (2000), S. 187–195, hier: S. 193.

10 Behringer: Kulturgeschichte, S. 19 u. 23.

11 Siehe dazu auch Jared Diamond: Kollaps – Warum Gesellschaften überleben oder untergehen. Frankfurt a. M. 2007.

12 Behringer: Kulturgeschichte, S. 214.

13 Gerrit Jasper Schenk, Jacob Birken: Gemeinsam statt einsam? Krisenrituale und die Bewältigung von Katastrophen, in: Mensch. Natur. Katastrophe – von Atlantis bis heute. Begleitband zur Sonderausstellung. Hg. von Gerrit Jasper Schenk et al., Regensburg 2014, S. 199–205.

14 Harald Welzer 2008 im Interview: Der Klimawandel als kultureller Wandel (www.deutschlandfunk.de/der-klimawandel-als-kultureller-wandel-100.html. Zugriff: 7.10.2022. Diesen Gedanken führte er in seinem Buch *Das Ende der Welt, wie wir sie kannten. Klima, Zukunft und die Chancen der Demokratie.* Frankfurt a. M. 2009, S. 31–32 weiter aus.

15 »[...] imperialism and ongoing (settler) colonialisms have been ending worlds for as long as they have been in existence.« Kathryn Yussof: A Billion Black Anthropocenes or None. Minneapolis 2018, S. xiii; Siehe auch: Rolando Vázquez: Vistas of Modernity – DecolonialAesthesis And The End of The. Mondriaan Fund 2020; Gloria Anzaldúa: This Bridge We Call Home: Radical Visions for Transformation. London 2002.

16 Die animierte Karte kann man auf Wikipedia einsehen: https://en.wikipedia.org/wiki/File:The_C-Story_of_Human_Civilization.webm. Zugriff: 7.10.2022. Eine Weiterentwicklung der Karte ist der Kurzfilm *Eine kurze Geschichte der CO_2-Emissionen*, der 2018 vom Potsdam-Institut für Klimafolgenforschung (PIK) zusammen mit dem Urban Complexity Lab der Fachhochschule Potsdam realisiert wurde: https://www.pik-potsdam.de/de/aktuelles/videos-podcasts/eine-kurze-geschichte-der-co2-emissionen. Zugriff: 7.10.2022.

17 Jean-Claude Debeir, Jean-Paul Deléage, Daniel Hémery: Pro-

metheus auf der Titanic. Geschichte der Energiesysteme. Frankfurt a. M. 1989.

18 Harald Welzer: Alles könnte anders sein. Eine Gesellschaftsutopie für freie Menschen. Frankfurt a. M. 2020, S. 173.

19 In China reicht diese Vorstellung bis in die Zhou-Zeit im 8./7. Jh. v. Chr. zurück, siehe Julia Schneider: Nation and Ethnicity: Chinese Discourses on History, Historiography, and Nationalism (1900s-1920s). Leiden 2017, S. 111 f.

20 Stehr, Storch: Von der Macht des Klimas, S. 188.

21 Ulrich Beck: Ungleichheit ohne Grenzen, in: Johannes Ebert, Andrea Zell (Hg.): Klima, Kunst, Kultur. Göttingen 2013, S. 117–122, S. 120.

22 Stephan Günzel: Geographie der Aufklärung. Klimapolitik von Montesquieu zu Kant (Teil 1), in: Aufklärung und Kritik 2 (2004), S. 66–91, hier: S. 67. Zur europäischen Verbindung von Kultur und Klimadenken im 18. Jahrhundert siehe auch Eva Horn: Klimatologie um 1800. Zur Genealogie des Anthropozäns, in: Zeitschrift für Kulturwissenschaften (1) 2016, S. 87–102.

23 Zur allgemeinen Metapher der Hitze zur Vermittlung der Gefahr des Klimawandels siehe Eva Horn: Global Warming and the Rhetoric of Heat, in: REAL Yearbook of Research in English and American Literature 22 (2017), S. 65–84.

24 James M. Blaut: The Colonizer's Model of the World. Geographical Diffusionism and Eurocentric History. New York 1993, S. 70.

25 Montesquieu: Vom Geist der Gesetze. Genf 1748. Zitiert nach Stefan Günzel: Geographie der Aufklärung. Klimapolitik von Montesquieu zu Kant, in: Aufklärung und Kritik (22), Berlin 2004, S. 68.

26 Kate Manzo: Imaging Vulnerability the Iconography of Climate Change, in: Area 1 (2010), S. 96–107, hier: S. 100.

27 Henning Ritter: Nahes und fernes Unglück. Versuch über das Mitleid. München 2004.

28 Manzo: Imaging Vulnerability, S. 103.

29 Jeremy Williams: Climate Change is Racist. Race, Privilege and the Struggle for Climate Justice. London 2021.

30 Leah Thomas: The Intersectional Environmentalist. How to Dismantle Systems of Oppression to Protect People + Planet. London 2022, S. 18.

31 Thomas: The Intersectional Environmentalist, S. 14.

32 »Climate change is the outcome of White Western colonialism«. Janine Francois: The future of climate activism must centre people of colour, in: Huffington Post, 2. Mai 2019.

33 Ich schreibe ›Weiß‹ groß, wie es das *Glossar für diskriminierungssensible Sprache* von Amnesty International vorschlägt. »›Weiß‹ und ›Weißsein‹ bezeichnen ebenso wie ›Schwarzsein‹ keine biologische Eigenschaft und keine reelle Hautfarbe, sondern eine politische und soziale Konstruktion.« https://www.amnesty.de/2017/3/1/glossar-fuer-diskriminierungssensible-sprache. Zugriff: 7.10.2022.

34 Thomas: The Intersectional Environmentalist, S. 43.

35 Williams: Climate Change is Racist, S. 83.

36 Ebd., S. 8.

37 Ebd., S. 24.

38 Gerrit Jasper Schenk (Hg.): Mensch. Natur. Katastrophe. Von Atlantis bis heute (Begleitband zur Sonderausstellung). Regensburg 2014, S. 247.

39 Toralf Staud, Nick Reimer: Deutschland 2050. Wie der Klimawandel unser Leben verändern wird. Köln 2021.

40 Harald Welzer: Der Klimawandel als kultureller Wandel. Interview im DLF, 15.06.2008. https://www.deutschlandfunk.de/der-klimawandel-als-kultureller-wandel-100.html. Zugriff: 7.10.2022.

41 Staud, Reimer: Deutschland 2050, S. 89.

42 Ursula Heise: Nach der Natur: Das Artensterben und die moderne Kultur. Berlin 2010, S. 10.

43 Heise: Nach der Natur, S. 47.

44 Karl Marx: Ökonomisch-philosophische Manuskripte (1844) MEW 40, S. 516.

45 Birgit Schneider, Stefan Saffer (Hg.): AUSTERTRAUM. Kompendium für eine Kultur der Zukunft. London 2011.

46 Schneider/Saffer (Hg.): AUSTERTRAUM.

47 Jan Zalasiewicz et al.: Scale and diversity of the physical technosphere: A geological perspective, in: The Anthropocene Review 4 (2017).

48 Kathryn Yussof: A Billion Black Anthropocenes or None. Minneapolis 2018, S. 4.

49 Boaventura de Sousa Santos: Epistemologies of the South: Justice against Epistemicide. London 2014, S. 72.

50 Dieses Bild entwickelt Peter Finke in seinem Eintrag »Kulturökologie« in: Ansgar Nünning, Vera Nünning (Hg.): Einführung in die Kulturwissenschaften. Stuttgart 2008, S. 248–279, hier: S. 277.

51 Leander Scholz: Die Regierung der Natur. Ökologie und politische Ordnung. Berlin 2022, S. 152.

52 Scholz: Die Regierung der Natur, S. 143.

53 Barbara von Wulffen: Ephemeriden. Über die Besonnenheit im Umgang mit der Welt, in: Scheidewege. Jahresschrift für skeptisches Denken, Bd. 18, Stuttgart 1988/89, S. 178–187, hier: S. 183.

5. Den Klimawandel vorstellen und erzählen

1 Unter den Bezeichnungen »City Scripts« oder »narrative urbanism« werden Erzählungen gefasst, die der Stadtplanung helfen sollen, ihre Städte erfolgreich in die Zukunft zu bringen. Vorherrschend sind laut Barbara Buchenau und Jens M. Gurr drei Typen: die »grüne Metropole«, die »kreative Stadt« und die »inklusive Stadt«, wobei die drei Narrative zum Teil in Konkurrenz zueinander stehen. Vgl. Barbara Buchenau, Jens Martin Gurr: ›Scripts‹ in Urban Development. Procedural Knowledge, Self-Description and Persuasive Blueprint for the Future, in: Jens Martin Gurr: Charting Literary Urban Studies. Texts as Models of and for the City. New York, London 2021.

2 Z. B. Adam Corner, Jamie Clarke: Talking Climate. From Reserach to Practice in Public Engagement. Oxford 2017, Kap. 4.4 oder Per Espen Stoknes: What We Think About When We Try Not to Think About Global Warming. Vermont 2015, Kap. 12. Oder das umweltjournalistische Forschungsprojekt »Storytelling und Klimawandel: Klimageschichten statt Statistik« an der Hochschule Darmstadt (seit 2016).

3 Petra Grimm, Michael Müller (Hg.): Narrative Medienforschung. Einführung in Methodik und Anwendung. Konstanz 2016, S. 115.

4 Die hilfreiche Unterscheidung von weißer, grauer und schwarzer Propaganda findet sich in Garth Jowett und Victoria O'Donell: Propaganda & Persuasion. Los Angeles et al. 2012. Der hier beschriebene Ansatz wäre in der Regel der weißen Propaganda zuzuordnen.

5 Zitate aus E-Mails im Jahr 2022, Archiv der Autorin.

6 In seinem Artikel: Storytelling, Nachhaltigkeit und Umweltjournalismus – empirische Fragen und normative Skizzen im Kontext von Kommunikations- und Journalismusökologie, in: uwf UmweltWirtschaftsForum 2016 (24), S. 289–297 listet Torsten Schäfer verschiedene Erzählformen und -perspektiven nachhaltiger Geschichten im Journalismus auf wie Selbsterfahrung, Helden benennen oder Stoffströmen folgen. Claire Ahn benannte sechs verschiedene Modi, wie Dokumentarfilme das Thema behandeln: als Apokalypse oder Trauerstück, hoffnungsvoll, umweltnostalgisch, erhaben oder als Umweltmelodrama. Siehe Claire Ahn: Visual Rhetoric in Environmental Documentaries. Vancouver 2018.

7 https://realutopien.info/toolbox/pfadharmonie/. Zugriff: 7.10.2022. Zentrum für Realutopien – Reinventing Society sind ein gemeinnütziger und unabhängiger Verein aus Deutschland.

8 Ralf Konersmann: Unbehagen der Natur. Veränderungen des Klimas und der Klimasemantik, in: Petra Lutz, Thomas Macho (Hg.): Zwei Grad. Das Wetter, der Mensch und sein Klima. Göttingen 2008, S. 32–73, hier: S. 32.

9 Cristina Espinosa, Michael Pregernig, Corinna Fischer: Narrative und Diskurse in der Umweltpolitik: Möglichkeiten und Grenzen ihrer strategischen Nutzung. Zwischenbericht UBA, in der Reihe Texte 86/2017.

10 Carl Amery: Das Ende der Vorsehung. Die gnadenlosen Folgen des Christentums. Reinbeck 1972.

11 Siehe Stoknes: What We Think About When We Try Not to Think About Global Warming. Vermont 2015.

12 Tyson Yunkaporta: Sand Talk. Das Wissen der Aborigines und die Krisen der modernen Welt. Berlin 2021.

13 Elisabeth Wehling: Politisches Framing. Wie eine Nation sich ihr Denken einredet – und daraus Politik macht. Köln 2016, S. 180–188.

14 Reinhart Koselleck: Vergangene Zukunft. Zur Semantik geschichtlicher Zeiten. Frankfurt a. M. 1979.

15 Die folgenden Überlegungen wurden in Teilen bereits publiziert. Ich habe sie für dieses Kapitel stark ausgebaut. Birgit Schneider: Welche Bilder für welche Welt? Zukunftsvorstellungen in Zeiten des Klimawandels zwischen Kollaps, Techno

Fix und Transformation, in: INDES. Zeitschrift für Politik und Gesellschaft, Heft 4 2021, Ökologismus, S. 23–38.

16 Das Magazin war der Nachfolger vom Whole Earth Catalogue und wurde ebenfalls von Stewart Brand herausgegeben. Es erschien von 1974 bis 1985.

17 Die Kulturtheorie hat diese Vorannahmen mit dem »Grid-group«-Schema untersucht und die Risikowahrnehmungen in fatalistisch, hierarchisch, individualistisch und egalitär unterschieden, die jeweils zu anderen Einstellungen gegenüber der Natur und der Zukunft führen. Diese Unterscheidungen gehen auf Mary Douglas und Aaron Wildavsky zurück. Vgl. dies.: Risk and Culture: An Essay on the Selection of Technical and Environmental Dangers. Berkeley 1983. Mike Hulme hat dieses Schema auf die Wahrnehmung von Risiko und Klimawandel angewendet. Vgl. ders.: Why we disagree about climate change. Cambridge 2009, S. 186.

18 Stoknes: What We Think About.

19 Sophie Nicholson-Cole, Saffron O'Neill: ‚Fear won't Do It': Promoting Engagement with Climate Change Through Visual and Iconic Representations, in: Science Communication, 2009, Nr. 20, S. 355–379.

20 Eugene Thacker: Im Staub dieses Planeten. Horror der Philosophie. Berlin 2020.

21 Dazu hat Oliver Geden in Ko-Autorschaft mit anderen Forschenden umfänglich publiziert. Z. B. Yoichi Kaya, Mitsutsune Yamaguchi, Oliver Geden: Towards net zero CO_2 emissions without relying on massive carbon dioxide removal, in: Sustainability Science 14 (5), 2019 (doi.org/10.1007/s11625-019-00680-1. Zugriff: 7.10.2022).

22 James R. Fleming: Fixing the Sky. The Checkered History of Weather and Climate Control. New York 2010.

23 Die Liste ist öffentlich unter https://groups.google.com/g/geoengineering. Zugriff: 7.10.2022.

24 Z. B. der Technologie-Podcast »Reviewer 2 does geoengineering«, der seit 2020 in mehr als hundert Folgen zahlreiche Personen zu allen Facetten von Geo-Engineering interviewt hat.

25 Rebecca Stegmann: Wind im Samiland, in: Enorm, 02 April/Mai 2022, S. 20–25.

26 Ökologie von rechts. Braune Umweltschützer auf Stimmenfang,

hg. von Oekom e. V. – Verein für Ökologische Kommunikation in der Reihe Politische Ökologie (131). München 2012.

27 Anna Lowenhaupt Tsing: Der Pilz am Ende der Welt. Über das Leben in den Ruinen des Kapitalismus. Berlin 2018, S. 207.

28 Donna Haraway: Unruhig bleiben. Die Verwandtschaft der Arten im Chthuluzän. Frankfurt a. M., New York 2018, S. 38 und 129.

29 Maja Göpel: Unsere Welt neu denken. Eine Einladung. Berlin 2020, S. 181.

30 Donella Meadows: Envisioning a Sustainable World. Vortrag von 1994 (https://donellameadows.org/. Zugriff: 7.10.2022).

31 Arturo Escobar: Pluriversal Politics. Durham 2020, S. 79.

32 Jean-Claude Debeir, Daniel Hémery, Jean-Paul Deléage: Prometheus auf der Titanic. Geschichte der Energiesysteme. Frankfurt a. M. 1989.

33 Corner, Clarke: Talking Climate, S. 51.

34 Stoknes: What We Think About, S. 133.

35 Ebd., S. 134.

36 Rebecca Huntley: How to Talk About Climate Change in a Way that Makes a Difference. Sydney, London 2020.

37 https://klimajournalismus.de/charta/. Zugriff: 7.10.2022.

38 Sara Schurmann über den Klimawandel und seinen Platz in den Medien: https://www.politische-bildung-brandenburg.de/themen/sara-schurmann-ueber-den-klimawandel-und-seinen-platz-den-medien. Zugriff: 7.10.2022. Sara Schurmann hat inzwischen ein Buch zum Thema verfasst: Klartext Klima! Zusammenhänge verstehen, loslegen und effektiv handeln. Wien 2022.

39 Arturo Escobar: Design for the Pluriverse. Radical Interdependence, Autonomy, and the Making of Worlds. Durham, London 2018. Ders.: Pluriversal Politics.

40 Ebd., S. 3.

41 Ebd., S. 6.

42 Ebd., S. 7.

43 Inez Ponce de Leon, Charlotte Kendra Gotangco: Balancing Paradigms in Climate Change Communication Research to Support Climate Services, in: Walter Leal (Hg.): Handbook of Climate Change Communication. Bd. 1, Cham 2019, S. 187–199.

44 Dies ist einer der »Merksätze zum neuen Realismus« von

Harald Welzer: Alles könnte anders sein. Eine Gesellschaftsutopie für freie Menschen. Frankfurt a. M. 2019, S. 295.

45 Walter Ötsch, Nina Horaczek: Wir wollen unsere Zukunft zurück! Streitschrift für mehr Phantasie in der Politik. Frankfurt a. M. 2021, S. 114.

46 Amitav Gosh: Die große Verblendung. Der Klimawandel als das Undenkbare. München 2016, S. 19.

47 Ebd., S. 117.

48 Jacques Rancière: Politik der Bilder. Berlin 2019, S. 70.

Erste Auflage Berlin 2023

MSB Matthes & Seitz Berlin Verlagsgesellschaft mbH
Großbeerenstraße 57A, 10965 Berlin
info@matthes seitz berlin.de
Gestaltung: Dirk Lebahn, Berlin
Layout und Satz: psb, Berlin
Herstellung: Vincent Illner, Berlin
Druck und Bindung: GGP Media GmbH, Pößneck
ISBN 978-3-7518-0373-1
www.matthes-seitz-berlin.de